民族兴衰与文明出路

吴丹毛 著

经济日报出版社

图书在版编目（CIP）数据

民族兴衰与文明出路 / 吴丹毛著 . -- 北京：经济日报出版社，2022.10

ISBN 978-7-5196-1189-7

Ⅰ. ①民 … Ⅱ. ①吴 … Ⅲ. ①中华民族 - 民族精神 - 研究 Ⅳ. ① C955.2

中国版本图书馆 CIP 数据核字（2022）第 170287 号

民族兴衰与文明出路

作　　者：吴丹毛
责任编辑：黄芳芳
责任校对：毛帅朋
出版发行：经济日报出版社
地　　址：北京市西城区白纸坊东街 2 号 A 座综合楼 710（邮政编码：100054）
电　　话：010-63567684（总编室）　010-63584556（财经编辑部）
　　　　　010-63567687（企业与企业家史编辑部）
　　　　　010-63567683（经济与管理学术编辑部）
　　　　　010-63538621　63567692（发行部）
网　　址：www.edpbook.com.cn
E - mail：edpbook@126.com
经　　销：全国新华书店
印　　刷：天津图文方嘉印刷有限公司
开　　本：710mm ×1000mm　1/16
印　　张：21.5
字　　数：268 千字
版　　次：2022 年 10 月第 1 版
印　　次：2022 年 10 月第 1 次印刷
书　　号：ISBN 978-7-5196-1189-7
定　　价：68.00 元

百年未有之大变局下的文明冲突：温铁军评《民族兴衰与文明出路》

当今世界正处于百年未有之大变局，中国正面临历史上前所未有的重大挑战。其主要矛盾是世界单极霸权国家指称中国崛起的方式对“基于规则的国际秩序”造成破坏。据此看，深层次的矛盾，仍是东方多元包容文化与西方一元排异文化之间的长期差异。

两类不同质文化历史上有大海高山荒漠和冻土带的物理空间阻隔；近代以来，坚船利炮缩小了空间阻隔加剧了冲突；当代数字化高科技促进了单极霸权排异性的制度控制，很有可能给东方原住民文化多样性的发展方式带来难以预测的灾难。

吴丹毛的《民族兴衰与文明出路》认为，迄今为止，西方社会经济发展走的是大量耗费不可再生资源并造成严重污染以保证少数人获得高质量生活的所谓“经典式”现代化之路，延续了西方中心主义排异性的制度体系。人所共知的事实是以中国为主的发展中国家人口众多、资源短缺，如果也追求西方“经典式”现代化道路，将对现存的资源管控与分配造成难以调和的矛盾。

由此，在全球经济发展中，美国领导的西方发达国家存在着一种战略默契，即维持乃至强化历史上形成的不合理的国际经济格局。于是，此类区域性国家利益集团的形成甚至内涵性地具有“白人至上”的种族主义默契，客观上必然会产生对非成员国的排斥作用。而发达国家绝大多数政治家、企业家们的基本哲学是十分明确的：那就是已经占据食物链顶端的物种必须坚持弱肉强食。

西方文化的核心以个人为本，追求物质利益，是物质支配人的社会；中国文化注重人与人之间的关系，强调个人对社会的价值，要求每个人都能认清并承担对社会的义务。西方物支配人的社会最终必将被人支配物的社会所取代。

作者是历史学出身，因之提出：中国传统文化信奉天人合一、厚德载物、中庸和谐、天下胸怀的和平发展。这个基本信仰在儒道释各类宗教中为共同尊崇。西方则推崇个人主义的普世价值，在美国则直接表现为以单极霸权确保美国优先。随着这种排异性文化在连续发生危机条件下以邻为壑，使得原有被二次大战构造出来的治理世界的价值体系及国际秩序已经不再适应全球化发展进程。这本来是世界治理的问题，但更是西方内部的问题；中国和大多数发展中国家避之唯恐不及。有待于美国虚拟资本危机进一步深化，西方愿意“放眼世界”的时候，中国传统文化倡导的天下主义、人与自然和谐共生的人类命运共同体思想、互惠互利的和平发展观，才可能为文明发展提供出路。

中国传统文化的精髓警示世人：世界经济要均衡发展、包容共赢、人与人之间、国与国之间，人与自然之间，都应和谐相处。吴丹毛对传统文化与现代化、民族兴衰与文明出路的研究思考，对启迪青年一代的国族意识、焕发正能量，具有积极的作用。

温铁军
中国人民大学教授
暨南大学乡村振兴研究院首席研究员

“眉山剑客”陈平推荐吴丹毛的新作：《民族兴衰与文明出路》

我没有见过吴丹毛，经朋友介绍了解了他曾在国务院农村发展研究中心工作的经历，并阅读了他的著作。我很熟悉他的伯乐杜润生先生，他是中国科学院成功的科学大跃进和国家科委农业政策调整的核心人物。时任中央书记处农村政策研究室（国务院农村发展研究中心）主任期间，杜老能在经济发展的西化浪潮中，发现了对农村问题和历史问题有执着关注的一批年轻人，不拘一格地把他们带入政府研究机构，参与中国农村改革的社会实践。当然，也包括吴丹毛本人，证明伯乐在选拔接班人问题上的重要性超过程序和体制。

《民族兴衰与文明出路》从文化学的角度批判了美国政治学家亨廷顿的《文明冲突论》。作者认为，西方航海文明形成的个人主义普世价值观，来自大量耗费自然界不可再生资源的英美式发展道路。如果多数国家的现代化，也走过度消费的发展道路，地下贮藏的资源根本无法支撑人类的生存和发展，国家之间争夺资源的战争将会把地球彻底毁灭。

作者认为，中国充分发育的农耕文明，创建了人类命运共同体的

新型价值观。中国文化的主旨是："天下是天下人的天下。"这为探索后美国时代多元文明共存互通的新型发展观，奠定了文化人类学的基础。

应当指出的是，作者对中国经验的总结，还有发展空间。儒释道不能概括中国的历史经验。毛泽东的战略思想和统一战线，受兵家、法家、墨家，以及战国时期合纵连横的战略很大启发，才使中国革命突破马恩列斯的局限。邓小平的科学技术是第一生产力，和新时代"一带一路"的全球布局，也吸取西方科学发展的经验和海洋国家与大陆国家竞争的历史教训。中国传统的小农经济只有和新的生物科学结合，才能跨越美国规模经济破坏生态的高收入国家的困境。祝贺吴丹毛的新作打开中外思想对话的新视野，欲穷千里目，更上一层楼！

陈平
北京大学教授
复旦大学中国研究院研究员
"眉山剑客"

农耕文明传承大一统中央集权制的统一力；义务本位制奉献的集体主义精神；天下胸怀、万世开太平的和平发展观是古代中国文明发展从未中断的文化基因。我们借助传统启动了现代化，还将借助传统摆脱西方现代化的桎梏。

——吴丹毛

前言 PREFACE

世界上每个民族都有自己独特的民族个性，美国人重视生活对个人的价值，中国人重视个人对社会的价值，印度人重视生命对永恒的价值。历史上优秀的民族，大多聪明智慧且个性鲜明，有的民族在顶峰时期常忘了“我是谁”？极盛而衰时，又怕得到的会失去。他们到底谁会更聪明些呢？谁又能为人类社会发展的困境开启文明的新途径呢？

民族兴衰与文明出路的文化学思考

世界上每个民族都有自己独特的民族个性，它们对生命的价值观差异很大。美国人重视生活对个人的价值，中国人重视个人对社会的价值，印度人重视生命对永恒的价值。历史上优秀的民族，大多聪明智慧且个性鲜明，有的民族在顶峰时期常忘了“我是谁”？极盛而衰时，又怕得到的会失去。他们到底谁会更聪明些呢？谁又能为人类社会发展的困境开启文明的新途径呢？可以从民族意识与民族精神、东方文化与西方文化、传统屏障与文明冲突、社会转型与现代化进程、民族兴衰与文明出路五个方面进行一些文化学的思考。

◆ 文明出路的文化学思考

从宏观文化学的视角观察，世界历史上曾出现过欧洲文化区、阿拉伯文化区、印度文化区及儒教文化区。世界文化按其种属又可区分为航海文化、游牧文化与农耕文化。游牧文化在其幼年时期不断对航海文化和农耕文化进行强制性文化辐射，精力超前耗尽，在先进文化的同化过程中，已化为历史的烟迹。航海文化所根植的近代资本主义文明、在对美洲大陆开发的文化移植中，个人主义价值体系同大量耗费自然界不可再生资源的经典式发展道路相结合的辉煌战绩背后，已降临了极限危机。

由于习惯从经济的角度去探索社会发展的根本原因，这就常常使我们在许多历史现象面前感到困惑：为什么面对游牧民族的攻击，中央集权成为中国传统社会长期延续的催化剂，而在欧洲封建化的进程中却形成了社会结构的多元化？为什么面对近代西方文明的侵入，日本能够迅速“脱亚入欧”，而晚清政府却闭关锁国顽固地拒绝工业文明？为什么近现代两次世界大战都由德国挑起，而几次彻底的民主革命都发生在法国？为什么以色列灭亡数千年，犹太子孙分散在世界各地，却能在20世纪重建国家？为什么地跨欧亚大陆，在世界格局中位居政治、军事大国前列的俄罗斯，在接受市场经济拥抱西方的过程中，却始终得不到文化的认同？为什么当新冠疫情的灾难来临，西方文化呈现衰落，而中国传统文化却凸显力量？为什么完全可以包容中美两国发展中存在矛盾竞争的太平洋，而在美国政府眼里太平洋只能容纳美国？所有这些，都不是经济原因所能简单加以解释的。社会是政治、经济、意识形态等综合演化的产物，因此必须从更宏观的背景和更深的层次去挖掘隐藏在上述历史现象背后的社会发展运行机制，特别是这一机制赖以发挥作用的主体、人的心理蕴涵，它就是每一个民族所具备的独特的民族意识。民族意识是一个民族在历史发展中形成的区别于其他民族的、全民族共同的价值体系。它是每一个民族独特的思维方法和行为准则。如果一个民族没有自己强烈的民族意识，就有可能在重大灾难面前招致灭亡。民族意识是文化学研究的范畴。

文明是人类社会发展进程中，不同民族创造的符合自身的生存状态。文化学所讲的文化包括人类创造的物质文明、制度文明和精神文明。文化学通过对人类社会发展的历史追寻和未来前景的预测，可以增强人们对现实选择的准确性。文化学的兴起标志着人类已不再满足于探索物质世界包括人的自然属性和社会行为的本质特征，而是希望把握人类自身思维和行为方式的规律及其成因，特别是这种规律与社会发展之间的必然联系、以便使人类的活动进一步由自发转向自为。

中国正面临着由传统社会向现代社会的根本转变。一百多年来，尽管一代又一代中国人为民族的复兴前赴后继，尽管一批又一批知识精英不断探索、研究、模仿、学习、借鉴其他民族成功的经验，但现代化事业仍然面临许多困难。于是人们开始审视自身，五四时期关于中西文化的大讨论就是体现。当中华民族向现代社会挺进的时候，20世纪80年代改革开放初期又一次出现了“文化热”。时至当下，在世界经济相互依存发展的进程中，中国经济得到了快速的发展。但是，人们在不断追求舒适生活方式的欲望驱使下，也没有避免西方国家经典发展模式的弊端。以中国为代表的发展中国家和西方发达国家，其现状都是在面对环境污染、资源不足、发展不平衡、局部战争冲突及核威胁的恐惧等人类社会共存的问题。

目前，中国现代化发展进程已步入新时代，中华民族伟大复兴及探寻人类文明发展出路，将是每一个中国人应该思考、实践并承担的社会责任。因为越来越多的人已经意识到文化对社会发展的作用，这是一个民族走向成熟的重要标志。西方人认为历史已经终结在普世价值观了，但中国的崛起证明了人类文明的多样性，是客观的现象。中国传统文化的优秀特质可以为解决当今世界发展中存在的问题贡献出文化的力量。

◆ 西方文化的日趋衰落

当今世界正处于百年未有之大变局，其核心是中国的和平崛起与世界头号强国美国衰落的凸现，它们是两种异质文明冲突的代表。历史已反复证明发展落后的民族超越发展先进的民族曾是人类社会发展的一般规律。

美国社会是一个由移民组成的国家，在开发北美大陆、建国初始，美国文化是具有包容性的，这也是美国成为世界强国的文化基因。美国推动创建联合国、世界贸易组织、世界银行、国际货币基金组织等一系列国际组织，建立国际秩序、治理全球事务，向世界展现了一个繁荣昌盛的美国。美国的历史是经过奋斗创业、繁荣发展，走到当今极盛而衰的困途。

美国为首的西方国家经济发展模式存在的弊端是：它们现已形成的高消费、高耗能、高污染的生产、生活方式，是以大量耗费人类不可再生资源为前提条件的。人类可利用的不可再生资源需万年以上的地质生成时间，它远远高于人类的生命周期，所以，这一不可持续的发展模式已降下了极限的帷幕。因为少数已经完成现代化的西方国家，与多数正在进行现代化的发展中国家围绕着全球资源的分配和管控已经出现了无法调和的矛盾，如果多数国家的现代化也走西方经典式的发展道路，地下贮藏的资源根本无法支撑人类的生存和发展，现有资源消耗殆尽，国家之间争夺资源的战争可能把地球毁灭。

美国在治理世界的过程中，逐渐霸气豪横，将美国的价值观强加于世界各国。原因何在？美国依靠强大的科技手段、军事能力、金融优势及国际话语权独霸天下，固执霸道地认为中国的和平崛起及发展中国家的经济社会发展，绝对不能触犯美国占有人类不可再生资源，维持优越生活方式的所谓国家利益。为了掌控资源维持世界霸主的地位，美国的核心战略是通过控制欧亚大陆架，进而控制世界。他从大西洋进入欧洲，联合北约东扩不断挤压俄罗斯的战略空间；同时推出重返亚太战略，构造印太战略，从太平洋、印度洋遏制中国和平崛起。美国不能客观地对待发展中国家追求相对公平公正的社会经济发展，不断以军事手段为主的美国优先的霸道行径耗费了国力，是其逐渐走向衰落的根本原因。由于少数政客、石油大亨、军火商为一己之私利，将世界各国人民的和平生活搅得不得安宁。

◆ 中华民族复兴的文化基因

在人类社会历史的进程中，四大文明古国的古埃及、古巴比伦、古印度，在外族入侵和内部纷争中，其文明发展或中断或消失化为历史的尘迹，唯有悠久的中华文明绵延不断。探寻其原因，以汉民族为主体农耕文化稳定的生存力量；大一统中央集权制强大的统一力；义务本位制奉献的集体主义精神；天下胸怀、万世太平的和平主义，是古代中国文明发展从未中断的文化基因。它传承的是5000年不断积累的物质文明、精神文明、制度文明形成的文化力量。

汉唐之际社会生产力大幅度提升，农业生产居世界先进水平，中国传统社会高度发展并达到顶峰。汉王朝开疆拓土、武功赫赫；唐王朝对外开放、海纳百川。一个在历史上真正拥有支配地位的国家，它一定具有伟大的历史，汉唐盛世雄风就是中华民族伟大复兴的文化基因。

从历史上王朝建国立都的规模来看，西汉和盛唐是中国历史上最为恢宏磅礴的朝代，整个国家的内在精神充满了坚韧不拔和积极进取的大国气质。它定都长安，将王朝的政治命运直接面对苦寒贫瘠的自然条件和北方外敌的军事威胁之下，整个王朝如同处在一种动态的危机之中，由此激发了一个民族在奋斗中求生存积极进取的尚武精神。

中国农耕文化产生在高寒苦瘠的辽阔西北地区，艰苦的生活条件塑造了中国人的进取精神，而辽阔的西北土地使得中华文明具有强大的拓展性，大西北的地理空间特征让中国完全可以摆脱航海文化大量消费和掠夺人类不可再生资源的商业发展模式。在农耕文明长期发展愿景的激励下，在自身的历史文化脉络中兼收并蓄，走向民族复兴、探寻文明出路的中国时刻。

天行健，君子自强不息，是中华民族积极进取的民族性格。中国现代化进程奋发努力的动因来自过去一百多年的屈辱历史，也来自过去几千年中华文明的积累。中华民族伟大复兴就是要把自己的国家建设成为政治、经济、科技、军事、文化强国。

◆ 南水北调再造天下粮仓

基辛格的至理名言：“谁控制了石油，谁就控制了所有国家；谁掌握了货币发行权，谁就掌握了世界；谁控制了粮食，谁就控制了人类。”新冠疫情及近期的俄乌军事冲突引发的全球粮食市场波动，对我国粮食安全敲响了警钟。

中国是人口大国，也是世界上最大的粮食生产国和消费国，解决14亿人口的吃饭问题不能寄希望于国际市场。粮食安全是要确保所有人在任何时候既能买得到又能买得起所需的基本食品。粮食安全是维护经济发展、社会稳定最重要的压舱石。当今和今后较长时期内，切实保障国家粮食安全，不断提高粮食安全保障水平，具有重要的现实意义和战略意义。

中华文明源于黄河流域，水利是农业的命脉，治理水源、修建大规模的水利灌溉系统就成为农耕民族生存的首要前提。历史上中国经济中心由北向南转移，就是通过不断开垦土地，解决因人口快速增长致使粮食供给不足的民生问题。我国是一个人口众多的传统农业大国，人均耕地面积低于世界平均水平，只有通过治理水源、兴修水利工程，不断扩大耕地面积，精耕细作提高生产能力、增加粮食产量，才能不受制于人。只有强化经济发展的内循环，彻底解决粮食供给不足的民生问题，才应该是保持社会稳定，民族复兴的基础。

喜马拉雅山脉冰雪融化的水资源，通过雅鲁藏布江流出国境进入印度的恒河汇入大海。我国地形呈西南高西北低的走势，西南区域水资源集中丰富，而西北地区则地广人稀，水资源短缺，土地极为干旱。如果启动举国之力，通过兴建大规模的水利灌溉工程，从地势高的大西南引雅鲁藏布江之水，调入地势低平的西北地区，启动南水北调西线工程，就可以解决西北干旱缺水的民生问题。

西线南水北调的设想如能实现，仅新疆就可以开垦新增6亿亩耕地，彻底解决中国粮食安全问题。如果水利工程修至内蒙古、华北地区，可再增加10亿亩耕地，能够有效吸收和容纳新增5亿左右的人口，以及近3亿劳动力，使其有事可做、有业可就，可以大大拓展中华民族未来生存和发展的空间。西部开发，拓展了我国这个世界上独一无二的经济主体的战略纵深，使之可以放手发展，无后顾之忧；可以在全球经济的战国时代，不再受制于他人，牢牢地站稳脚跟，在全球竞争的舞台上立于不败之地。

◆ 中国传统文化的力量

在人类社会历史的进程中，自然灾害、瘟疫肆虐、战争动荡都是人类遇到的难以克服的灾难。它是对一个政党、政府管控治理社会、国家能力的真正考量，也是对一个民族兴衰和人类文明出路的重大考验。面对新冠肺炎疫情在全球肆虐的灾难现状，西方文明呈现出衰落的趋势，在世界相互依存的发展格局下，我们应以人类命运共同体的创新理念为引领，对人类文明的出路进行有益的探索，贡献出文化的力量。

中国传统农耕文化为我们后人留下治理社会、国家的三大文化遗产。第一，农耕文明在治理水源、抵御游牧民族入侵、传统社会的周期震荡的历史发展进程中，形成了强大的中央集权制政体。面对新中国成立之初的国家工业化、建立强大的国防，兴修大型水利工程、大规模基础设施建设及朝鲜战争立国之战，这一组织资源经过不断的扬弃，形成了办大事的举国体制。特别是面对新冠疫情给人类带来的灾难，中国政府举国之力，迅速控制住局面，取得阶段性胜利。第二，传统社会是以血缘关系为生活纽带，形成了以家庭为主体的社会最基层的组织单位。它信奉家国同构、君父合一、尽孝尽忠的义务本位制。这种强调个人对社会价值的集体主义精神，在抗击疫情的过程中，老百姓一切行动听指挥，把国事当家事办，形成了上下一心、官民一体、心无旁骛、与政府一致的精神理念，是国家稳定的社会基础。第三，农耕文化崇尚和平，倡导为天地立心、为生民立命、为往圣继绝学、为万世开太平的天下主义。由传统文化创新的人类命运共同体发展的价值观，将是人类文明走出困境、凤凰涅槃、浴火重生的发展之路。

天人合一、中庸之道、厚德载物，注重人与自然和谐相处，重视面对社会、全球化的矛盾，要完善地解决人与人、国与国、人与自然之间如何彼此尊重、相安共处、互利共赢、和平发展的文明出路。从历史发展来看，中国传统道德规范中和合共生的思想是未来世界的前途，必将取代个人本位、自我中心的思想。西方社会是物支配人的社会，它最终将被人支配物的社会所取代。中国文化尊重自然、推崇伦理和实践应该为西方国家效法。

◆ 新发展方式的文化理念

西方现代化的经典发展方式，在工业化开启至今近三百年的时间里，虽然为人类创造出丰硕的物质文明，但这种以大量耗费人类不可再生资源为前提的“高消费、高耗能、高污染”的生产和生活方式，也将人类生存的地球推向可能毁灭的深渊。

全球工业化发展进程的二氧化碳排放，不断对我们赖以生存的地球进行着破坏性的摧毁。演化中不断提升的温室效应，造成了人类社会许多物种的消亡；几十年未遇的大规模的洪涝灾害开始频繁出现；污染的雾霾天气对人体健康的侵害一度成为常态；冰山融化在有限的时间内使海平面抬升，它将会造成众多城市的消失。

随着人口的增长，地球早已不堪重负，控制碳排放已成为世界各国必须在发展中解决的现实问题。西方现代化的“能源”和“环境”危机堵塞了人类文明发展的通道，这个无法解开的死结，促使我们反思，为什么要继续选择这样的“现代化”?

绿色发展是继农业社会、工业社会和服务经济社会之后，人类最高的经济活动形态，它是一个历史发展的必然进程。虽然西方经典发展方式已尽途穷，但严重的是持续的环境污染已给人们日常生活和生命健康带来巨大的威胁，它同人类与自然界相互依存、和谐相处，形成的“生命共同体”的理念是相悖的。

我们这个民族历经百难终于顿悟猛醒，应该放弃单方面的 GDP 指标，转向对绿水青山为标志的、可持续发展的新发展方式的探索和追求，中国开启了这一划时代的伟大转折。“天人合一”倡导人与自然相互依存、和谐共生，成为绿色新发展方式的文化理念，绿水青山才是赢得未来的金山银山。

德国哲学家黑格尔曾讲过：人类唯一能从历史中吸取的教训就是，人类从来都不会从历史中吸取教训。我们不要幻想自己有驾驭大自然的能力，人类不要畅想征服地球，因为人类不可能征服地球，我们唯一能做的就是爱护她，万物共存，人类更需要的是善良。“天人合一”的哲学理念，是中国传统文化为探寻人类文明出路贡献的文化力量。

历史没有终结在西方自由民主的普世价值观上，农耕文明传承的中央集权制、义务本位制、天下主义的文化思想，是古代中国文明发展没有中断的文化基因。

中国传统文化推崇“天人合一”，倡导人与自然相互依存、和谐共生；“天下主义”主张大道之行、天下为公，我认为：超越国家民族的思维框架，缔造互惠互利人类命运共同体的和平发展观，这一文化贡献是破解“文明冲突”的济世良药，也是时代赋予中华民族应该为人类和平发展承担的责任和义务。

CONTENTS **目录**

第二部分　东方文化与西方文化

第三部分　传统屏障与文明冲突

第四部分　社会转型与现代化进程

第五部分　民族兴衰与文明出路

后　记

第一部分

民族意识与民族精神

面对近代西方文明的攻击，日本能够迅速“脱亚入欧”，而晚清政府却顽固地拒绝工业文明；面对美国入侵朝鲜，抗美援朝、保家卫国，立国之战强悍的民族意识，打出了中国发展的和平环境；面对北约东扩，俄罗斯在接受市场经济拥抱西方的过程中，却始终得不到文化的认同，最终引发了打破国际秩序的俄乌冲突；面对中国崛起，太平洋完全能够容纳中美间的矛盾，而在美国政府眼里，太平洋只能容纳美国；面对新冠疫情灾难，西方文化呈现衰势，而中国传统文化却凸显力量。

民族意识是一个民族在历史发展中形成的共同心理素质。它是每一个民族思考问题的方法和行为准则。如果一个民族没有自己强烈的民族意识，就会在重大灾难面前有可能遭致灭亡。

民族意识与民族精神的思索途径

历史上优秀的民族，大多聪明智慧且个性鲜明，有的民族在顶峰时期常忘了“我是谁”，极盛而衰时，又怕得到的会失去。他们到底谁会更聪明些呢？当一个民族具有强烈的归属感和认同感，当民族意识愈坚强时，它的民族精神会随之发扬蹈厉；如果一个民族没有自己强烈的民族意识，就会在重大灾难面前很容易招致灭亡。

人类社会发展在初始的地理环境的隔绝下，世界各民族形成了自己的生产和生活方式。民族意识就是每个民族在共同的地域、共同的语言、共同的血统、共同的宗教、共同的风俗习惯，在与经济、政治、历史的联系上，形成共同的心理素质。农耕文化、航海文化、游牧文化呈现着各具特色的民族意识，它在人类社会长期的历史发展与变迁中，其丰富的文化内涵潜移默化浸入到人们的灵魂深处，也深入到人们日常思维与生活习惯中，并逐步形成了每一个民族特有的民族风格，它在物质和精神上的体现，就是一个民族的民族精神。民族精神是一个民族赖以生存和发展的精神支撑，是一个民族生命力和凝聚力的重要体现。

● 美国原生态的民族意识

有这样一个家庭，祖父是英国人，他的妻子是荷兰人。儿子和法国女人结婚，生了 4 个孩子，这 4 个孩子娶的是国籍不同的妻子。故事中的儿子就是美国人。美国是一个由移民组成的国家。

我们先欣赏一下美国人的聪明智慧。在一次盛大的宴会上，中国人、俄国人、法国人、德国人、意大利人争相夸耀自己民族的文化传统，唯独美国人倾听不语。为了使自己的表述更加形象，且具有说服力，他们纷纷拿出具有民族特色、能够体现民族悠久历史的实物——酒来彼此相敬。中国人拿出古香古色、做工精细的茅台，打开瓶塞，香气袭人，四座皆惊，众人为之称道。酒美，瓶子更贵重。俄国人拿出伏特加、法国人拿出大香槟、意大利人拿出葡萄酒、德国人拿出各色啤酒。轮到美国人时，只见他把各种酒兑在一起，随之举杯相敬，“鸡尾酒，综合就是创造”。这就是独具特色的美国民族精神。

1492 年，哥伦布发现了美洲大陆，这块神奇的土地像磁石一般吸引着欧亚各国的芸芸众生。对“新世界”的渴望使他们抛开一切，蜂拥而至，这里成了冒险家的乐园，然而前途未卜，对任何一个人来说这里均是未知数。北美大陆虽是沃野千里，却又是清白一片。在尚待开发的土地上，人们既可能在急流险滩中丧生，也可能消失在沙漠地带的凄风苦雨之中，还有可能在印第安人的突袭下饮弹毙命……从文化学的角度考察，在一定程度上这里可以说是一片“文化真空”。向这真空驰入的，不是有组织的文化单位，而是一批对于传统制度已失去好感的亡命者。他们的头脑为叛逆精神所主宰，身上绝少传统思想的保守属性，即便有，也没有发挥作用的土壤，因为险峻的环境迫使他们只能确立与传统不同的生活方式。倾家荡产、远渡重洋、背水一战的冒险者们必须尽快摆脱一切内耗因素去开垦土地、求得生存，于是建功立业成为生活的第一要务。

北美的移民和我们移居南洋的华侨不同，南洋的华侨始终是以作客的心情在新地方寄居。凡有华人居住之处，他们总是依原有的生活形态造出一个“小中国”，使旧有的文化传统完整地移植过来，随他们定居。而北美早年的移民并不像华侨那样心存衣锦还乡的愿望，在殖民地时代的美洲，封建势力并不是不想支配这新世界，而是封建势力无法在新世界里立足，因为在新世界里生活的人，他们因为生活的需要，不能接受桎梏。这些清教徒、商人、捕兽者、登山者、探路人以及情况需要时的战士无暇顾及，甚至本能地厌恶来自传统的精神束缚。在这片处女地上，只有集合各个民族的长处，充分发挥每个人的独创精神，才能建设自己的新国土。

广阔无垠的北美大陆上诱人的发展前景和险峻的自然环境像一个巨大的熔炉，将每个来自世界各地的移民身上所携带的优秀品质融为一体，并汰去各种有害的杂质，从而锻炼出新的文化合金，也就是人们通常所说的“美国精神”。它可以简单概括为民主自由、个人奋斗、节俭勤奋、乐观进取、平等竞争、讲求实际。正是这种“文化合金”使走兽出没、人迹罕至的北美大陆在不到三百年时间里成为今天举世瞩目的、高度现代化的美国。

● 中华民族勤劳智慧的传统

英国前首相撒切尔夫人曾说："中国永远成不了世界强国，因为今天中国出口的是电视机，而不是思想观念。"这使我想起了在第二次世界大战期间，一家外国报纸刊登的一个有趣的假设：在一间房子里落下了一根针，意大利人耸耸肩膀，满不在乎地离去；法国人顺手拿起一把扫帚把地扫了一遍，至于针是否扫了出去并不十分在意，他得到的是一种心理上的安慰；而德国人则用一把尺子和一根粉笔把地板画成一个个小方格，在每个格子里仔细寻找，终于找到了这根针。

这个假设是根据三国在第二次世界大战中不同的表现，形象地说明了三个民族的性格差异：意大利人散漫、松懈，是一个缺乏内聚力与向心力的民族；法国人浮躁、易变，是一个满足大体上过得去，但缺乏彻底求实精神的民族；而德国人笃实、稳重、富有哲学头脑，德意志民族有一种水滴石穿、铁杵成针，踏踏实实从小事做起，不达目的决不罢休的执着精神。

如果进一步假设，中国人在场会怎么办？他会用一块磁铁就地一滚，把针吸起来，这是文明古国勤劳智慧的体现。回望中华民族5000年的历史，我们的祖先发明了火药、造纸术、活字印刷术、指南针等文化成果，一直惠及后世造福子孙，她是一个勤劳智慧，能够自立于世界民族之林的优秀民族。

● 民族意识未知的思索路径

一位解差押解犯罪的和尚上府城。住店时和尚借机把他灌醉，又为他剃光了头，然后逃走。解差醒后发现少了一人，大惊失色，继而一摸光头，说道："和尚还在，我没了！"在瞬息万变、错综复杂的当代社会，小到个人，大至一个民族，都很容易"失去自我"，因此保持正确的方向感是最为重要的。

在确定一个民族的走向时，我们必须首先回答一个古老的宗教问题，也是一个永恒的哲学问题："我是谁？"并由此进而思考一系列相关问题："我到底想要什么？""我现在都有什么？""为了得到我想要的，我可能会失去什么？"等。事实上，世界上所有成功的民族都能够十分明确地认识到"我是谁"。

美国，没有人会否认它是世界头号强国，而它的个性又是如此鲜明；德国，曾经两次"执着"地给人类带来世界性的灾难，而一旦反省，又是如此"执着"地反对"纳粹主义"，并以这份"执着"创造出一个又一个辉煌的经济成就；韩国，其经济发展如此依赖于美日，但在"教科书""独岛"等问题上是如此旗帜鲜明地对日本说"不"！据说，韩国在20世纪70年代已经具备了彩色电视机的生产能力，但为了抑制国内消费，韩国居然10年不建彩色信号发射台！10年的彩电出口创汇，换回国家建设所需的交通、通信、能源、基础设施，这正是民族意识的生动体现。

当今世界正处于百年未有之大变局，其核心是中国的和平崛起与世界头号强国美国衰落的凸现。历史已反复证明发展落后的民族超越发展先进的民族曾是人类社会发展的一般规律；而新兴大国和守成大国之间的矛盾冲突，必有一战的修昔底德陷阱的铁律，能否化解，也是对民族智慧的考验。回顾我们的发展历程，很庆幸我们的民族没有陷入长期的动荡，甚至像苏联那样解体，而儒家思想的"积极进取""中庸""和谐"精神又是如此深入人心。同时我们也在担忧下一代由于"哈韩""哈日"现象而忘记"我是谁"。历史已经无数次地证明，没有一个崛起的大国不具有生动鲜明的个性。一味模仿他人而丧失自我是十分危险的，比如"东施效颦"，再如"邯郸学步"。

思考是一件痛苦的事情，但一个国家的国民如果没有吃苦的精神，面对战争、灾害、疫情等重大灾难，这个国家就会丧失创新的能力，这些忧思告诫青年一代需警钟长鸣！

中国人的社会价值与美国人的契约意识

世界上每个民族都有其独特的民族个性，它们对生命的价值观差异很大。希腊人重视生活对个人的价值，印度人重视生命对永恒的价值，中国人重视个人对社会的价值，美国人重视自由民主、崇尚契约精神。任何一个民族都有它长期形成的、异于其他民族的特性，由此而产生的政治、经济、文化无不打上民族的烙印。各民族的文化价值观是其个性的基础特征之一，价值观念是一种比较持久的信念，它可以确定个人、群体、社会选取什么样的生存形态、行为模式和交往准则，以及如何判别是非。文化的差异突出地表现在社会的价值标准上，社会的价值标准决定着社会规范的内容。将中国人与美国人的价值准则进行比较，可以清楚地看到这种差异。

● 中国人重视个人对社会的价值

中国传统社会是以土地为根基，以血缘关系为生活纽带的。它把家庭结构外推到国家、把父子关系外推到君臣，形成所谓家国同构、君父合一的社会结构。宗法伦理纲常体系是统治者安邦定国的基石。在社会生活中，人们尊奉以义务本位为主体的尽忠尽孝的处世原则，因此协调人际关系在中国人的生活中占有举足轻重的地位。建功立业固然重要，但人们更为关心的是能否协调好纷纭复杂的人际关系，因为这是一个人能否功成名就、能否得到社会承认，甚至能否名垂千古的关键所在。

中国许多优秀的人物往往把自己的绝大部分精力，倾注于人与人之间伦理关系的理性考察及行为实践之中，离开了人际关系、离开了集体常常会感到缺乏安全感，因为尽管人际关系消耗了他们大量的精力，但也会给他们带来作为一个人，特别是一个中国人所需要的情感、关怀、慰藉和帮助。中国人热爱这一切，热爱亲友、同事和所有能给他温暖的事物的综合象征——祖国，愿意为她尽义务直至献出生命。像文天祥“人生自古谁无死，留取丹心照汗青”，辛弃疾“了却君王天下事，留得生前身后名”，岳飞“三十功名尘与土、八千里路云和月”，民族英雄的气节壮举，终青史留名。

1932年1月28日，日本帝国主义进攻上海，蒋光鼐、蔡廷锴领导十九路军，守土御侮、抗命出征。由于敌人海陆空立体炮火的猛烈轰击，蕰藻浜防线的中国军队被炮火压得抬不起头，防线几度动摇。

当敌人的集团冲锋再次开始的时候，只见十九路军的六十名敢死队队员个个背着巨型炸弹，身上浇满了汽油，手拉导火索冲入敌群，这种打法在世界战争史上也是罕见的。

这种明知不可为而为之的集体献身的悲壮之举，是传统文化中义务本位的升华，是将对君王的忠诚，扩展到对祖国和人民的热爱，充分说明中国人极其重视个人对社会的价值。

● 美国人履约国家的契约精神

美国人的价值则与此大不相同，初到美国的移民们所记得的祖国是一个他们因为追求解放而极力抛弃的东西，祖国在他们的头脑中并不是个人将来死了，还要把棺材运回去葬在那里的地方。在生命的历史中，这些移民不但不能从祖国、从过去的生活里得到有助于当前和展开未来的资本，反而是束缚、阻碍。所以他们在社会中决然斩断与过去的任何联系，包括血缘联系。在清白一片的北美大陆上，不依靠别人、自己走自己的路。在开发、建设新大陆的过程中，美国人不断地追求新的目标，不断地在社会上流动，他们把人情世故看得很淡，血缘关系联结不住这些不断流动的人。在孤单的社会旅程中，人们举目无亲。中国托人情的时候找亲戚、攀故交、拉裙带，美国却没有这么多“表兄弟”。流动的社会拓展了人们的视野，移民们不再囿于一个单薄的开发层次或一个狭小的空间来考虑他们智能的应用。流动的社会使人们到处发现进取机会，因此他们从不把纯粹的人际关系摆在很重要的地位，而是以建功立业为生活的第一要务。

美国人的社会组织不停地进行人员流动，因此永远由陌生人组成。在由陌生人组成的社会里，只要建立某种契约作为准则就足以协调人的行动，这似乎比苦心经营人际关系更直截了当，更简单，也更适合美国人的性格。美国是一个典型的契约社会，个人要遵守契约、履行契约所规定的义务。像中国人那样以义务为本位、以奉献为道德准则在美国是难以想象的，我们不妨看看美国人对待战争的态度。

1945年9月2日上午9时许，第二次世界大战盟国统帅麦克阿瑟上将，在停泊于东京湾的美国战舰“密苏里”号上主持了对日本的受降仪式。麦克阿瑟演奏了一个小小的历史插曲，他请美国降将温赖特和英国降将白西华陪他签字。在签字时他用了五支笔：第一支签字后递给了温赖特，第二支签字后递给了白西华，第三支签字后交给了美国政府档案馆，第四支交给了西点军校（即“美国陆军军官学校”），第五支用后，麦克阿瑟送给了自己的夫人。两位降将享受如此高的荣誉，这是中世纪骑士的遗风。

在西方人看来国家是平等的每一个个人，为了共同的目的，通过订立契约而结成的共同体。在订立契约时，各人有选择的自由，合约到期时，契约自动解除。在中世纪，战士打仗是履行契约所规定的义务，弹尽粮绝时就算尽到了义务。投降可以挽救部下生命，在战争中个人利益在某种条件下可以超越国家利益，这种“至高无上”的人道主义，是个人主义的充分体现，这是西方军人至今仍崇尚的习俗。

第二次世界大战日本国民劣根性透析

美中日三国经济总量世界排名前茅，三国分别被卷入第二次世界大战，面对人类出现的灾难，三个国家的国民在自己民族生死存亡的关键时刻，各自的民族意识通过国民性表现出极大的差异：美国人具有契约意识，并履约国家；中国人顽强抵抗、精忠报国；而日本人则充分展示出愚蠢顽劣的国民劣根性。

● 日本人的奇特古怪

美国著名学者托兰在《日本帝国的衰亡》一书中描述："对大多数西方人来说，日本人是完全不可思议的，他们使用工具的方法是错的；他们在铁砧上打铁是蹲着的，他们使用锯子或刨子时是拉，而不是推的；盖房子先盖屋顶。日本人做一切事情都是与别人相反的，话倒着说，书报倒着念，文章倒着写（这里指动词在宾语后面）；人家坐椅子，他坐在地板上；鱼虾是生吃的。讲完一段个人的悲惨遭遇后，他会放声大笑；穿着崭新的衣服掉进泥塘爬起来，还面带笑容；有话不明说而是说反话，讨论问题时，拐弯抹角，在家里用过分的礼节款待你，在火车上却粗暴地又推又搡；杀了人还要向仆人道歉说把屋子弄乱了。"

日本人的民族性格看似奇特古怪，他们始终认为随时都会大祸临头，这种危机感与紧迫感源于日本恶劣的自然环境。有史以来，日本列岛饱受海啸、台风、地震、火山爆发等灾害的侵袭，环境险恶、资源缺乏，造成了多数人有着生存危机的心理压力。

事实上，这一切都是由于日本人长期以来，为了生存，而对外来文化博采众长、兼收并蓄的结果，是合金文化的“合金特质”的特殊反映。如果我们从这个角度来分析，就会发现日本人的行为是多么自然了。

● 日本人的愚蠢顽劣

第二次世界大战，日本在太平洋战场与美军的夺岛之战中节节败退，在其面临生死存亡之际，日本空军“樱花特攻队”在传统武士道精神驱动下，向进攻的美国军舰发起一轮轮、持续不断的自杀式战术攻击。日本武士道精神不承认失败，因热衷于切腹而被称为不知投降的军队；神风特攻队大多是由十六七岁的青少年组成的敢死队，驾驶焊死舱门的飞机，直接撞向美舰；连国内的妇孺老弱也以极大的耐力忍受战时的苦难，拼命地生产耕作为所谓天皇尽忠，“保卫祖国”。

樱花精神使日本民族意识具有浓厚的封建色彩，它强调对天皇与大和民族的绝对忠诚。这种民族意识有明显的两重性，如果将其朝正确的方向发扬光大，可以成为对民族、人民大众乃至全人类的热爱；但如将其加以扭曲，便会向病态的方向发展成为狭隘的民族仇恨、盲目的民族自尊。二战期间的日本军国主义、法西斯主义正是这种病态发展的结果。面对武士道精神的野蛮与疯狂，美国感到，攻击日本本土，有可能要付出近百万美军士兵的性命，这是崇尚个人生命高于一切的西方文化价值观绝对不能接受的现实，向广岛、长崎投放原子弹，减少进攻日本国土的牺牲，就成为尽快结束战争的唯一选择了。

● 日本人的实用主义

历史表明，日本民族是一个通权达变、适应性及变更性极强的民族。由于受自然环境的影响，日本长期以来与世隔绝，与其发生关系的邻国只有中国和朝鲜。毫无疑问，光辉灿烂的中国文化对日本文化的形成和发展产生了重要的影响。日本的独特之处就是资源缺乏、耕地稀少、生存空间狭小，如果在接受中国儒家的仁慈、礼仪、信义等传统文化的同时，再接纳其“惰性”，恐怕就难以生存。它使日本不得不经常重复进口、消化、修改中国文化，以便提高自己的学习水平和文明水准。

天皇在历史上每逢国家重大事件，给军队、国民下达命令时，在强调儒家文化为其所用的内容时，大多不考虑仁慈，这个中国儒教的核心美德。忽略仁慈而强调忠诚，恰恰是日本儒教所独具的特征。1945 年 8 月 14 日，日本宣布投降时，世界目击了这样一个事实，“忠”发挥了几乎令人难以置信的巨大作用。许多了解日本的西方人曾认为，让日本投降是不可能的，他们坚持认为让散布在亚洲和太平洋诸岛及本土的日军和平地放下武器，那是天真的想法。许多日军在当地没有遭到过失败，他们确信他们追求的目标是正义的。登陆美军将付出惨痛的代价，因为在战争中日本人无所谓畏惧，他们是一个好战的民族。这些美国分析家没有把“忠”的作用考虑在内。天皇一说话，战争也就结束了。在无线电播放天皇的声音之前，顽固的反对者们曾在皇宫四周布置了一条封锁线，企图阻止其发表停战宣言。但是停战诏书一经播放，它就被接受了。满洲或爪哇的战地司令官也好，日本国内的东条英机也好，无一人反其道而行之。

据《菊花与刀——日本文化的诸模式》一书的作者鲁思·本尼迪克特描述：“日本人现在以遵循和平道路的方式来体察陛下之心，而一星期以前，他们还认为体察陛下之心就是要不惜捐躯，即使用竹枪也要击退之夷狄。”天皇作为日本民族维系力的巨大作用虽与西方崇尚平等、自由、民主的个人主义价值体系格格不入，但占领军终将其保留下来，此虽形同虚设，但终不得不设。

“忠”的行为方式似乎最终使日本本土免遭毁灭，但这仅属文化表层因素，印入整个民族血液深处的“实用主义的幽灵”，作为其深层文化发挥着“魔力”。日本人永恒不变的目标是名誉，首先必须使自己受人尊敬，一个人为达到这个目的而使用的手段是他根据情况需要既可拿起亦可放弃的工具。当情况改变时，日本人也能改变其态度，转向新方向。除了少数顽固分子，日本人不认为有必要对美国占领军展开抵抗和组织地下反击，他们并不感到有固守老主义道德的必要。正如本尼迪克特描述的：“外国记者们早晨手握着短枪着陆，到了中午就收起了武器，到了傍晚他们就外出购买小商品了。”

对日本人来说，只要多数人同意，它就是“正确”的，譬如德川时代，拥护德川幕府体制被视为“正确”，而后来“尊王攘夷”却成为正确的。又如第二次世界大战时期，日本大力宣传“世界一同”，但战败后，日本人认为，既然在太平洋战争中粉碎了日本这架使人敬畏的经济和军事机器发祥于一个民主社会，那么，民主显然就是不二法门了，和平与民主就立即成为日本至高无上的奋斗目标。

对日本人来说，时代不同正义的含义也就不同；所谓正义事业是随着社会条件的变化而发生变化的。明白这一点就不难理解日本神风特攻队用自杀的方式效忠天皇、保卫国家，到转瞬之间军队全部放下武器，再度效忠天皇替国家分忧同工异曲的行为了。因为日本是一个没有“绝对正义感”的功利主义民族，在面对生存危机时，他们具有极强的适者生存和为我所用的特殊能力。

日本引进文明的民族意识与民族精神

任何一种文化在其自身的发展过程中，完全不受外来文化的渗透，纯粹依靠内部的新陈代谢，实现封闭式的自我更新，几乎是不可能的。就拿人们视为整体的“西方文化”来说，它本身就是融合希腊文化、犹太文化、罗马文化和日耳曼文化等才发展起来的。在这一发展过程中，也曾经反复出现过尖锐的文化冲突时期。从这一点来说，文化融合与文化冲突是整个人类进化史上一种带有普遍性的现象。人们几乎一致承认，今天的日本的确创造出了一种既不同于中国，又不同于西方的独特的文化格局，而日本人的这种创造行为，正是通过对外来文化的大量吸收而实现的。

日本摄取了中国人民创造的文明，又兼收了西方科学技术，达到了经济与文化的协调，其传统文化依附于现代化的进程，成为借助传统实现现代化的典范。“合金文化”的特质，使这个缺乏资源只能有人力可供开发的国家，充分发挥人才素质的优势，在国家现代化的道路上赶超英、法、德、意，成为资本主义世界第二经济强国。

● 生存危机、文明引进的动因

在第二次世界大战中，日本一败涂地，本土遭到美国空军“地毯式”的狂轰滥炸。广岛、长崎之灾，国土几乎成为一片废墟，以至于站在首相官邸的高岗上可以望到东京湾。战后的日本苍凉凋敝，美国士兵手中的两三包香烟便可换来一切东西：从祖传珍宝到女人。人们预言：日本的经济再不可能“急剧扩张……日本的前景是退回到自给自足的小国地位”。然而，在日本列岛上发生的事实却大出人们的意料，战后日本趁朝鲜、越南战争“特需繁荣”之机，迅速完成医治创伤的工作，经济纳入正常的运转轨道。在以国内人力资源与国外天然资源相结合的经济发展战略思想的指导下，经过短短 20 多年的努力，日本发展速度迅猛异常，大有取代美之问鼎世界头号经济强国之势。今日日本的现实是如此喧腾活跃，势不可挡，我们很难找回 1945 年那个心力交瘁的民族影子。

日本人在短时间内将一群没有任何重要自然资源的多山岛屿，改造成世界上第二大经济强国，这一宏伟壮观的场景被世人誉为东方魔术下的日本奇迹。人们常常对日本列岛上发生的一切感到惊讶不已，甚至不可思议。的确，日本的经济奇迹绝不是单纯地用经济分析方法所能解释的，这一切与隐藏在经济现象背后的文化密码密切相关，因此，我们必须绕过魔术表演的舞台去看看幕后发生的秘密。

战后日本的巨大变化首先是一场重大的历史变革。它不仅包括经济方面的突飞猛进，而且包含社会结构的变化、人们社会生活面貌的改变和价值观念的进步。它是一种涉及诸多领域的社会总体现象。从文化学的角度看，社会现象的发生与变化可以说是一种广义的文化现象，应该应用文化学理论对社会现象的变化进行分析，文化的发展和传播是社会变化的重要原因之一。

第二次世界大战后，曾任日本首相的吉田茂在他的《激荡的百年史》中说：日本之所以能够迅速地接受外来文明，来自这个民族的历史传统。日本是一个孤悬在太平洋上的岛国，四面环海，国土狭小，资源贫乏。这个陆地面积仅占世界陆地总面积的四百分之一的国家，却集中着世界上活火山的十分之一，“火山国”的绰号名副其实。又因为它位于亚洲板块和太平洋板块交界处，故而难逃地震的厄运，还时常遭遇太平洋台风和潮汐的突袭。贫乏艰险、孤立无援的地理环境使得这个岛国上的居民为了维持生存，求得发展，必须视野向外，齐心同力地吸收外来营养，于是，形成了门户开放引进文明的民族心理。日本历史上的“汉化”西欧化”运动是日本民族活力最充分、突出耀眼的体现。

日本文化与中国文化息息相关，从历史上看，明治维新以前，日本一直处在中国文化的影响下。中国进入汉朝时，已经有 3000 年的使用青铜器和农耕文化的历史了，然而日本这时才刚刚从中国学去了青铜器制作方法，并出现了农耕文化。受先进的中华文化的辐射传播，文化的刺激和促进因素必然来自中国。公元 6 世纪，中国进入唐朝盛世，传统社会达到繁荣之巅。当时，中国作为经济上与政治上的先进国家开始确立起此后将近 1000 年的世界领导地位。唐朝的先进文明犹如一股巨大的浪潮漫淹了历史的“旧大陆”，也席卷了日本列岛。在一种锐意进取的狂热意识支配下，日本的遣唐使、留学生漂洋过海，纷至沓来。他们不止不休地输入中国的艺术、工艺、学术成就以及社会和政治制度。从日本第一座都城奈良的平面布置，到天皇至高无上、君临宗教和政治生活的观念，早期的日本人几乎在一切事物上都亦步亦趋地效法中国。公元 645 年，留唐学生和僧侣策划发动了“大化改新”，给日本文化注射进唐朝“圣药”。通过变革，建立起一套完全以唐朝为蓝本的中央集权君主体制。这种引进使日本由一个落后的部落地区变成东半球一个真正的具有高度文明的成员，它袭用了中国的模式，虽然学得不那么十全十美。公元 6 世纪至 9 世纪，日本到处呈现出一片生机盎然的景象。光辉灿烂的中国古代文化奠定了日本文化繁荣的基础。

19 世纪中叶，第二次浪潮波澜壮阔，冲击着世界，西欧成了资本主义新文明的肇源地，侵略、扩张、殖民成为资本主义新文明的独特传播方式。列强的“坚船利炮”强行敲开了“旧大陆”落后的大门。

面对列强的挑战，日本人表现出与中国人截然不同的思维方式和行为方式。1853 年，佩里将军率领的舰队开始向日本轰击，目睹鸦片战争中清王朝的惨败，武士们首先采取的行动是武力攘外，但是处于幕府统治下的封建割据的日本根本不是西方文明的对手。攘外失败后，可供选择的道路只有两条，或者建设近代化的工业国，或者像亚洲其他国家那样沦为西方帝国主义的殖民地。面对美国的炮舰，日本民族又按自己勤学善用、注重实利的传统行动了。他们提出要“集万国之所长”，做出了明确的答复——“倒幕开国”。

日本人无所畏惧地放弃了长期爱好的习惯，引进西方文明，“脱亚入欧”，进行了举世闻名的明治维新。明治维新之初，尽管国内局势还不稳定，但日本还是派出了大久保利通、木户孝允和伊滕博文等重臣访问西欧列国。明治政府根据他们的报告，提出“殖产兴业”“文明开化”和“富国强兵”的三大政策，全面开展了政治、经济、军事、科技和文化方面的引进工作。在这一番举国上下的奋斗中，几百年沿袭下来的行为模式被无情地抛在一边，在一瞬之间从武士发髻的时代经过文艺复兴壮举而进入近代。在 20 世纪末、21 世纪初的几十年发展历程中，形成了以民族主义、爱国主义为核心思想的家族、乡土、国家三重结构的“国民共同体”，使日本的资本主义经济，以明治维新的变革为出发点，以“国民共同体”为支柱，在国家的规划、指导下，积极吸收对本国有用的西方文化，最初以对抗外国资本主义压力为目标，继而以保持国家独立和赶上发达资本主义国家为目标，以年平均 4%—4.5% 的比率（西方国家为 3%）迅速发展，促进了近代化的实现。日本已经取得了足够的工业和军事力量，国力日盛，使它迅速摆脱了西欧列强的控制。凭借一己之勇，甲午海战重挫天朝上国，日俄战争击败沙俄威震世界，跻身列强，成为世界权力角逐中咄咄逼人的一员。如果没有引进文明的果断决策，很难想象日本不重蹈印度或中国清政府的覆辙。向西方学习，不仅维护了民族独立，而且使日本成为世界强国。

● 败而不馁、勤学善用的进取精神

日本资产阶级革命采取的是自上而下的维新形式。1868 年，最后一代德川幕府的将军被逐，日本即以惊人的速度将自己改造成为“现代”国家。新的日本政体建立得如此之仓促，其经济基础如此之单薄，难免根基不稳，并由此引发了一系列社会、经济和心理骚动。日本由封建主义变成帝国主义的速度之快，使其只想学西方方法不想学西方价值观的领导人，来不及或无意识去发展自由主义与人道主义。20 世纪 30 年代大萧条的破坏和急速西方化造成的社会、政治和心理压力打断了日本的突进，使它没有形成名副其实的议会政体，加之数千年中国式集权体制的影响，使日本成为封建军事帝国主义国家。军事寡头集团大权在握，在其浅陋自信力的支配下，一步步将国家推上通往珍珠港的侵略道路，从而注定了其失败的命运。广岛、长崎的浩劫，以充分的事实雄辩地证明自明治维新开始百余年来，日本人苦心追求通过战争确立日本民族在人类的“优等地位”的道路，是条愚不可及的死路。然而，就像武士们攘夷失败后，知道了西欧各国的实力，下决心实行开港那样，战败后的日本承认了敌人的长处。他们并没有耽于悔恨，而是来了个 180 度的大转弯，在这历史的抉择关头，下决心向战胜者学习，就像明治维新情真意切地拥抱帝国主义一样，掉头拥抱民主资本主义了。日本人并没有被那种认为无论如何也无济于事的悲观主义所迷惑，而是从建设文化国家，复兴经济，或者重建自己的生活等各种各样的事业中找到了自己存在的意义，并对未来充满信心。这种败而不馁的民族精神也是战后日本民主改革成功的重要因素。

在百余年内，日本再次彻底改造了自己的社会，有人将日本战后的改革称为“不流血”的革命。美国以“联合国军”的名义在“非军事化”和“非民主化”的口号下对日本的经济、政治、军事、教育等各项基本制度进行了大刀阔斧、雷厉风行的改革。日本人民面对这种

实质上废除天皇偶像彻底荡涤传统势力的行动反应，连占领者也感到十分惊讶。毫无疑问，日本民族引进外来文明的传统为和平地进行改革创造了极其重要的条件。西方的民主思想、政治观点、竞争精神、商业意识，迅速扎根于岛国，出现了再度复苏的东方资本主义的新时代，这显示出日本民族善于逆境求生、勤学勇争的巨大活力。

在日本投降后仅 10 天，日报《读卖报知》就能够谈及“新艺术与新文化的开始”，并论述道：“军事失败应被作为一个转机而发挥作用——为了使日本国民真正地面对世界，客观地看到事物的本来面目，有必要做出国家失败这样一种巨大的牺牲。至今歪曲日本人思考的一切不合理的事必须用坦率的分析来排除……把这次战败作为严酷的事实来加以正视需要勇气（但我们必须），相信明天的日本文化。”这就是说，他们已尝试过一种行动方针，结果失败了，从今天起要尝试一下和平的生活艺术。日本各种报纸的社论都重复地论述说：“日本必须在世界民族之林受到尊敬”，日本国民的责任是在新的基础上赢得这种尊敬。由于整个民族具备了败而不馁的精神，所以日本民族并不因自己是战败者向胜利者学习而感到耻辱，进而就能做到在学习中不盲目崇洋，不生搬硬套，而是扬长避短，根据日本的实际情况把学习和独创结合起来。

日本前首相大平正芳的经济咨询小组曾提出一份报告，认为日本经济迅速发展的基本原因在于日本文化的作用，指出：深入分析日本文化，可以发现它的基本特色渗透于经济制度之中，是活的经济体系。1953 年，奥地利发明纯氧转炉炼钢新技术，其纯炼钢速度高于平炉技术 14 倍。消息很快传遍世界，当时在实力上独霸全球的美国钢铁工业自恃强大，不愿弃平炉而换转炉。而日本行动迅速，用 120 万美元引进了转炉技术并加以推广，到 20 世纪 60 年代中期转炉就基本取代平炉，成为炼钢业的核心技术。美、日两国对转炉技术的不同反应，导致了两国钢铁技术在竞争力量上发生根本逆转，日本后来居上，走在前面。由此可见，日本人“求知于环宇”的传统开放性格，在战后为“技术吸收性战略”的顺利实现扫清了心理障碍，奠定了大规模引进技术的社会基础，从而使日本成为战后世界科技发展史上最大的“拿来主义者”。他们用 15 年时间、60 亿美元换取了国外用半个世纪、近两千亿美元开发的科技成果，“以天下之长，补一国之短”，迎头赶上了世界先进技术水平。

诺贝尔奖获得者温伯格教授把日本民族这种败而不馁的民族精神的丰富内涵，即不满足于现状、勇于进取、敢于创新和锲而不舍等积极的性格特征，界定为“进取性性格”。温伯格强调并指出：这种素质比智力更重要，往往是区别最好学生和次好学生的标准。如果用这个标准来衡量日本劳动人民，那么他们无疑是优秀的学生，他们在技术革新和技术进步的整个历史过程中都渗透着巨大的勇于进取的力量。

作为工业国家发展支柱的汽车工业，战后日本与欧美相比大体落后 30 年。迄至 1953 年，日本汽车年产量仅有 5 万辆，同期英国为 83 万辆，法国和联邦德国各为 49 万辆。面对如此巨大的差距，日本汽车业毅然奋起追赶，首先在汽车的小型化战略上进行技术革新，冲破难关，致力提高汽车的机械性能和劳动生产率。比如，东洋工业公司于1961年从联邦德国奈卡尔苏尔姆汽车公司引进了汪克尔型转子发动机技术，集中最优秀技术人才进行应用开发。前后经历了6年，终于试制出浸含铝合金碳材料，克服了被称为“魔鬼爪痕”的发动机体内侧振痕，进而发明了非破坏检查法。1967年正式装车出售后，无论在产量或是质量上均已优势压倒“技术宗主国”——联邦德国。进入20世纪70年代，受制于“石油危机”的冲击，日本汽车制造业迅速调整其技术革新目标、实现“小型化”向“轻量化”过渡的技术战略转移，力争在节能、轻量、排气净化和安全等技术方面率先奋起。为此，东洋工业公司又进一步改良发动机，更换热反应器，采用薄混气稀薄燃烧，试制成功旋转机轻量型汽车，减少燃料耗费30%，具有高速低噪声多种优点。为迎接新技术革命和欧美汽车工业东山再起的严峻挑战，日本汽车技术的发展又转入电子技术的开发阶段，并已初步研制出世界首屈一指的高性能电动汽车，1986年产量已达25万辆。日本汽车界自信：“电动汽车正式普及于社会，已经指日可待。”目前日本电动汽车各项技术专利全球排名第一。从日本汽车技术发展“小型”“轻量”和“电子”三个阶段的变化过程中可以看出，日本汽车之所以能在实力悬殊的较量中击败蝉联“世界汽车冠军”长达70年之久的美国，登上“汽车王国”的宝座，正是得之于汽车技术的不断革新改造。而日本人那种经常向前看而不愿落后于世界前进步伐的进取精神，又鼓舞他们向往技术革新，成为技术不断进步的推动力量。

第二次世界大战以后，战败国的日本能够很快从废墟上建立一个经济大国，绝非易事，但他们很快做到了。主要原因就是日本民族所具备的败而不馁、勤学善用积极进取的民族精神，在对待外来文化的态度上，能够取人之长补己之短，日益求精，不断创新。

中国军人铁血台儿庄的民族精神

第二次世界大战中日两国之间的战争，是工业日本与农业中国的较量。日本进入了近代文明，取得了国家工业化发展的成果，以钢铁洪流般的雄厚实力对中国开始了一场灭绝种族的屠杀。日军在南京的大屠杀，30 多万中国军民死亡的惨痛现状，使中国人民，特别是当时的中国军队猛醒过来，中华民族到了最危险的时刻，面临种族灭绝的险境。此后，国民党政府在正面战场组织起许多卓有成效的战役：台儿庄大捷、徐州保卫战、武汉保卫战、长沙保卫战、中条山保卫战、昆仑关大捷、万家岭大捷等；同时组建中缅远征军："一寸山河一寸血，十万青年十万兵"的铁血男儿出境打击日寇，屡获胜利。

台儿庄保卫战是国民党正面战场抗击日军的首次大捷。第五战区司令长官、桂系将领李宗仁率领杂牌军浴血奋战，击溃了日军精锐坂垣、矶谷师团，歼敌愈万，打破了日军不可战胜的神话，鼓舞振奋了全国军民的抗战信心。我们在欣赏李宗仁将军善良、忠厚、果敢的性格，与卓越超群调动军队将领军事指挥艺术风采的同时，也对国民党正面战场首战告捷的胜利给予历史的评价。

● 李宗仁将军的军事指挥艺术

1938年2月，日本精锐坂垣、矶谷两师团齐头并进，企图会师台儿庄，旋即与宁沪日军夹击徐州，打通津浦铁路。此时，只有死守临沂、阻敌两师团会师，方能不失台儿庄、确保徐州无虞。李宗仁手下惟有庞炳勋军团不足5000人马可供抽调驰援临沂。庞年逾花甲、久历戎行，善于避重就轻，注重保存实力，以“为人圆滑”“极难驾驭”著称。要使此人听命于年纪较庞小的李宗仁且于强敌面前拼死血战实非易事。于是，李宗仁破格优礼以待，推心置腹，诚恳相见。他对庞炳勋说：“庞将军久经沙场，论年纪、论资历，你是大哥，我是小弟，本无德才指挥你。在战斗序列上，我被编为战区司令，论私交，实是兄弟战友，不该有上下之分。目前国家有难，我们如能为民族战死沙场，才不愧做一军人。”李宗仁以衷情打动庞炳勋，继之晓以大义，此后，又电请蒋介石收回旨在吞并庞部的“缩编”之命并发给枪支子弹，使庞炳勋感激涕零、慷慨出征。坂垣师团以优势兵力配以重炮、骑兵，猛攻临沂半月有余竟不能越雷池一步，最后在援军与庞部内外

夹击之下溃败而逃。

增援庞炳勋的是张自忠部五十九军。张自忠与庞炳勋原同为西北军将领，在西北军对蒋介石的内战中，庞炳勋受蒋介石收买，阵前反戈，张自忠几为庞炳勋所害，从此二人积怨甚厚，张自忠曾表示决不愿与庞炳勋共同作战。此次临沂告急，除五十九军外已无兵可调。李宗仁亲自与张自忠面谈，晓以大义，命张自忠以国家为重，摒弃前嫌，听从庞炳勋指挥。李宗仁调解有方，加之张自忠为保二十九军安全撤退，在卢沟桥失守北平沦陷后与日军谈判周旋，一度遭误解，背上汉奸的骂名，而李宗仁曾在蒋介石面前，力保其解禁抗日。因张自忠曾受李宗仁大恩，正思图报，故而慨然承诺，与庞炳勋配合默契，一举成功。

临沂之战，李宗仁指挥装备极差的无名“杂牌”军队与“大日本皇军中最优秀”的坂垣师团对抗，并将其彻底击溃，败退 90 余里龟缩于莒县城内，主要靠的是士气旺盛、将帅用命。造成齐心协力的原因之一就是李宗仁出色地协调了人际关系。战前，他与庞炳勋肝胆相见，解除了军队中最忌讳的将帅之间的情绪对立，协调了自己与部下的关系。战斗进行中说服张自忠与庞炳勋合作，协调了下属之间的关系，从而协调了两个军之间的关系，使他们并肩战斗，共赴国难。这是临沂保卫战胜利的原因。

在一个集体内部，除了正式的组织机构，往往存在着长期共同协作所产生的另一套习惯性的人际关系。由于各种不同的思想、趣味，人们会逐渐形成一套超越组织的非正式组织，我们称此为非正式组合。可见李宗仁协调非正式组合的重要意义。假如李宗仁以长官自居，对庞炳勋傲慢无礼、严辞命令，此公会临阵逃脱，溜之大吉的。同样，不重视派系之争，事先解决矛盾，张自忠即使有碍军令勉强从命，也不会竭力奋战，救出“私仇”。

国民党正面战场抗战的军队，实质上是由占有地盘并发行地区货币的封建军阀联合体组成。国民党内派系之争极为严重，军统、中统之间，嫡系、杂牌之间，如中央军嫡系中何应钦与陈诚之间的矛盾冲突尖锐复杂，以派系为中心形成了复杂的关系网络，错综交叉、互相牵制。这种非正式组合常常使部队军令不行，互相掣肘，以致为敌方所利用。像李宗仁在台儿庄战役中那样出色地协调解决在国民党军队内却是不多见的。在他的如不立即进击合围日军与台儿庄，将军法从事的严令下，汤恩伯率领中央军迅速合围台儿庄，将坂垣师团彻底击溃，最终取得了台儿庄大捷。基于爱国热情的激励，正义与真理的感召力的驱动，李宗仁的以协调人际关系、充分调动官兵抗日作战勇气的指挥艺术，得到了充分的发挥与展示，台儿庄大捷将永载抗战史册。

● 对台儿庄战役的历史评价

在半殖民地落后的中国，虽然形式上刚刚完成国家统一，但云南地区仍然发行滇币、广西地区也流行自己发行的货币。中国实际上是一个由军阀割据组成的军事联合体的农业弱国。就是这个军阀联合体的一支，时任国民党第五战区司令长官桂系领袖李宗仁，率领以各地杂牌军为主的中国军队，不怕牺牲、用血肉之躯在台儿庄筑造了中华民族抗击日寇的铁血长城，最终毙敌愈万，取得台儿庄大捷，再次打破了日本军队不可战胜的神话。

落后的国家面对强敌的入侵，正义的战争可以唤醒强大的民族意识，由于中国人民不屈不挠的顽强抗争，中国的抗战终于纳入世界反法西斯战争的洪流。中国对日本侵略军进行了顽强抵抗，将 150 万日军拖在中国战场的战争泥潭中，为世界反法西斯战争做出了历史性的贡献。得道多助、失道寡助，日本被战争贪欲冲晕了头脑，偷袭珍珠港向美国宣战，最终走向失败。中华民族历经磨难、顽强不屈，最终取得抗日战争的胜利，历史证明了中华民族深厚的文化底蕴是不可摧毁的。

张学良将军家国情怀的民族意识

少帅张学良是中国近代史上一位改写历史的民族英雄。作为一个旧时代的军阀，在国家统一进步发展的历史中，他识大局，是一个有民族意识的英雄。而在 1931 年“九一八”事变日本进攻东北，他弃东三省不抵抗逃跑的行为，也是为了保存实力，恐惧日本国力强大的旧时代军阀思想意识的体现。

日本帝国主义发动对中国的侵略战争，以蒋介石为首的国民政府采取了“攘外必先安内”的政策，面对日本对中国的蚕食采取不抵抗和消极抵抗的策略，使中国步步滑入亡国灭种的深渊。面对国家的危难，1936 年，张学良、杨虎城在西安发动兵谏，扣留蒋介石。震惊中外的“西安事变”发生后，在中国共产党的促成下，形成了抗日民族统一战线，它使中国踏上了全民抗战、抵御外侮，捍卫国家主权的康庄大道。但是，却有一批所谓的史料派学者认为张学良发动西安事变是错误之举，对民族抗战带来重大的损害，他是千古罪人。我认为这一错误观点，应予以批驳。

● 西安事变另一说法的表述

在当时的历史背景下一部分知识界名流认为，张学良忽然发动西安事变，用武力劫持国家元首，加重了内忧外患的局面，其行为破坏了刚刚完成的国家统一，是历史性的倒退，坑害了国家；而广大民众也担心事态扩大，再度回到军阀混战割据、民不聊生的状态，因而西安事变并没有得到民众的支持。

西安事变之前，当时蒋介石迟迟不肯抗日，主要是认为中国国力太弱，与强大的工业化武装之敌开战，需要有充分进行准备的时间。在蒋介石日记里有这样的记述：准备用中国的钨矿与德国交换，可以用 4 年的时间装备 60 个德械师，进行武器配备及使用标准化的训练，设立兵工厂，修建公路、铁路基础设施，待时机成熟再对日宣战。而张学良的错误之举，将以国家全面对日宣战的时间提前了两年，造成了因准备不充分而给抗战带来了重大的损失。

持上述立场的学者继续为蒋介石在西安事变前对日消极抵抗行为进行辩解。他们认为，蒋介石在东征、北伐战争时期，身先士卒、骁勇善战、不畏牺牲、曾身装手榴弹指挥士兵冲锋陷阵，常置生死于度外；西安事变之前，蒋介石迟迟不肯抗战，是为了拖延时间，避免与日军过早决战，他对全局有战略思考，是能够忍辱负重的国家领袖。

● 张学良的历史地位

宋美龄曾讲张学良发动西安事变，不为地盘、不为扩充军事实力，只为牺牲。张学良在西安事变中扣蒋、放蒋、陪蒋赴南京，在我党的支持下促成了抗日民族统一战线的形成，为全面抗战奠定了基础，是千秋功臣，应彪炳史册。

西安事变前，面临民族危难，蒋介石却亲临战争前线，对中国共产党已不到两万的红军进行围剿，在重兵压境延安处在凶险危局下，是张学良在西安的兵谏扣蒋，使我党转危为安。由于蒋介石持续地打内战、消极抗日，没有张学良也会有其他人抓蒋或逼蒋抗日，这是时代的必然，它符合历史的规律。实践证明，西安事变挽救了我党及红军处于内战状态的险境，这一代表先进中华文化的政党，在以后的历史征程中，通过土地革命，使中国农民这一最广大的社会群体得到解放，在抗日民族统一战线正确方针路线的指引下，打败了日本帝国主义对华的侵略，消灭了蒋家王朝，建立了真正统一的现代民族国家——中华人民共和国。张学良发动的西安事变，应该也必须有它应有的历史地位。周恩来讲：不论张学良将军死活，我们中国共产党评张学良将军为“民族英雄、千古功臣”。毛泽东评价：令中共抱憾的民族功臣！

西安事变后蒋介石能够顺应时代潮流，领导国民党正面战场与日军的全面抗战，也造就了他本人领导全民抗日，成为抗战民族英雄的历史辉煌。但是，蒋介石却以怨报德，心胸狭窄，软禁张学良一生，实为一己之私利，他企图通过敲山震虎的手段来威慑对立势力，这说明蒋介石缺乏国家领导人、政治家应有的素质，心理极其阴暗。

张学良为抗日民族大义身陷囹圄，他能够以德报怨，半生被软禁，牺牲了个人人身自由，历史应该有再进一步的高度评价。

张学良晚年自评：“我们张家父子，若不是为了爱国，会有这种下场吗？”因抵制日本政府在“满蒙”筑路、开矿、设厂、租地、移民等全部要求，张作霖在皇姑屯被日本人暗算；张学良的民族意识体现在他本可以做“东北王”，但是因为对国家的热爱，他晚年被囚禁在中国台湾。他自己为了中国的主权独立，被蒋介石从 36 岁关到 83 岁。

在张学良晚年生活获取自由的日子里，他彻悟人生、告诫世人“爱人方能爱己”。他本人深明大义、舍生取义、以德报怨、大爱无疆的光彩人生，值得载入史册，为后世传颂。

蒋介石与毛泽东"家与国"的天下之争

面对半殖民地、积贫积弱的近代中国，为了国家统一富强、民族的复兴昌盛，蒋介石和毛泽东进行了一场史无前例的较量。毛泽东以科学的理论、博大无私的胸怀、百折不挠的坚强意志，代表大多数人民的利益、以弱胜强、用战争的军事手段摧毁了蒋家王朝，创建了现代民族国家，即伟大的中华人民共和国。

● 对蒋介石的军事战略评价

蒋介石是一名军人，先后在保定军官学校和日本士官学校学习过。在近代中国大陆期间，他任职最久的职务是军事委员会委员长。毛泽东曾说过："蒋介石代替孙中山，创造了国民党的全盛的军事时代。他看待军队如生命。有军则有权，战争解决一切，这个基点，他是抓得很紧的。"在国民党各派内战中，蒋介石先后打败李宗仁、冯玉祥、唐生智、阎锡山、十九路军、陈济棠等，主要依靠的是政治分化和金钱收买等手段。周恩来总理对蒋介石的军事能力有过这样的评价："作为一个战术家，他是拙劣的外行，而作为一个战略家则或许好一点。他的政治意识比军事意识强，这是他能争取（指取胜）其他军阀的原因。"

衡量一个军事统帅是不是具有远大的战略眼光和驾驭复杂多变局势的能力，主要是看他能否对全局客观情况的发展变化及时掌握，清醒地做出正确的判断，并且预见到下一步可能的发展，迅速做出明确而有效的决策。综观蒋介石的军事生涯，客观评价，他是一个具有战略眼光的军事战略家。

1927 年，蒋介石亲率国民革命军从广州出师北伐，开始了统一全国的征战。他使用军事打击为主，重金收买、封官赐爵、妥协退让为辅的手段，至少帅张学良东北易帜、改换青天白日旗后，迅速从形式上统一了中国。在当时军阀割据国家积贫积弱的社会状态下，统一符合了国家民族的利益，代表着社会发展的进步。

1937 年，卢沟桥事变，全面抗战爆发，蒋介石指出："如果战端一开，那就是地无分南北，人无分老幼，无论何人，皆有守土抗战之责，皆抱定牺牲一切之决心。"当时日本军国主义按照欲先征服中国，必先征服东北；欲先征服东亚，必先征服中国；欲先征服世界，必先征服东亚的军事构想，提出用 3 个月征服中国。华北陷落后，开始进攻上海，"八一三"淞沪上海会战开启。

蒋介石当时的战略思想是，调动以中央军为主的中国军队主力在上海与日军进行一场消耗战，争取时间将全国的工业设备、各类为战争服务的资源迅速转移到重庆，借助中国西南地势高、西北地势平坦的地理优势，利用优势的地理环境逐次抵抗、消耗日军的有生力量。淞沪会战中国军队以血肉之躯奋战 3 个月后，主动撤出战场，打破了日军 3 个月灭亡中国，不可战胜的神话。这一战略构想的实施，为国民党迁都重庆、搬迁内地的工业战争资源，为抗日战争进入持久战争取得了时间和战略空间。

毛泽东于 1938 年 5 月曾预言：中国的抗日战争要打七八年，他的《论持久战》发表后，蒋介石十分赞成，并对这一思想创建给予了支持。他让白崇禧把《论持久战》的精神归纳总结为"积小胜为大胜，以空间换时间"，并由军事委员会通令全国，作为抗日战争中的战略指导思想。经过 8 年的艰苦奋战迫使日本投降。毛泽东的预言果然得以实现。

中国全面抗战因较早占据有利地形，从战略上弥补了农业弱国没有技术工业的能力，国家战争实力不足的劣势；国民党主动采纳了毛泽东《论持久战》的战略思想，在共产党八路军敌后游击战的配合下，有效地将 150 万日军深深拖陷在中国战场的泥潭，使中国成为世界反法西斯战争东方的主战场，为第二次世界大战的胜利做出了历史性的贡献。

抗战胜利后，蒋介石倾全国之力向解放区发动进攻。在毛泽东的率领下解放区进行了土改，实现了“耕者有其田”，使战争形势急转直下，中国人民解放军取得了辽沈、淮海、平津三大战役的胜利。蒋介石面对败局，又一次启动了抗战时退守大西南的战略部署。他企图划江而治、再次迁都重庆，借助大西南有利地形，负隅顽抗、拖延战争进程，预留台湾作为后路。但在解放大军秋风扫落叶的攻击下，最终只能退守台湾、偏安一隅。

● 蒋介石失败的历史必然

蒋介石信奉孙中山先生倡导的三民主义，并与中国传统文化相结合，开始了统一中国的北伐战争；在抗日战争民族危亡之际，也能挺身而出率领中国人民抵御外敌。为什么在与毛泽东为代表的中国共产党人的全面较量中却一败涂地呢？蒋介石将三民主义的理论与中国传统文化的糟粕相结合，为一己之私利搜刮民脂民膏，在民族危难时刻，狂敛财富于蒋宋孔陈四大家族；蒋家父子、陈家党，始终代表少数权贵阶层的利益治理国家，其“家天下”的思想，终将因腐败而倒台。

毛泽东将马克思主义普遍真理与中国革命的具体实践相结合，扬弃中国传统文化中的糟粕的部分，发挥优秀特质，倡导天下是天下人的天下。他推翻旧有的土地制度，开展土地革命，倡导耕者有其田，始终代表广大人民群众要求改变生存环境、追求幸福生活的切身利益。他以宽阔的胸怀、宏伟壮观的视野、不怕牺牲的伟人性格，以国家民族利益为重，率领中国共产党人建立了新中国。这就是蒋介石与毛泽东“家与国的天下之争”，是毛泽东战胜蒋介石，共产党打败国民党取得胜利的必然逻辑。

● 蒋介石对毛泽东的折服

1949 年，新中国在天安门举办开国大典，向世界宣告中华人民共和国成立。蒋氏父子曾对毛泽东进行过一番评价。蒋介石讲：“他毛泽东绝非常人可比，你我父子要为在北京天安门的毛泽东成立中华人民共和国干杯。”蒋经国讲：“我决不为毛泽东的胜利干杯，为什么要为他而庆祝呢？”蒋介石讲：“先总理中山先生推翻帝制，建立中华民国，可没过多少时日，他就无奈地让位给袁世凯。而你父亲宣布当选中华民国第一任民选总统，还不到一年，也不得不让位给李宗仁。也许是他毛泽东比你父亲经历过更多的挫折，所以他深知打江山不易，守江山更不易呀！在他还没进北平之前，他明确昭示党内决不做李自成。还在重庆谈判的时候，毛泽东嗜烟如命，手执一缕就绵绵不断，一天要抽50多支。但是，当他知道我不抽烟的时候，在整个谈判期间，他竟然一支烟都没有抽过。你就可以通过这一件小事，知道此人的毅力和克制力，非常人可比！记得当年湖南的何键掘了他毛泽东的祖坟，我想毛泽东收复了大陆也一定会报这挖祖坟之仇，可我没想到，他毛泽东还能如此大度，对我蒋家的陵寝秋毫无犯。此人有雄才大略，你我父子不得不服啊！”蒋经国说：“我明白了，您为毛泽东成立中华人民共和国而干杯的真谛了。”

在蒋介石观察到毛泽东为了维护国家民族利益，面对强大的苏联在侵占攫取中国利益的矛盾斗争中，寸土必争的坚强意志时，曾不无感慨如此评价道：毛泽东能在斯大林虎口里抢食吃，说明他的确有过人之处，是我所不及的。政治上我们和毛泽东是敌人是对手，但是在国家外交问题上他的做法是对的。如果没有国共两党的对抗，我倒愿意和毛泽东、周恩来这样的人交朋友。怎么说，他们都是中国的人杰。

蒋介石这番客观的告白，反映出对成功者的尊重，也怀有对毛泽东雄才大略、高尚人格的仰慕，说明蒋介石是一个有民族意识和一定民族气节的中国人。

抗美援朝立国之战的国家民族意识

在战争即将降临或者已经发生的灾难面前，科学决策是对政治家智慧和毅志力的考量。毛泽东曾经说过他一生中有两个决策最难决断：一个是1946年与国民党决裂；一个就是抗美援朝。三年的解放战争，毛泽东率领中国共产党从军事上打败蒋介石腐朽的国民党政权，建立了现代民族国家——中华人民共和国；不到三年的朝鲜战争，毛泽东率领中国人民将美国为首的联合国军打回“三八线”，签订了朝鲜停战协定。这一立国之战，彰显了积淀于中国传统文化优秀特质的国家民族意识。在我们纪念抗美援朝战争胜利71周年之际，却有一些质疑这场战争“正确性”的观点甚嚣尘上。以史为鉴可以知兴衰，有必要对这段尘封多年的历史，再度进行分析。

● 质疑朝鲜战争的“正确性”

1950年6月25日朝鲜内战爆发，三天后美国发动入侵朝鲜的战争。与此同时，第七舰队入侵台湾海峡，战机多次进入我国领空。美国不顾中国政府的再次警告，悍然越过“三八线”，大举进攻朝鲜北部，迅速向中朝边境推进。古语云：“唇亡齿寒，户破则堂危。”在国家安全受到战争威胁、国内外形势非常严峻的情况下，在朝鲜民主主义人民共和国的请求下，毛泽东高瞻远瞩、审时度势、力排众议、毅然做出了“抗美援朝、保家卫国”的战略决策。

在学术界有些人根据20世纪80年代美国解密的一批朝鲜战争的档案，认为美国干预朝鲜内战时，并无意攻击中国本土，以此质疑战争决策的正确性。朝鲜攻击韩国后，以艾奇逊、尼采和凯南为首的国务院派坚持战争应限制在韩国境内，而军方则认为战争应该打到平壤。两派相持不下，这就是著名的“7月辩论”。经杜鲁门周旋后找到了一个妥协的办法：同意军方的要求越过三八线追击朝鲜人民军，但必须是在苏联或中国没有大规模派兵进入朝鲜或宣布派兵的条件下。同时，要求在苏朝或中朝边境地区仅能使用韩军，不得使用美军或其他外国军队；如果发现苏军或中国军队大规模进入北朝鲜，美军不得与中苏在三八线以北进行地面作战，以避免地区战争升级为美苏中全球战争，应将部队立即撤回三八线以南（海空行动除外）；如果苏联或中国入侵三八线以南作战，应尽可能守住防线，但不得擅自采取使局势进一步恶化的行动。据上述资料一些学者认为美国无意攻击中国，中国没有必要为朝鲜做倾出国力的牺牲，而战争的结局只是打回到了战争的初始点三八线。我认为这种观点背离了历史客观的公正性。

● 历史客观地看待朝鲜战争

评价任何历史事件，都不能离开当时的国际形势和事件的起因，都不应该孤立地、片面地、舍本逐末地判断所谓的是非曲直。美国杜鲁门总统所谓控制战争规模进程的设计，在战争开始就被麦克阿瑟突破，美军攻占平壤后公然声称：“在历史上，鸭绿江并不是中朝两国截然划分的、不可逾越的障碍。”同时，美国飞机多次侵入中国领空，轰炸丹东地区，战火即将烧到鸭绿江边。在地缘政治上直接威胁我国东北重工业基地的建设和国家安全。

抗美援朝、保家卫国就是坚持底线思维科学、客观的决策。当美军无视中国的警告越过三八线时，中国领导人并不知道对方是否会继续前进，越过鸭绿江。底线思维要从最坏处准备，如果美国会越过鸭绿江，那就是在朝鲜抵抗美军，还是在东北抵抗美军对我们的国家利益更为有利的问题了。毋庸置疑，在多山的朝鲜打仗，比东北大平原上对我们更有利，中国的损失会更少。所以，毛泽东再三考虑，还是决定抗美援朝。

对出兵朝鲜在当时的历史条件下存在的利弊得失：它可能会推迟我国已经开始的经济发展进程，甚至会引火烧身，使中国变成战场，中国胜算的可能性到底有多少？如果对朝鲜问题置之不理，美国必然会得寸进尺，走上日本侵略中国的老路，他们有可能从朝鲜、中国台湾、越南三个方面攻击我们，就会有三把尖刀插在我们的头、腰、脚三个部位。毛主席已经判断蒋介石会与美国勾结起来对付中国，天下如果有变的话，他们就会从三个方面向我们进攻，那我们就被动了。我们抗美援朝就是不允许它的如意算盘得逞。用他老人家形象的比喻：打得一拳开，免得百拳来。如果不主动出击打这一仗，不把敌人打痛、打蒙，敌人的百拳就会向我们袭来，而且从三个方面围过来，战场可能是中国境内了。如果等朝鲜彻底垮了，我们只能做在中国境内迎战美军的准备了。

如果不是美国军队占领我国的台湾、侵略朝鲜民主主义人民共和国；美军兵抵我国鸭绿江、威胁东北边疆的安全，中国人民是不会和美国军队作战的。但是既然美国侵略者已经向我们进攻了，我们就不能不举起反侵略的旗帜。这是完全必要和完全正义的选择，全国人民都已明白了这种必要性和正确性。毛泽东曾说，我们不要去侵犯任何国家，我们只是反对帝国主义者对我们的侵略。为此，中国人民和自己的领袖做出捍卫国家民族利益的正确选择。

从大国关系的角度分析，历史上的远交近攻是对客观经验的总结，当时开战所付出的代价似有得不偿失的一面；从地缘政治的角度来分析，战后冷战意识形态的严重对立，拒敌于国门之外，开战是历史的正确选择。毛泽东面对战争灾难，有抗美援朝的决策之举。因为被组织起来的中国人是不好惹的。毛泽东相信自己的人民，在国家有难时，大家会为维护民族尊严挺身而出的，因为美国不能限制世界大多数国家人民的发展。

● 立国之战的国家民族意识

西方军事专家曾说过，对现代军队来讲伤亡率超过 30%，这支军队就会丧失作战能力。美国军队也有规定，伤亡率超过三分之一的军队，即可投降。西方人的价值观认为能打到这一地步的部队，已经无愧于国家和人民了。而在上甘岭战役中国和美国军队的博弈中，让全世界见证了铁血忠魂的中国军队。1952 年，美国集中优势兵力向上甘岭发起了猛烈的进攻，被誉为“范夫里特弹药量”的炮击，倾泻了 30 多万发炮弹，地动山摇的 43 天，山岭标高被削去 2 米。在整个朝鲜战争期间我军消耗的大小口径炮弹加总才是 120 万发左右。在战役中，我军有一支不到 200 人的连队，被打残、打光后多次增兵，累计补充了 800 名兵力，最后仅有 6 人活下来，始终没有撤退脱离阵地，共计消灭敌人 1800 名。这支强悍连队的战损率高达 500%。这是世界军事史上的奇迹，经此一战，美军对中国陆军畏之如虎。麦克阿瑟无奈地说：朝鲜战争之前，中国人连鸭绿江都不敢过，抗美援朝战争后，谁要和中国人打仗，脑子绝对有问题。

在毛泽东发出抗美援朝、保家卫国的伟大号召时，毛岸英报名参加了中国人民志愿军，并担任总部俄语翻译兼机要秘书，在赴朝作战时英勇牺牲。当听到儿子牺牲的消息时，老人家眼含热泪地说：“打仗总是要死人的，中国人民志愿军已经献出了那么多指战员的生命，他们的牺牲是光荣的，岸英是一个普通战士，不要因为是我的儿子，就当成一件大事。”毛泽东在与老友周世钊的谈话中讲道：“我作为党中央主席，自己有儿子，不派他去抗美援朝保家卫国，又派谁的儿子去呢？”毛岸英以“天下兴亡 ，匹夫有责”之志，舍生取义、精忠报国地英勇献身，和普通的志愿军战士一同诠释了中华民族伟大的民族之魂。

彭德怀元帅在总结这场战争时表示，这三年（抗美援朝）激战之后，被限制在他们原来发动战争的地方。它雄辩地证明，西方侵略者，几百年来只要在东方一个海岸上架起几尊大炮，就可以霸占一个国家的时代一去不返了。

打得一拳开，免得百拳来。这一战，拼来了山河无恙、国家安宁，打出了中国人民的精气神；这一战，获取了苏联从东北撤出了它的军事力量，并援助我们156个大型项目，奠定了国家工业化的发展基础；这一战，让全世界对中国刮目相看，中国军队战斗力威震世界，再次证明，正义必定战胜强权，和平发展是不可阻挡的历史潮流。直到1971年美国幡然醒悟，他们的战略分析家不无感叹道：中国的毛泽东真的是雄才大略、高瞻远瞩。

总结历史经验，可以对未来发展进行客观预测，其目的是增加人们对现实判断的准确性。历史上跨过鸭绿江抗美援朝保家卫国的胜利，是一代政治家的战略眼光和胆识及对发动人民群众自信的成功。中央集权制调动资源的举国体制、强化的个人对社会价值的义务本位的奉献精神、走和平发展道路为万世开太平东方文化的理想追求，这些国家民族意识的优质特性是取得胜利的动力源泉。美国前国务卿基辛格深谙中国文化，他说过：每一次乱世之后必有强大的统一王朝。中国的崛起不可怕，可怕的是它存在了5000年还是这么强。也许这就是中华民族文化传承的力量。

从民族意识探寻中印战略对峙的峰回路转

英国地理学家与地缘政治家麦金德有一句影响深远的名言：“谁控制了欧亚大陆，谁就控制了世界岛；谁控制了世界岛，谁就控制了世界。”美国为了维护自身国家安全、经济发展及世界霸主地位，确定了控制欧亚大陆的国家核心战略。在欧洲美国从大西洋方向进入，协同北约东扩不断挤压俄罗斯的战略空间；在亚洲重返太平洋、印度洋，构建遏制中国和平崛起的亚太及印太战略。

在俄罗斯与乌克兰爆发冲突之际，美国要求中国、印度等国支持美西方国家就俄罗斯对乌克兰发动特别军事行动的国际制裁，并进行选边站队，否则将予以制裁。印度与美国关系密切，是美国构建印太战略的主要合作伙伴。但是在风云突变的国际环境中，印度从自身国家利益出发，以明确的态度拒绝了美国的威胁，表现出一个大国所应有的民族意识。面对百年未有之大变局，印度凸显的维护自身国家民族利益、敢于对美国说不的行为，似为中印两国边界长期对峙的矛盾冲突，创造了峰回路转的解决契机。为此，有必要从民族意识的角度探寻双方战略对峙及可能化解矛盾的有效途径。

● 印度是地理环境的“囚徒”

印度是一个人口众多、自然资源丰富、国土面积辽阔的大国，但特殊的地理环境从历史上又制约着印度发展和对外扩张的企图。印度是一个三面环山一面傍海的封闭型半岛国家。它东面与缅甸交界处是若开山脉，西面与巴基斯坦接壤处被塔尔沙漠拦阻，最北端是克什米尔高寒山区，南有德干高原。它的北面是喜马拉雅山毗邻我国西部的青藏高原，与印度平原之间有4000米的高度落差，形成了这块地球上最大的天然地理屏障。历史上，青藏高原阻碍了中华文明与印度文明之间的交流；现实中，青藏高原则成为在双方军事对抗中，我们压制对方的地缘要塞。印度的母亲河恒河，是来源于中国境内喜马拉雅山融化的雪水，经雅鲁藏布江流入印度境内。封闭的地理环境，历史上养成了印度人逆来顺受的个性，它在被英国殖民以前根本就不是一个统一的国家，但自己反而以被殖民为荣，是英国的殖民使得印度完成了统一。印度的地理位置也使其在发展的命运成为“地理的囚徒”。

马克思曾说过：“印度社会根本没有历史。”印度国家虽然在地形上处于封闭状态，但是它的西北方向却有一个不大的山口，历史上的开伯尔山口在遭到雅利安人的攻击时，就中断了古印度文明的辉煌历史。雅利安人灭亡了古印度，建立了种姓制度，从此以后，印度的原住民就没有地位了，他们不断被入侵的异族统治。印度历史上最强大的莫卧儿王朝是成吉思汗的后代建立的。印度开始想拥有国家历史，想创造属于自己文化的时代，开启于英国对他们的殖民统治。印度独立后，印度人仍然认为他们要继承英国留下的土地，并不断地对外扩张，才能重新建立起印度丢失千年的历史。

尼赫鲁甘地家族统治的印度，膨胀地提出要通过不断地对外扩张建立一个印度联邦国家，它要把中国、阿富汗、缅甸和锡兰囊括其中。加之有种姓制度的历史沿革，它形成了一个等级森严的社会制度。部分上层社会精英大国意识浓厚，在南亚推行地区霸权主义的野心和行为由来已久，在美国重返亚太、遏制中国和平崛起的背景下，它已经把中国视为印度崛起的假想敌。中国和印度有一千多公里的边境线，由于英国殖民主义历史遗留的问题，中印两国边界线没有划分设定清楚，为此，印度不断在边境挑衅滋事。1962 年，在中印自卫反击战中，中国击败印度，半年后印度开国总理尼赫鲁病故。他的去世在印度社会反响强烈。

近期，美国又推出印太战略，希望日美印结盟遏制中国，如果结盟态势形成，对中国西南边境和出海口自然形成威胁。所以对中印边境的冲突可能转化的局部战争不可小觑。

● 印度还未完成工业化

对于印度综合国力的高低评价的战略意义不大。因为印度是一个大国，如果最终和美国结盟就会对中国形成重大威胁。我们应该继续强化两国间的经济合作，并让印度知道中国工业化、全产业链在全球的实力。从一个钉子、子弹到四代机（第四代战斗机），中国全能自主生产。特别是在太空领域拥有与美国比肩的科技手段及全球战斗力最强的陆军。中国有完整的工业体系，全世界规模最大的制造业中心，印度的武器则基本上是在国际市场购买的。所以，印度尚未完成工业化。

1949 年，中华人民共和国成立，中国通过革命建立了现代民族国家。1950 年抗美援朝战争，是中国倾国力与美国为首的联合国军，进行的一场立国之战。中国人民在自己的领袖毛泽东主席的率领下，以全民族集体奉献的牺牲精神，以强悍的国家民族意识击败了世界头号强国。战争胜利的成果，是直接换取了苏联提供的 156 个重点工业项目的支持，全面启动了国家工业化的发展进程。

● 印度人的国家民族意识

自《梨俱吠陀》时代至今 3000 多年以来，印度民族的统一是来

自共同的宗教信仰，而不是来自国家意识或民族意识的领悟。古代印度人从来就没有培育一种统一的国家意识和民族意识。亚历山大大帝入侵印度期间，只受到若干土侯的反抗，并没有遭到整个民族的抵抗。进行一场捍卫自己国家与民族的战争，这在当时的印度显然不曾有过。孔雀王朝的阿育王甚至在成功地把整个国家置于自己的控制下以后，却仍把自己作为摩揭陀的地方国王来指导和统治印度其他地方和其他民族。历史上建立统一的孔雀王朝、贵霜帝国、莫卧儿王朝，直至沦为大英帝国的殖民地均是外力的作用。没有从内部形成真正强大统一的现代民族国家。印度人缺乏察觉客观世界的秩序观念，没有充分意识到现实与理想之间，或者事实与假定乃至空想之间的区别。正如罗曼·罗兰所言："如果人类最初时代就珍藏的理想梦境，有朝一日能在地球某地实现，那个地方就是印度。"

历史上伟大的佛教，早已衰落成印度社会宗教一个普通的教种。印度教是由众多族群各自选择自己的宗教信仰，现实是教派林立、纷繁复杂、文化差异很大，没有像中国历史上诸子百家整个汇总起来，形成的儒家文化为核心的思想体系。印度至今也没有一个统一的文化凝聚出引导国家发展的民族意识。印度社会治理尚处在前现代化的状态，妇女地位非常低下，种姓制度根深蒂固，没有形成工业化的生态环境。印度要想自我工业化，必须学习中国，要经历一场伟大的社会变革。

● 中国人的政治智慧

从地缘政治的格局看大国关系，我认为中俄战略伙伴关系的确立，解决了陆路相邻的两个大国边界的和平安全。印度也是一个人口众多、国土面积辽阔的地区大国，和中国西南地区陆路相临并形成西南出海口的屏障。如果中印两国长期对抗，印度和日美澳结成军事同盟，对中国在亚太地区发展就真正构成了压力。如果我们在斗争与妥协中和印度开展有效的区域经济合作，两个大国人口相加共计 27 亿，加上东盟国家越南、印度尼西亚等国家的合作，就会形成人口超过 30 亿的庞大市场。中印在经济领域上一旦强化合作，印度的经济将被带动起来，加上中国已经与东盟形成的贸易总量，亚洲的兴旺发展将直接超过美国。如果中印最终形成战略伙伴的大国关系，必将破解美国重返亚太，从海洋围堵中国的战略格局。

中国传统文化的核心是儒、道、佛相互补充，三足鼎立的格局。历史上印度佛教经过与中国皇权、士大夫阶层、平民百姓交流冲突融合传播的心路历程，终于以大爱无疆、积德行善、普度众生，对彼岸世界人生未来追求的宗教信仰，在中国大地落地生根。中印两国历史悠久的文化传统，如果和现实的区域经济合作有机结合起来，是可以通过逐步培养互信，走出矛盾对立的困境的。

今天人类的生存命运正面临着重大危局，如何消除分立的国家集团的竞争，建立去强权、非暴力有序发展的新局面，必须要有彻底超越民族国家的思维层面，重塑全球化的天下观，才能保证文明的永续发展和繁荣。中国传统文化倡导的天下主义主旨是："天下是天下人的天下"，只有我们的愿望符合所有其他人的愿望，我们的愿望才是"天下的"。中印两国同为发展中大国，如果能承接佛教传入中国的历史友好传统，客观认清当今世界和平发展的趋势，以人类命运共同体的价值观为上，摒弃前嫌，以大多数人民和平发展的利益为重，是可能通过艰辛的努力，达到和平的彼岸的。

印度是不结盟运动的首倡国，在处理国际关系上有着自主独特的民族意识，也有崇尚博爱和平的民族文化传统。双方政治家面对竞争发展中的大国关系，要极富耐心和智慧，艺术性地调解矛盾冲突，最终将其引导上合作共赢、互惠互利发展经济的轨道上来。

民族复兴的国家意识与文化核心

历史证明中华民族伟大复兴的国家意识与文化核心是毛泽东思想。黄炎培先生曾不无担忧地与毛泽东主席探讨，中国共产党在夺取天下之后，能否跳出王朝更替轮回的周期率。一个人、一个家庭、一个团体乃至一个国家，在其初始面对艰难困苦时，大多能从万死中觅取一生，创业时充满生机，其兴也勃焉！随着环境好转，多数人渐渐精神怠倦，奢侈贪腐之风弥漫，且暮气垂垂，其亡也忽焉！毛泽东自信满满地回答道："我们已经找到了新路，我们能跳出这周期率。这条新路，就是民主。只有让人民来监督政府，政府才不敢松懈；只有人人起来负责，才不会人亡政息。"毛泽东的这番话，至今仍是至理名言。政治家只有树立起公平、公正的理想信念，始终代表大多数人民的利益，才能永保江山充满朝气、坚如磐石。

● 毛泽东的历史贡献

中国革命的胜利，是马克思主义普遍真理与中国革命具体实践相结合的产物；是西方文化与中国传统文化相互融通的结晶。

中国是一个传统的农业大国，90% 以上的人口是以农耕为主的农民，他们曾经是依附在土地上的农民阶级。中国传统文化的历史遗产是：大一统中央集权制的组织资源，面对灾情、疫情、战争、国家重大建设项目，能够集中财力、物力、人力形成办大事的举国体制；以血地缘、亲友情为生活纽带的家庭、家族的组织资源，它形成了家国同构、君父合一，尽孝尽忠的义务本位的价值观；传统天下主义，创新人类命运共同体的价值观，是中国传统文化为大多数人追求和平发展贡献出的文化创意。

百余年来中国积贫积弱，受尽西方列强的侵辱，割地赔款、国家分裂、经济衰败、民不聊生。在抗击日本帝国主义亡国灭种的侵略中，在战胜蒋家王朝的内战中，毛泽东领导的中国共产党破解了中国传统农业国的文化密码，在抗战敌后根据地和内战时的解放区实行了“耕者有其田”的土地改革，使获得生活和生产资料的中国农民压抑已久的生产力得到彻底解放。为了保护土地，广大的中国农民拿起武器，在中国共产党的领导下，推翻了大地主、大资产阶级少数权贵阶层的总代表蒋家王朝，终结了国外侵华势力将中国深陷半殖地的民族深渊，创建了现代独立统一的民族国家。

新中国成立之初，面对已经崩溃的国民经济和以美国为首的西方国家的制裁和封锁，毛泽东审视西方工业文明对农业文明攻击的历史教训，高瞻远瞩，率领全国人民优先发展重工业，研制出“两弹一星”，以举国之力推进国家工业化，真正自立于世界民族之林。以家庭为生产单位的大多数中国农民，为城市居民的消费、物价的稳定和国家工业化所需资金的积累，做出了历史性的伟大贡献。

中国是一个人口众多，耕地相对稀缺的传统农业大国。汉王朝建立初始，为了休养生息发展经济，刘邦把土地分给农民，实现了耕者有其田，使老百姓获取了社会公平。可是在不到20年的时间里，土地就开始向豪门大族手中集中，当他们掌握了大批土地财产之后，就开始在政治上寻找自己的代理人，形成政治权力被经济绑架，权贵阶层演变为豪强地主，大规模进行土地兼并。它造成“富者田连阡陌，贫者无立锥之地”，小农经济大批破产，形成了无法缓解的社会矛盾。

当被压迫者再也无法按原有的生活方式生存下去的时候，统治阶级照旧有的统治方式也就无法再维护其王朝的统治了，一场农民起义就以战争的形式将旧的王朝摧毁。而在建立新王朝的过程中，往往是以社会生产力遭受巨大破坏为代价的，这一社会震荡的周期律始终与传统社会的发展相伴相随。

毛泽东在中国革命的历史进程中，通过不同时期不断的土地革命，在1953—1956年社会主义改造运动中，最终确定了土地为国家所有的制度安排。它保护了农民的基本利益，维持了社会的公平，从根本上斩断了因土地兼并造成社会失稳这个历史上无解的社会矛盾，彻底消灭了土地私有制的历史隐患。毛泽东的领袖智慧，为中华民族伟大复兴奠定了牢固的基石，彻底解决了这个历史周期律的问题。

我们现拥有世界上最长的高铁和规模最大的公路系统；丹江口大型水库的建设使宏伟壮观的南水北调的民生工程得以实现；土地国有制度是中国改革开放社会经济快速发展的基础。这一制度红利用极小的社会成本，实现了社会公共利益的最大化，它至今仍惠及广大民生。这是现今许多西方国家在经济发展上叹为观止的。

● 改变世界格局的高瞻远瞩

三十年河东，四十年河西。国家间的关系发展具有阶段性周期。从历史上看，中国与苏联、美国大国结盟时代，在维护国家民族利益上，各有得失、互有利弊。历史上沙俄侵吞过中国领土，第二次世界大战期间，苏联政府在对中国进行援助的同时，为了自身的利益也不断肢解中国领土。新中国成立之初，面对美国及西方国家封锁的险恶国际环境，朝鲜战争的立国一战，确定了中苏战略结盟的基础。中国在苏联的资金、技术、设备的支援下，举国之力推进国家工业化，建立起强大的国防体系及两弹一星的威力，开创了国家几十年发展经济的和平环境。由于中苏意识形态的争论，两国关系恶化。

第二次世界大战期间，日本攻击珍珠港，美日开战。美国为了自身的利益开始对中国抗日战场提供军事援助。中国战场拖住了近 150 万日军，缓解了美国在太平洋战场的军事压力，中国人民为世界反法西斯战争做出了历史性的重大贡献。新中国成立后，美国继续扶植失败的蒋介石政权，对我们进行封锁并发动了威胁新中国的朝鲜战争。在苏联的支持下，我们取得了在朝鲜战场、越南战场抗击美国入侵战争的胜利。

从历史唯物主义史学观观察大国关系，20 世纪 70 年代，中美关系的解冻都是有其内在的逻辑关联的。以尼克松访华为代表的中美建交谈判其实根本不是突发奇想，而是早有思想基础。无论是当时的中美关系还是中苏关系的妥善处理，都是毛泽东主席胸有成竹、大智大勇的科学决策，为中国融入国际社会，走上富民强国之路开拓出良好的国际环境。鲜明的民族意识是一个伟大的政治家国家意志的充分体现。

● 毛泽东思想的传承

邓小平调整了计划分配社会资源的经济体制，从符合国情的客观实际出发，选择了由市场配置社会资源为主的经济体制，经过 40 多年的改革开放，终于使中国步入现代化的发展征途。在全球化相互依存的国际环境下，始终以经济建设为中心，中国人民励精图治，靠勤劳智慧创造出来的社会财富，最终使我们成为世界第二大经济体、第一大工业生产国、最大的外汇储备国。他老人家始终关心中国老百姓的疾苦，提出东南沿海发达地区要帮助西北老少边穷地区的经济发展。邓小平与毛泽东以为人民服务为初心的建党宗旨一脉相承。

美国是当今世界的头号强国，美国个人主义文化体系引领西方主要国家，创造了物质、精神和先进的制度文明。西方文明走过了发展、繁荣、衰落的过程。它造成的以耗费人类不可再生资源，维持高消费、高耗能、高污染的生活方式已降下了极限的帷幕。因为人类的生命尺度，远远短于地下不可再生资源生成的时间尺度，如果后发国家也步入美国经典式发展道路，地球的资源将无法养活人类，而太阳能、风能、海水淡化等新能源开发的科技成果，距离能够为人类进行广泛的服务，尚需要一个漫长的研发及转化使用的过程。它是破解西方少数已经完成现代化国家和大多数发展中国家矛盾的唯一途径。

面对环境污染、资源紧缺、经济下滑、地区冲突、新冠肺炎疫情等诸多的矛盾，世界各国只有携手互助方能走出困境。在一个全球化地球村中生活的成员，特别是大国，应该肩负起时代的重任，勇于担当。国难当头，中国以举国之力抗击疫情，在老百姓家事当国事办理念的支持下，积极配合政府的抗疫措施，率先走出困境。向世界近 150 个国家和地区进行抗击疫情的援助，充分体现了一个大国的责任担当。中国人民勤劳智慧、热爱和平、助人为乐传统美德的文化力量，是一个大国自信的来源。

面对人类社会发展的矛盾，特别是破解少数人已经现代化和多数人正在现代化进程中，对全球资源需求管控和分配的矛盾，十分艰难。如果调控不好，局部战争不可避免，大国拥有的核武器，可以把地球摧毁多次。社会发展、人类进步，对一个国家的政府，一个合格的政治家的考量标准如何？应该看他是否能够始终代表大多数人民的利益，走一条以人类命运共同体为宗旨的和平发展道路。

在 20 世纪 70 年代美苏争霸时期，毛泽东敏锐地洞察世界风云变幻，根据第二次世界大战后国际关系的新格局，科学地提出了三个世界的理论创建。将美国、苏联划分为第一世界；日本、欧洲、加拿大是第二世界；亚洲除了日本和整个非洲、拉丁美洲都是第三世界。中国政府以反对美苏霸权，团结支援第三世界人民的民族独立和国家建设，形成了“我们的朋友遍天下”新的世界发展格局。

中国进入新时代，国家提出建设“新丝绸之路经济带”和“21 世纪海上丝绸之路”的合作倡议。丝绸之路始于古代中国，它连接亚洲、非洲和欧洲的古代陆上商业贸易路线，最初的作用是运输古代中国出产的丝绸、瓷器等商品，后来成为东方与西方之间经济、政治、文化等诸多方面进行交流的主要道路，它分为陆上丝绸之路和海上丝绸之路。“一带一路”旨在借用古代丝绸之路的历史符号，依靠中国与有关国家既有的双边多边机制，借助既有的行之有效的区域合作平台，高举和平发展的旗帜，积极发展与沿线国家的经济合作伙伴关系，共同打造政治互信、经济融合、文化包容的利益共同体、命运共同体和责任共同体。从经济发展上向人类追求的美好生活迈进，它是大道之行、天下为公、四海之内皆兄弟，是迈向大同世界天下主义的社会实践。

中国是一个具有传统文化底蕴的优秀民族，在世界面临百年未遇之大变局的发展形势下，再度承担起一个优秀民族、世界大国的责任，在天下主义传统文化理念中，精炼提取其优秀的特质，提出了人类命运共同体，它将会成为世界文明出路的文化基础。

我思故我在：《文化精神》中的民族未来

时至天命之年，世界经济出了问题。在忧思和欣慰两种心情的驱使下，我将二三十年前公开发表的一批关于研究传统文化与现代化、全球经济一体化、与各国经济发展战略比较研究问题的文章，汇集成册，冠名为《文化精神》。

● 经济危机的文化忧思

美国作为世界最大的经济体，率先引爆的金融危机已向欧元区袭来，首当其冲的是欧盟区域内高福利各国出现了主权债务危机，它的蔓延有可能引发的经济危机阴影笼罩着当今世界。回想 20 世纪 80 年代富裕强盛的美国人的生活，户均两辆轿车，占世界人口不到 6% 的美国人维持当时的物质生活水平，却耗费约 50% 世界不可再生资源的年产生量。美国为主的西方发达国家在个人主义文化价值的引导下，曾创建了举世公认的物质文明，但这种以耗费人类大量不可再生资源为主的经典发展方式早已降临了极限的危机。

美国人寅吃卯粮，他们超前过度消费的生活方式，如不及时予以警示，自然界为人类社会长时间积累形成的资源将会被迅速用尽。之后，为维持西方国家现有的生活方式，只能用战争的手段再度分掠资源，人类社会的发展面对的将是灾难性的结果。

美国金融危机、欧盟主权债务危机爆发以后，西方国家希望中国作为目前世界第一大外汇储备国给予救助。对经济危机的救助是有条件的，当我们提出救助的知情权、监控权和欧洲应承认中国完全市场经济地位时，对方却无语拒绝了。经济可以改变的是一个国家的面貌，而文化的精神则可以铸造一个民族的风骨。一个在世界上真正拥有支配地位的国家，它必须在文化上有引率世界的力量，而文化概念的核心就是价值观，文化是一个民族的灵魂。一个国家能否堪称文化大国，根本的标志要看它是否具有塑造引领人类文明方向，是否具有塑造先进价值观的力量，并保持着极大的文化吸引力和影响力。《文化精神》一书记载着这方面的思考。

● 中国文化的发展路径

《文化精神》从文化学的基本原理出发，对中国传统文化的结构、思维方式、价值取向进行了深刻的剖析，并运用比较研究的方法对世界各国现代化进程成功和失败的经验与教训进行了总结，揭示了中国现代化进程的制约因素及中国文化复兴的出路。通过国际化与经济战略的比较研究，在对部分发达国家、发展中国家的经济发展战略进行系统研究的基础上，从文化发展的角度提出了在世界经济相互依存的发展格局中，中国应以全球化的视野选择适合于自身的经济发展战略。

合金文化是日本社会发展成功的奥秘。它是多种信仰、多种价值观、多种是非观以及世界各个民族能为我所用的一切并存一体，在不同的时代、不同的客观条件下选择不同的侧重点，并不断地对各种外来文化进行改造性的吸收从而丰富主体。日本摄取了中国人民创造的东亚文明，又兼收了西方科学技术，达到了经济与文化的协调，其传统文化依附于现代化的进程，成为借助传统实现现代化的典范。

美国是由移民组成的国家，美国文化是由各个民族的优秀品质融合而成的文化合金。在文化合金铸造而成的个人主义价值体系的引导下，曾创建了举世公认的物质文明，但这种以耗费人类大量不可再生资源为主的经典发展方式早已降临了极限的危机。

著名历史学家汤恩比指出，起源、生长、兴盛、衰落是世界上任何文化不可避免的演进节拍。在文化衰落的背后，既隐伏着湮灭的厄运，又孕育着新生的良机。所谓文化更新，就是适应社会经济状况的急剧变化，变旧形态的文化为新形态的文化，而对外来文化的借鉴、吸收、融合、消化是其主要手段。运用文化传播学的理论，在比较中探寻中国文化的发展路径。

通过对日美文化演化历史的剖析，充分说明了外部受容型文化的生命力。当中国文化拓展其开放度时，应该自觉地实现由内源型主体文化向外部受容型文化的过渡。在选择受容的目标时，应优先考虑文化传统及发展方式更接近中国的东亚及东南亚文明。加快与这些区域国家资金、技术、市场及资源等方面的广泛置换，学习他们受容外来文化的同时保证自己国家传统文化地位的方法，这对中国的现代化发展意义重大，也许这才是宝贵的文化财富。

● 经济发展战略的国际化选择

在全球经济发展中，发达国家之间存在着一种战略上的默契，即维持乃至强化历史上形成的不合理的国际经济格局。区域性国家利益集团的形成，无疑将大大加强成员国之间的经济往来，客观上必然会产生对非成员国的排斥作用。发达国家绝大多数政治家、企业家他们的基本哲学是十分明确的：那就是弱肉强食。

全球经济区域一体化、集团化超常发展，使各国的相互依存程度日趋强化。以国家民族利益为核心内容的“地缘经济”利益已经成为国际关系的新准则。我们应当清醒地意识到自己对世界和平与发展所负的责任。我们应该积极地建立和维护有利于我国的国际政治、经济环境和周边环境，主动地对地区形势施加影响，树立一流强国意识，为经济的振兴发展准备“桥头堡”和“进击出发阵地”。为此，中国应积极参与国际经济竞争，尽快选择区域发展的“进击地”，组建一批大型企业集团，开展跨国经营。

● 我的忧思和我的文化观

中国历经 40 多年改革开放的财富积累，现已成为世界第二经济体、第一大工业生产国、最大的外汇储备国。同时又是一个具有历史传统文化底蕴的优秀民族。面对在全球经济一体化相互依存格局中出现的危机，应以大国文化观的意识审视判别。危机是由经济引发出的文化问题，是对人类创造的物质文明、制度文明和精神文明再次考量。面对危机到来的挑战，中国在现代化进程中如何应对？国家发展和民族振兴，不仅需要强大的经济力量，更需要强大的文化和道德力量。

在文化贸易领域中国一直处于逆差，“文化赤字”越来越成为中国走向现代化过程中的一个短板。中央政府审时度势，提出了建设“社会主义文化强国”的国家级文化发展战略，根本目的是对内增强中华民族的凝聚力，对外维护世界文明的多样性。对此，我感到振奋和欣慰，因为在二三十年前，我曾就文化学的角度出发，对中国现代化发展道路、中国传统文化的复兴两方面的问题进行过思考。精读审视后，发现对中国文化的一些研究观点现在看来仍具有历史、时代的价值，可立言传承。

在全球经济竞赛的舞台上，中国经过 40 多年改革开放的努力拼搏，就经济总量的实力而言已经可以和这个世界论短长。但是，如果不把文化复兴和文化发展放在中华民族走向现代化的战略位置来认真对待，必将酿成历史性的重大失误。判断中华民族的振兴和崛起不应是简单的不断刷新的GDP，更不是庞大的蒸蒸日上的外汇储备，应该是由一代又一代人像修筑长城一样传承下来的自力更生、奋发图强、愚公移山、锲而不舍的文化精神。

“天人合一”“中庸之道”“厚德载物”，这些千百年传承下来的文化精髓告诉世人：世界经济要均衡发展、包容共赢、人与自然应和谐相处。这是一种更高境界的领悟，一种更为智慧的进取。我认为未来的世界文化既不会是全盘西化，也不会是简单而言的“中国文化的全面复兴”，它将呈现出一体化和多元化共存的趋势。一体化意味着世界文化将成为一个整体；多元化则表现为各民族文化的共存，我们应以自己的努力使中国文化在世界文化中占有更加突出的地位。

农耕文明传承大一统中央集权制的统一力；义务本位制奉献的集体主义精神；天下胸怀、万世开太平的和平发展观是古代中国文明发展从未中断的文化基因。我们借助传统启动了现代化，还将借助传统摆脱西方现代化的桎梏。

——吴丹毛

第二部分

东方文化与西方文化

运用文化学关于人类文明诞生、交流、冲突、融合的原理，对东西方文化进行了比较研究。儒、道、佛“三位一体”互为支撑的格局，是中国传统社会稳定的思想基础。而中央集权、义务本位、天下主义则是农耕文明传承下来的文化精髓。

古希腊文明孕育出的航海文化，经基督教宗教思想的冲刷和北美大陆开发过程中的锤炼，最终铸成了西方国家的普世价值。作为西方社会共同信奉的生活理念，成为国家治理体系的制度基础，它曾创建了举世公认的物质文明，但这种以耗费人类不可再生资源为主的经典发展方式已降临了极限的危机。

中国农耕文明雏形的文化特色

文化隔离是比较文化学的重要原理之一。远古时代，由于交通工具的不便，高山、大海、荒漠构成了各民族间的天然屏障，使文化在产生过程中具备了首要的“隔离机制”。所谓文化隔离机制是指造成并维护民族文化成为独立的、定型的文化形态的机制。民族文化的最初形成，没有文化隔离是不可能的，不同的民族文化的彼此无限度的交流，会使民族文化系统湮没于不停顿的文化分化与重新组合之中，因而无法在特定的环境中凝聚、积淀而不被瓦解，最后形成独具特色的文化系统。文化隔离的方式有多种，包括地理环境隔离、社会隔离（人种、语言、社会结构、战争等）和心理隔离（民俗、原始概念、思维方式等）。对于文化形成期来说，最重要的是地理环境的隔离。天然地理屏障使各大文化系统之间缺少交流，只能在各自内部环境中自我调节、独立发展，形成不同于他者的特征。因此，地理环境分析是破译文化“密码”解开文化差异之谜的关键所在。

中国文化诞生于东亚大陆，这里东濒茫茫沧海，西北横亘漫漫戈壁，西南耸立着世界上最险峻的青藏高原。这种一面临海，其他三面陆路交通不便利，而内部回旋余地又相当开阔的环境，造成了一种与外部世界相对隔绝的状态。中国古代文化系统从半封闭的地理环境中获得了比较完备的隔离机制，这对中国文化的形成具有十分重要的意义。

中华民族最初繁衍生息在黄河流域的华北平原和黄土高原，平坦的地势，温暖的气候，充沛的水源，茂密的丛林适宜发展农业。而东部濒临太平洋，没有较近的海上邻国，西北和西南又为沙漠和高原所阻，因此无论海上通商或陆路贸易都是非常困难的。这样的地理环境决定了中国人只能以农耕为主，农业是中华民族最基本的生产和生活方式。

农耕文明以治理水源为生存前提，在此基础上形成专制、一统的制度特征和抑制个性、推崇集体意识乃至个别权威的心理特征。

中华农耕文明源于黄河流域，水利是农业的命脉，人们对水源的占有和控制是维持生存的关键，治理水源、兴建大规模的水利灌溉系统就成为农耕民族生存的首要前提。这里包含两层含义：一是黄河流域周期性的洪水泛滥，需要动员人们全力以赴去降服水灾，兴修水利；二是在黄河流域从事农业的人们需要经济、巧妙地把水利用

于生产，有效地灌溉土地，必须对水利设施加以集中控制管理。在生产力水平极其低下的情况下，个体无法兴办水利工程，无法分配水利资源，需要组织起来依靠大规模的集体协作才能达到预期的目的，需要有集合单个盲目意志的统一意志。也就是说，人们为了生存需要统一每个人的意志，服从统一的领导。因此，集体意识得到根深蒂固的加强。伴随对水源的治理和分配，产生了中国历史上第一个专制王朝——夏王朝。

专制王朝的产生虽然是人类历史上的一次伟大的进步，但专制王朝也对人民的个性与自我意识进行了限制，从此作为个体而独立存在的中国人已经缺少价值，难以得到尊重。世袭制造成了君主家天下的局面。专制王权的管理职能通过各级官僚来行使，造成了人际关系的身份制，使不受尊重个体的中国人把自己的全部理性都倾注到人与人之间的关系的伦理原则上。群体协作过程中产生的集体意识在身份制的引导下，变成单方向的服从义务，并通过伦理原则将其固定下来。另一方面，在集体协作中产生的指挥者成了专制君主，此后由于儒家思想作为国家意识形态对专制集权政治的强化，以及中原地区始终处于周边游牧民族侵扰的威胁之下，必须有效地调动全国的人力、物力、财力加以抵御，使大一统中央集权制度不断发展完善，其强大的生命力使其延续数千年，成为中国传统文化组织资源的历史遗产。中国式农耕文化的雏形就是这样开始萌芽的。

农耕文明靠天吃饭，较多地依赖自然、顺应自然，因此在心理结构方面信奉“天人感应”的原则，求善的要求高于求真。

在广袤无垠的平原上，劳苦的中国农民受制于气候，依靠老天爷赏赐阳光和雨水，被动地适应自然多于对自然的抗争，这一切造成了中国人对上天的恐惧和崇拜。由于王权在社会生活中有着决定性的意义，所以人们自然而然地将神权与王权相结合，认为君王是上天在人间的代表，因此称君王为“天子”。君权与神权的结合进一步加强了专制王权的权威性，而对祖先的崇拜则构成了宗法制度的心理基础，一旦将宗法制度与王权相结合，君、神、父三位一体的统治结构便形成了。这种强大的专制王权，终于没有形成后来基督教世界的那种神权与王权分离、两权并立、相互制约，有时超越王权的局面。

神权与君权的结合对民族文化的影响是巨大的。它进一步要求人们将个人的权利转嫁出去，进一步压抑个性和自我意识。对上天、对祖先及大自然的依赖与被动的适应，要求人们调解自我行为，主要是以善行感动上天，求它赐给风调雨顺，使得人们放弃了对自然界探索的兴趣，而将聪明与才智集中于研究等级森严的专制社会中的人际关系，特别是如何适应、保持与发展这种人际关系上，造成了自然科学只占比较低下地位的状态。

农耕文明生活虽然艰苦，农业生产却有稳定的保证，造成了求稳、求静的心理趋向。

农业的生产方式决定了人们必须春种秋收、锄禾日中，汗洒沃土。同时还必须在旱、涝、虫、霜等自然灾害的侵袭下辛勤地耕作，而农业的收获却不能为人类提供丰富多彩、营养充裕的食物。劳苦的生活使中国人具有与西方民族截然相反的心理特征——坚韧的忍耐力。中国人的心理能量很强，他们总是能够把痛苦内化，通过一系列的理智与感情的冲突，达到物与我的重新和谐与统一，迫使自己去适应各种艰难的客观环境。农业的生产方式同时还为人们提供了稳定的生活条件，黄河中下游地区地势平坦，气候协调，人们可以比较稳定地以农业为主，只要风调雨顺，适时耕作，就可有稳定的收获。它使人们处于封闭的自给自足的生活状态，人们通过耕作获得生活的第一要素——食物，通过家庭手工业获得御寒遮体的简单衣物和日常生活所需的基本工具。在自给自足的自然经济形态下，人们无须或很少进行商品生产或交换，“鸡犬之声相闻，民至老死不相往来”，《老子》中的这段话生动地描绘了自然经济下人与人之间的隔绝状态，除了治理水源和抵御外族入侵的需要，人们很少有相互交往的必要。

稳定的生活方式造成了中国人心理的另一个特征，就是“静”。

中国社会是一种静态的稳定的社会，中国人无须过多地与自然抗争，只要使自己适应自然就可以得到生存，而任何破坏现状的“动”，都只能给人们带来灾难。在中国语言中“动”“乱”一直沿用至今，因为农业生产方式本身就具有“静”的性质，“动”并不能改变这种性质，也不可能给农业生产方式注入任何新的因素，其结果必然就是“乱”。长期的“静”的结果，使中国人具有顽强的“坚忍性”，人们渴望安定的生活，能使中国人获得安定的人肯定会深得民心。同时，人们把各种各样的灾害都视为“动”的结果，将全部中国历史解释为“乱”与“治”的交替。“文化大革命”，被习惯地称为“十年动乱”，“文革”后的大好形势也被称为“安定团结”的局面。可见“静”的心理至今仍在中国人的心中占主导地位。这三方面的特征基本上构成了中国传统农耕文化独特的轮廓雏形。

中国的地理环境决定了中国人的生产方式，而农业的生产方式又决定了中华文化具有与其他文化不同的特征，它体现在传统社会创造的物质、精神、制度文明上，这些特征在中华民族发展的历史上曾经发挥过，并且至今仍在发挥着巨大的影响，形成了自己的民族意识。

游牧民族与农耕民族的挑战与应战

中国历史上曾出现过游牧民族与农耕民族的冲突，两种文明的挑战与应战始终与中国传统社会的兴衰相伴相随。马克思在《资本论》中指出："在真正的历史上，征服、奴役、劫掠、杀戮，总之，暴力起着巨大的作用。"我们有必要对游牧民族与农耕民族存在的以暴力书写的历史进行梳理。

● 游牧文化的摇篮

游牧生存圈大致包括从西亚开始连接伊朗高原、帕米尔高原一直到蒙古高原这样一个广袤的地区。这些地区地理、气候等自然条件大体相似，戈壁和草原占据了地面绝大部分，不是严寒，就是酷暑，年降水量在500毫米以下。除了少数沿海、沿河的草原适于农耕以外，绝大部分地区只能进行畜牧。在这里生活着以畜牧为主的游牧人群，他们随着季节的变化流动于各个草地与水源之间，有时会大群地集合起来去袭击平原地区的居民，借以掠夺财富。这片拥有广阔草原的高原地区，构成了游牧民族的生存圈，是他们活动的大舞台。在这里，兴起过波斯人、匈奴人、月氏人、柔然人、突厥人、阿拉伯人、蒙古人的强大帝国。他们像走马灯似的在这个舞台上来去匆匆，但是，他们的每一次崛起都给这个生存圈周围的农业民族带来巨大的痛苦、灾难和毁灭。

有史以来，中国北部处于一个持续而缓慢的干旱过程中。许多古代著名的北方河流，渐渐干涸得滴水不见，仅剩下沙石累累的河床枯卧世间。历史上著名的游牧民族大侵袭，大都是紧紧伴随着严重干旱、草地干枯、牲畜大批死亡而开始。为了解决生活困难，满足贪婪之欲，切实可行的办法就是掠夺周边的农业居民。这种掠夺方式受其经济生活的影响制约而逐渐形成，久而久之，就硬化为一种习惯，以致在他们看来，可以用流血的方式获得东西，如果以流汗的方式得之，未免太文弱无能了。这种情况对东亚大陆的社会文化的发展过程，投下了长长的阴影。

中国北方大漠南北的草原地带，自古以来就是各个游牧民族活动的大舞台。这些游牧民族同定居在中原地带的汉族农业居民一直有着频繁的接触和交往，遗憾的是，这种接触和交往的方式却常是以兵戎相见。

在中国历史上，大多数游牧民族都是由东而西走上历史舞台，这是因为内蒙古东部有一个水草茂盛、自然条件优越的呼伦贝尔大草原。假如整个蒙古是游牧民族的历史舞台，那么这个草原就是这个历史舞台的后台。蒙古人、鲜卑人、契丹人、女真人都是在这个摇篮中长大的。他们利用这里优越的自然条件，繁衍自己的民族，武装自己的军队，当他们走出呼伦贝尔草原的时候，已经不仅是一群牧人，而且是有组织的全副武装的骑手、战士。这些游牧民族过去都曾经在内蒙古地区或者整个中国直至更广大的世界舞台上，演出过有声有色的历史剧。有些游牧民族，如 13 世纪的蒙古人，就曾从这里发出了震动世界的号令。出现在这些历史杰作中的不是莺莺燕燕的优美画面，而是群鹰搏击、万马奔腾的历史长卷。这些牧人、骑手或战士总是把万里长城打出一个缺口，进入黄河流域。至此，万里长城规模浩大的修补工程开始了。

● 两种文化的挑战与应战

公元前 221 年，秦始皇借六世之余烈统一六国，结束了几百年的分裂割据，建立了中国历史上第一个统一的专制主义中央集权制的帝国。然而在合并六国四海归一之际，匈奴乘秦朝初始、中原战后之蔽，屡屡南犯，给新建的秦王朝造成极大的危害。秦始皇被迫于公元前 215 年派大将蒙恬将兵 30 万北击匈奴，修筑万里长城。蒙恬所修的长城是将昔日秦、赵、燕所筑的长城重新加以修整，并连接而成。它依高山峻岭，沿黄河、傍阴山、西起临兆，东至辽东，形成一条绵延万里的巨大屏障。蒙恬则屯兵上郡，以 30 万大军，常备匈奴之犯。这对于百废待兴的新建王朝，可谓负担沉重。秦始皇以全国的人力物力仅仅连接原有秦燕赵长城并加以增补，就引得民怨沸腾。民间广为流传的孟姜女哭长城的故事，就反映了人民反抗的呼声。苦于兵、徭、赋之累的戍边之卒，在陈胜、吴广号召下斩木为兵、揭竿而起，寻根溯源也不无相关。但是，强大的匈奴威胁又是一个不能回避的现实问题。如果说秦始皇修骊山陵、建阿房宫是好大喜功的话，修万里长城则是迫不得已。

西汉初建，因楚汉战争之敝，府库空虚，财政困难。史载当时“自天子不能具钧驷，而将相或乘牛车，齐民无藏盖”。此时，却正值匈奴强盛，开始了向汉族边境的大规模掠夺。汉高祖刘邦在公元前 200 年，亲率 30 万大军至山西平城反击南下的匈奴，却被冒顿率领的 40 万骑兵包围。汉高祖在白登（今山西大同东）被困七日七夜，几乎全军覆没。此役之后，匈奴常寇边，掳掠人畜。西汉被迫与匈奴和亲。

汉武帝即位，汉朝经过六七十年的休养生息，国力雄厚。《史记·平准书》记载说：“都鄙廪庾皆满，而府库余贷财。京师之钱累巨万，贯朽而不可校。太仓之粟陈陈相因，充溢露积于外，至腐败不可食。”于是，汉武帝凭借国家富强之力，开始向匈奴反击。从汉武帝元光二年（公元前 133 年）的设谋马邑诱胡骑 10 万入塞，到汉宣帝甘露三年呼韩邪单于归汉，引众南徙于阴山附近，直至汉元帝竟宁元年（公元前 33 年）王昭君出塞，匈奴西汉两家恢复和亲，才最终结束了长达百余年的战争局面。匈奴势力虽被汉武帝逐出漠南和河西走廊，但强大的汉王朝却也耗尽了国力。史称武帝末年“海内虚耗，户口减半”。武帝之后，尽管有“昭宣中兴”，但因西汉元气大损，从此走向衰败。总之，时则和亲，时则征战，汉朝四百年始终未能摆脱游牧民族的威胁。

在历史上，中华文化扩展的主导方向始终是朝着南方的。中华文化的南移，是由于长江流域资源丰饶，它很容易使中国农业文化所依赖的高度集权系统得以实施，所以向南方的扩展几乎没有碰到什么障碍。由于北方在生态上的巨大差异，特别是草原地区的缺水状况，使它只能发展畜牧业，而不能汇同于大河流域的大一统农业文化。所以，因客观条件的制约，以农业为本的中原王朝其文化难以向北方拓展。

为什么庞大的中原王朝在人口有限的游牧骑兵面前竟如此束手无策呢？就地理环境而言，中原王朝的北面、西面是横跨东北亚、北亚、中亚、西亚直到东欧的世界最广阔的狩猎——游牧地带。这个游牧地带和与之毗邻的农耕文化区之间有一条坚实的天然屏障，这条屏障自西向东分别是喀尔巴阡山、高加索山、萨格罗斯山、兴都库什山、昆仑山和祁连山。而中国境内的关中、华北一带恰好是这条屏障的缺口。中国古代文明的中心区域（中原）基本上是一片冲积平原，在面对欧亚大陆广袤、纵深的腹地中经常喷涌出的游牧人压力时，它基本上无险隘可守，缺少阻挡游牧民族南下的天然屏障。游牧人一旦进入关中，对中原地区就处于居高临下之势，所以中国自汉唐以来，为确保中原经济，必须西进关中，打通河西走廊，切断北方游牧民族侵入中原的前进基地。汉武帝通西域，隋炀帝征四海，唐王朝进兵中亚，清王朝经营新疆，意义在此。中原王朝一旦失去西北和关中就处于被动挨打之势。东汉羌祸连绵百年，就是因为没有巩固对陇右的控制。北方横隔大漠，汉兵不能远征，而游牧骑兵却能像飓风一样神出鬼没，南下侵扰。万里长城就是“相对隔绝”的自然缺环的人工补充。

游牧世界具有一个农耕世界无法与之比拟的特点，这就是它的流动性，它有相对于农耕世界较高的机动能力。自从战车和马进入历史之后，本来就善于骑马弯弓的游牧民族，其机动性更加成倍地增强。由此而形成的冲击力量，往往使农耕世界文明先进的国家，特别是当它们因内部矛盾而陷于衰落的时期，面对处于上升时期的好战和敢斗的游牧骑兵，就处于难以防御的地位。在历史上，只要入侵的游牧民族一旦离开长城脚下，长城的军事价值就只剩下心理方面的价值：它提供了一道抵御铁蹄践踏的心理“堤防”。

游牧文化对农耕文化的挑战，不是来自一个国家外部的偶尔骚扰，而是长期共存于一个国家内部的矛盾冲突。当双方力量相当的时候，他们就在长城内外展开旷日持久的拉锯战；当汉族力量超过游牧民族时，他们就称臣纳贡暂时臣服；当游牧民族力量强大时，则立即放弃和亲挥师南下，或伺机东进入主中原。受自然经济条件制约，农业居民在当时的状况下，只能处于自给自足、孤立分散的状态，农业生产有条不紊的季节规律性，更造成了他们墨守传统的固定习惯。这就使他们在对游牧民族的斗争中更处于弱势的地位，成为被动挨打的对象。农业居民若要保卫自己先进的经济成果和文化，战胜强悍的游牧民族，只有一个选择，就是依靠大规模组织起来的集团力量，中央集权制成为最为有效的强大的组织力量。

中国历史的长城效应与长城精神

气吞山河、名扬四海的万里长城作为中华民族的象征足以引起世人由衷的赞叹。然而，这绵延万里、坚实厚重与中国传统社会始终相伴的古代世界最大的防御工程，在历史学上的准确含义，却是以中原地区为主的汉民族的农耕文化和北方少数民族的游牧文化长期争斗的分水岭。

● 长城内外与长城效应

游牧生存圈大致包括从西亚开始连接伊朗高原、帕米尔高原一直到蒙古高原这样一个广袤的地区。这些地区地理、气候等自然条件大体相似，戈壁和草原占据了地面绝大部分，不是严寒，就是酷暑，年降水量在 500 毫米以下，绝大部分地区只能牧畜。这片拥有广阔草原的高原地区，构成了游牧民族的生存圈。在中国传统社会的历史进程中，因地理环境的特点及气候变化的特殊因素，在我国形成了 400 毫米等降水量线，它是我国半湿润区与半干旱区气候的地理分界线，是种植业与畜牧业的分界线，是农耕文明与游牧文明的分界线，是东南、西北地区与北方地区的分界线。北方地区游牧民族放牧牲畜逐水草而居；中原地区农耕民族依河傍水安土重迁，双方各自对生活的需求，因环境气候所限，形成了不同的生产方式。

北方游牧民族在辽阔的草原上，只有水草充足方能放牧牲畜，草原只能发展牧畜业，牛羊众多才能使游牧民族的生存得以繁衍。它是一个依赖气候靠牧畜养活人的社会。农耕民族世代在有限的土地资源上精耕细作，与游牧民族地长草牧畜不同，农业的生产方式是用土地来养活人的。通俗形象地讲，农耕社会是一个养人的社会，游牧社会是一个养牲口的社会。从资源禀赋上讲，草原地区所能承载的人口，只有农耕地区的十分之一，游牧民族必须从中原获取粮食、茶叶、丝麻织品以维持生存和开展贸易。农耕民族农业和家庭手工业先进而稳定的生产能力，对周边族群具有强大的吸引力。

历史上游牧文明与农耕文明之间的冲突是为生存而战。北方气候一旦恶化，出现寒流大雪覆盖，或者干旱少雨，造成牲畜死亡，往往造成了游牧民族南下劫掠，变成了自己的生存方式。因为，没有劫掠就没有畜牧业生产方式人群的生存条件。游牧民族南下攻击中原地区，抢掠农耕民族的物质财富，久之就硬化成一种极富侵掠的习惯。

游牧民族从事原始的畜牧生产，这种落后单一的生产方式，决定了它不能完全满足游牧民族正常的生活需求及应付人口繁殖造成的新压力，因为他们不能一代一代地积累不动的财富。他们必须经常想办法准备去开始新的冒险。在文明低下的时代，掠夺便成为强悍的游牧民族获得财富，尤其是自己所不能生产的农业产品和手工业产品的最简捷的方式。农耕世界繁荣的文化这一参照系的长期存在，更增加了他们对物质财富的贪欲，中华帝国境内富饶的中原农业自然就成了游牧民族觊觎的对象。

游牧民族具有一个农耕民族无法与之比拟的特点，即它的军事流动性，马上民族有相对于农耕民族较高的机动能力。在军事上，机动性强的少数就能制胜安土重迁的农耕民族的多数。而中国古代文明的中心区域（中原）基本上是一片冲积平原，在面对欧亚大陆广袤、纵深的腹地中经常喷涌出的游牧人压力时，它基本无险隘可守，缺少阻挡游牧民族南下的天然屏障。游牧人一旦进入关中，对中原地区就处于居高临下之势，由此而形成的冲击力量，往往使农耕世界文明先进的国家，特别是当它们因内部矛盾而陷于衰落的时期，面对上升时期的好战和敢斗的游牧骑兵，就处于难以防御的地位。万里长城就是“相对隔绝”的自然缺环的人工补充。

游牧文化对农耕文化的挑战与应战，万里长城规模浩大的修补工程是与中国传统社会相始共终的。匈奴南侵，碰上了秦汉两个盛大的王朝，所以遭到失败。但也加速了这两个帝国的衰落。东汉西羌之祸扰得几代皇帝不得安宁，隋唐两代突厥的侵扰，明代蒙古人的扰边，都是当时盛大的中央王朝头痛的大事。国家的财政收入大部分御边。每当中央王朝政权遭到削弱之际，北方游牧民族便大举入侵。西晋之后的“五胡乱中华”，南北朝对峙鲜卑入主中原，宋金对峙，元蒙灭南宋，清军入关，两种文化的挑战和应战构成了中国传统社会大舞台上最有声色、悲怆雄壮、动人心魄的场面。

● 长城效应与长城精神

在历史上，只要入侵的游牧势力一旦离开长城脚下，长城的军事价值就只剩下心理方面的价值——它提供了一道抵御铁蹄践踏的心理“堤防”。在抵抗游牧民族的长期斗争中，中原农耕社会产生了一种独特的防御机制，我们不妨形象地称其为“长城效应”。它铸造了中国传统文化中央集权制及天下主义两大传统文化的历史遗产。

面对游牧文化与农耕文化的挑战，中原地区的农业居民，若要保卫自己先进的经济和文化，战胜强悍的游牧民族，只有一个选择，就是依靠大规模组织起来的集团力量，即集中全国的人力、物力、财力。而在当时的历史条件下，这种有效的组织方式只能是中央集权式的，这就是中国传统社会能够保持长期统一和中央集权制度能够长期延续的重要原因。

5000 年来，中国文化虽然经历了盛衰变迁，但始终延续不绝，说

明中国文化自身必然有其超越于时间框架之上的传统优势。面对游牧民族的冲击，长城精神完成了凝聚中华民族内聚力和无与伦比的伟大统一力的特质，这一物化基石传承了积极进取、刚健有为的民族性格。

明代万历年间，来华的意大利人利玛窦指出，明朝军队是他所见到过的世界上数量最庞大、装备最精良的军队，但他发现这支军队完全是防御性的，中国人没有想过用这支军队侵略别国。中国作为一个农业民族，采用的主要是农业劳动力与土地这种自然力相结合的生产方式，农民固着在土地之上，既是农民自身的要求，也是统治农民的地主阶级的要求。古代中国人所追求的是从事周而复始、自产自销的农业所必需的安宁和稳定。这与中亚、西亚多次崛起的游牧民族以军事征服、战争掠夺为荣誉的心理大相径庭，与以商品交换和海外殖民为致富手段的西方民族对外拓展的价值也判然有别。一些工商业比较发达的海洋民族，如古代的罗马、中世纪及近代的日本，多次制订过征服世界的计划，而在中国汗牛充栋的经、史、子、集和各类典籍中，可以发现我们的先民有过“兼爱”“非攻”“礼运大同”“归墟五神山”之类美好的理想或奇妙的玄想，唯独找不到追求海外扩张、征服世界的狂想。这大概只能用建立在自然经济基础上，大陆性农业民族平实厚道、求安定的文化心理加以解释。

中国传统国防观念是由农业社会的属性所决定的。中国古人虽然不乏“勤远略”的军事家和探险家，我们曾有过张骞通西域、郑和下西洋之类的壮举，但国家和民族孜孜以求的基本战略目标是“四夷宾服”式的“协和万邦”。杜甫《前出塞》诗云：“杀人亦有限，立国自有疆。苟能制侵陵，岂在多杀伤。”它反映了我们民族在历史上既有抗御外敌入侵的坚强决心，又不热衷于无限扩张疆域，滥杀生灵。长城这种防御性的军事建筑，正是中国人历来求统一、求和平的民族心理的物质表征。

面对游牧民族对中原地区为主的农耕民族的冲击，气势雄伟、耗资巨大的万里长城，作为人类历史上最大的防御工程，完成了它凝聚农耕社会这一历史使命，其特质延续着中国传统社会的强大生命力，这笔丰厚的历史遗产传承着我们中华民族爱好和平、积极进取、刚健有为的民族性格，终成为民族凝聚力和伟大统一力的物化基石。

传统社会中央集权组织资源的历史成因

中国古代政治制度最为突出的特点就是中央集权制。它在国家治理体系中具有明显的优势：在民族发展与融合的历史进程中，适合了幅员辽阔的多民族国家稳定与发展的基本需要，能够有效调遣和组织人力、物力、财力，从事大规模的经济生产活动，并有效地抵御外敌入侵、促进区域间经济文化交流。中央集权制是传统文化的优质组织资源，这一历史性的组织资源作为中国传统文化的精髓被农耕社会世代传承下来。通过对中华民族历史形成的伟大统一力成因、演进，寻根探源的追溯和扬弃，所呈现出丰富的文化内涵将极具古为今有的社会价值。一个组织化程度高的国家，面对文明冲突的风险是具有延续民族生命力的意志和能力的。

● 兴建水利诞生了专制王权

人类历史和文化的发展是以自然为基础的，地理环境作为重要的自然条件是一个民族文化形成某种类型的前提因素，它给人类文化的创造提供了物质材料，在一定程度上影响着人类文化创造的发展趋向。人类社会愈接近原始阶段，这种影响力所占的比重愈大。欧洲文明初始的希腊因处于海上要冲，在古代商品经济就比较发达。当我们在考察中国文化时，应该把中国传统文化育生的土壤——地理环境作为主动因纳入文化学的研究体系。

中国农耕文明诞生于东亚大陆，这里东濒茫茫沧海，没有较近的海上邻国，其他三面高山大岭，荒漠施威，因此，无论海上通商或陆路贸易都是非常困难的。中国古代文化系统从半封闭的地理环境中获得了比较完备的隔离机制，这样的地理环境决定了中国人只能以农耕为主，农业是中华民族最基本的生产和生活方式。

中华文明源于黄河流域，大河流域的平原地区孕育了最初的农业文明。水利是农业的命脉，农业生产离不开灌溉，治理水源、修建大规模的水利灌溉系统就成为农耕民族生存的首要前提。远古时代在生产力水平极其低下的情况下，个体无法兴办水利工程，无法分配水利资源，需要组织起来依靠大规模的体力协作才能达到预期的目的，需要有集合单个盲目意志的统一意志。就是说当时社会生产力的发展水平需要出现权威，人们为了生存需要统一每一个人的意志，服从统一的领导。因此集体意识得到根深蒂固的加强。

由于大河流域的水利灌溉工程绝不是个体所能承担并独立完成的，于是就出现了一种高踞于农村公社之上的权力来承担这种社会职能。修建水利工程、管理分配水资源，在大河流域广大地区上就形成了集权制国家，中国历史上第一个专制的夏王朝应运而生。古代农耕文明时代大规模水利灌溉工程的兴建，是中国历史上中央集权制产生的基础。寓意深远的皇帝诏书“奉天承运”四个大字，揭示了君权神授、朕即国家的皇权至高无上的合法性。也宣告了拥有“普天之下 ，莫非王土”是不可抗拒的皇权意志。

● 脆弱的小农经济对王权的依赖

中国古典名著《三国演义》开篇有言：“天下大势，分久必合，合久必分”。在中国历史上，虽然也出现过七雄争霸、三国鼎立的局面，然而，诸侯拼死相争，都是企图将对方纳入自己认为是“正宗”

结构的统治体系，一统江山的中央集权意识异常强烈。所谓割据鼎立都被视为中国历史常态发展中的动乱，只有大一统的社会状况才是中国兴衰曲折历程中几千年万变不离的正宗。

中国传统农业社会是由千万个彼此雷同、极端分散而又少有商品交换的村落和城镇组成，小农经济的脆弱性，产生了种种社会需要，要求大一统的中央集权制国家来满足。一是以家庭为单位的小农在经济上力量单薄。农业社会决定了人们必须靠天吃饭，然天公常不作美，旱涝灾害连年不断。由于人们无力抵抗自然灾害，这就需要政府统一赈灾救荒，在发展极不均衡的地区之间进行协调与整合。明君圣主的浩荡皇恩和统一意志绝不是可有可无的象征。二是人口与土地的矛盾是中国古代社会经济发展的基本矛盾。在中国历史上一个重要现象是人口增长极快，人多地少，造成无限追求扩张耕地面积，直到“田尽而地，地尽而山”，“四海之内，高山绝壑，耒耕亦满”。经济重心由北向南不断地转移，正如冀朝鼎先生指出的，“从公元前三世纪古典封建主义结束以后，中国就进入了一个以领土扩张与经济中心转移，以及政治统治不断更替为特征的漫长时期”。在唐中叶以前，中国解决人口同土地的矛盾的主要方式是开垦荒田，向边远地方大规模移民，在“人满之患”的狭窄空间里，一家一户无法解决移民垦荒的社会问题。

● 修筑长城强化中央集权

中国历史上始终存在的强大外部威胁是促使国家和人民统一的极其有效的外部因素。以中原地区为主的农耕民族同周边地区游牧民族的争夺，需要并实际建立起了高度统一的庞大的国家机器和防御工程。气势雄伟、耗资巨大的万里长城，作为人类历史上较大的防御工程，成为两种文化长期争斗的分水岭。

中国古代文明的中心区域（中原）基本上是一片冲积平原，在面对欧亚大陆广袤、纵深的腹地中经常喷涌出的游牧人压力时，它基本无险隘可守，缺少阻挡游牧民族南下的天然屏障。游牧人一旦进入关中，对中原地区就处于居高临下之势，由此而形成的冲击力量，往往使农耕世界文明先进的国家，特别是当它们因内部矛盾而陷于衰落的时期，面对上升时期的好战和敢斗的游牧骑兵，就处于难以防御的地位。万里长城就是"相对隔绝"的自然缺环的人工补充。

面对游牧文化与农耕文化的挑战，在战乱频繁的社会里，人身的安危、社会的安定，是以一家一户为单位的分散的社会组织结构无力应付的，中原地区的农业居民，若要保卫自己先进的经济和文化，战胜强悍的游牧民族，只有一个选择，就是依靠大规模组织起来的集团力量，即集中全国的人力、物力、财力。而在当时，这种有效的组织方式只能是中央集权式的，这种独特的外部环境成为大一统中央集权制的催化剂。这就是中国传统社会能够保持长期统一和中央集权制度能够长期延续的根本原因之一。

● 中央集权制国家的成型

公元前 221 年，秦始皇一扫六合、四海归一，结束了战国时期诸侯争霸的局面，开启了中国大一统国家强盛的发展时代。秦始皇无疑是中国历史上最为伟大的一个君王，他统一了中国分裂长达 400 多年的战国时代，重新建造起来一个大一统的中央集权制的国家。

秦始皇统一了货币、车轨、度量衡，促进了各地经济上的互联互通，推动了国家整体上的发展；统一文字增强了不同地域间的文化交流，真正从民众的心理上培养了对农耕文明的认同，奠定了中国统一的文化基础；秦始皇废除了周朝传承下来的分封制，推出的郡县制，强化了国家组织资源的能力，提高了社会组织化的程度，使政府的行政效率、国家的统治力及民族的凝聚力得以增强。

秦王朝强力推行的大一统的政策，却也一度遭到不同利益集团的抵抗，在矛盾冲突中使秦王朝走向灭亡。春秋战国时代呈现"百花齐放，百家争鸣"的社会氛围，中国的知识分子自古酷爱书法，毛笔书写字体丰富繁多，世间流行许多派别。秦统一的标准文字为“小篆”，全国要统一到一种文字的书写上，就遇到了当时知识分子集团的抗拒；统一度量衡是要在商业贸易流通领域形成统一的标准，尽管能够形成货畅其流的市场环境，由于各地经济发展不平衡，商人们短斤缺量的事儿就难做了，既得利益的商人集团大多不愿让出利益；车同轨要求全国车辙阔狭相同。规定车辆上两个轮子的距离一律改为六尺，使车轮的距离相同。统一一种车轨要修直道，修直道必须车的轨距尺寸要求是一样的。而当时贵族都是大马宽车，八匹马、六匹马一车，象征着贵族的不同等级。这时候全给裁成两匹马，军队的战车是两匹马，而且直道只许走战车。如果开着贵族大马宽车上来，就会把路堵了，没法调兵，这样的交通安排妨害了贵族集团奢华的生活享受。

秦王朝统一后，希望在短时间形成一个大一统的国家体系，他一定会得罪不同利益集团。始于大一统中央集权制的秦王朝，在治理国家的征程中也是历经磨难。秦二世的暴政固然是王朝覆灭的直接原因，但是，王朝真正的颠覆者应该是那个时代知识分子集团、商人集团和贵族集团联手对秦王朝大一统国策的抵抗。

秦的统一，消灭了由分封制形成的众多的国家时代，秦国变成了一个大一统的郡县制大国。秦设立通往各地直道，联结了 36 个郡县，经历了汉承秦制，在汉王朝开疆拓土、赫赫武功的守护下，当时的中国真正形成了国家完备的地缘战略体系；直至汉武帝“罢黜百家，独尊儒术”国家意识形态的奠定，终于完成了大一统中央集权制国家政体的思想基础。

● 确定大一统的意识形态

作为国家机器的核心内容，政治制度除了具有阶级斗争的职能之外，还是为满足一定的经济、文化需要而产生的。中国是一个传统的思想大国，古代社会国家治理体系高度依赖于国家意识形态，核心的政治观念从未发生过动摇。农业社会需要高高在上、君临一切的集权政体和统治思想，它将国家的军、政、财大权全部集中到朝廷乃至皇帝个人手中。中国自秦代形成统一的专制主义中央集权制国家后，和“大一统”的经济、政治结构相适应，中国传统的观念体系也具有“大一统”强控结构的特征。汉武帝“罢黜百家，独尊儒术”，从此儒家思想作为国家意识形态一直统治中国。

由于国家治理体系具有稳定性、连续性，历代帝王均借用上层建筑中的国家政权来强化儒家学说，汉朝以后的2000多年，中国国家意识形态没有发生颠覆性更替，历史上多次农民起义和民族冲突，十六国南北朝的战乱，蒙古族灭宋建立元朝，满族入关建立大清，每一次遍地烽火、生灵涂炭的战争冲突过后，都是中华民族的浴火重生，又是一次中国治理制度的鼎新，因为我们的古老民族的国土面积、人口体量又一次在大一统中获得增加和扩充。超稳定的核心政治观念与超稳定的国家制度同构，是古代中国得以辉煌延续的根本力量。

● 官僚系统是集权制的基础

中国传统社会的组织结构是一种两极构造：上端是大一统中央集权制国家，下端是血缘关系为纽带的宗法家族，连接其间的是纵向的官僚行政系统。而强有力的行政组织资源和国家意识形态是确保王朝稳定的统治基石。

中国在距今2000余年的秦汉时代，就确定了中央集权的君主政体。它是通过庞大而发育完善的官僚机器，造成的文官阶层系统实施皇权至上的国家管理意图的。中国传统社会的生产关系是建立在自给自足的小农经济基础上的，这种生产关系自身缺乏把分散在各种不同地域的小农组织起来的力量，因此对大一统的需求就更多地借助强有力的政权结构。作为国家机器的重要部件，官僚儒生们必须信奉统一的国家学说，意识形态的高度一统，是遏制地方豪强带来的贵族化趋势，遏制军事割据的最强有力的武器。中央集权政府不仅具有把小农社会组织成大一统帝国的能力，而且能够也必须把社会经济结构、政治结构与意识形态结构耦合起来，形成一种封闭的反冲击、反进化的强控超稳机制，意识形态绝对统一是这超稳结构的重要组成部分。

传统中国社会行政管理体制中的乡绅制度，是乡土中国社会血地缘、亲友情为纽带的最为基层伦理道德的政权统治基础。乡绅主要是由科举落第的士子、社区中比较有文化的地主、告老还乡或长期赋闲在家的中小官吏及一些德高望众的宗族长老组成。他们虽然没有官僚机构赋予的权力，却拥有治理乡村社区的天然权威。他们在各项公共事务中发挥着政府在社会最基层的管理作用。如：修路架桥、修缮寺庙、传播文化、民规乡俗等。在传统官、绅、民的基层社会结构中，乡绅处于上通下达的中间阶层。向下传达统治者的政策，向上传递民意，在一定程度上弥补了国家权力在基层的间隙，乡绅制度也是中央集权制国家对社会管理控制的微观制度细胞。

5000 年来，中国文化虽然经历了盛衰变迁，但始终延续不绝，说明中国文化自身必然有其超越于时间框架之上的传统优势。面对游牧民族的冲击，长城精神完成了凝聚中华民族内聚力和无与伦比的伟大统一力的特质，这一物化基石传承了积极进取、刚健有为的民族性格。发源于黄河、长江流域的农耕文化，孕育出了大一统中央集权制优秀组织资源，养育了中华民族，它是我们民族生命的文化源泉，为中华民族的伟大复兴贡献着文化的力量。

宗法制度组织结构的成因与特色

中国古代社会的组织结构是宗法制。宗法制度是中国古代维护贵族世袭统治的一种制度，其核心是以血缘关系确定人际关系，进而确定人在社会中的政治、经济地位，并由子孙将这种地位世代继承下去。中国古代宗法制社会组织结构极富特色，家国为“君父合一”的结构；义务为本，等级森严的制度特征显著；两点一线单调的组织结构，形成了宗法社会的组织特征。

● 宗法制度产生的原因

宗法制度产生于奴隶社会初期，是氏族制度在进入阶级社会后遗留下的痕迹。在原始的氏族社会，血缘关系是人与人之间的唯一关系。随着生产力的发展和私有制的产生，阶级出现了，国家按财产和地域重新组织居民。在氏族社会末期，随着私有财产的出现，氏族首领利用手中的职权攫取财富，成为最早的贵族，进入阶级社会后，自然而然地成为最早的统治者。他们希望自己的财产与地位能由子孙继承下去，因此尽可能地保留、利用旧有的血缘制度。但是，这一愿望实现的程度在不同的民族表现出明显的差异。西方由于航海贸易和手工业的发达，农业只占次要地位，伴随商业和手工业的发展而产生的工商奴隶主阶级，代表广大平民凭借其经济实力同氏族贵族争夺政权。在古希腊，工商奴隶主的力量占绝对优势，他们夺取了氏族贵族的政权，建立了著名的奴隶主民主制度，国家的一切事务都要由公民大会讨论决定。这种制度的典型是伯里克利时代的雅典（公元前443年—前429年）。在古罗马，由于农业的份额较希腊为重，氏族贵族与工商奴隶主阶级势均力敌，故双方分庭抗礼，共享政权，建立了奴隶主共和国。国家大事要由元老院中的元老们举手表决，共同决定。在奴隶主民主制或奴隶主共和制度下，工商奴隶主在社会生活中所占的经济份额，对奴隶主贵族在政治上形成强有力的制衡，在相应的竞争环境中，难以有专制政权滋生的土壤。这种平行制约的运行轨迹是人类文明史上的宝贵精神财富，对后代产生了深远的影响。

中国的情况却截然相反。由于农业生产占绝对优势，在氏族社会解体过程中没有产生类似西方式的工商奴隶主阶级。氏族贵族直接转化为奴隶主贵族，奴隶主贵族又利用水利灌溉工程修建过程中的绝对权威，建立了高度专制的独裁统治。维护并世代占有这种统治的最有效的方法就是，在“新社会”中更多地保留氏族社会的传统，这既是手段，同时也是目的。因此，血缘纽带在中国松弛的过程极为绵长，甚至奴隶主贵族就是按照旧有的社会组织形式——血缘家庭来建立国家政权，其结果必然是“家天下”，于是，宗法制度便产生了。宗法制度的形成是通过分封制实现的。

● 分封制的历史作用

周武王伐纣成功后开始分封，其方式是以血亲为主，当时“立七十一国，姬姓独居五十三人”。除同姓受封者外，还有许多由先代“圣王”的后裔以及功臣谋士组成的异姓诸侯国，他们通过联姻的方式与周王结成亲属，共同巩卫王室。这样周王与诸侯除君臣关系外，还保持以血缘纽带联系起来的宗法关系。所谓宗法关系就是用“大宗”和“小宗”的层层区别把奴隶主贵族联系起来。周王自尊为“天子”，是同姓贵族的最高家长，是天下的大宗，同时也是政治上的共主。其王位由嫡长子（称为宗子）继承，世代保持大宗的地位：嫡长子的兄弟们则封为诸侯，对周王而言处于小宗地位。诸侯在其封国内又为大宗，其地位由嫡长子（也称宗子）继承，嫡长子的兄弟们再由诸侯封为大夫，又为诸侯国的小宗，而大夫在其封地内又是本族各个分支中的大宗。大夫又将封地分封给士，士同样又对大夫处于小宗地位。

● 宗法制度的意义

在宗法制度下一个人的政治、经济地位完全决定于他与统治者的血缘关系的远近。宗就是同姓，即一个同姓的家族。他们以祖宗为支柱，以宗子为轴心，根据亲疏远近以确定身份贵贱和地位。所以它既是奴隶社会的家庭制度，也是国家政治制度。宗法制建立的目的是理顺氏族社会进入奴隶社会后，新出现的与血缘关系相交错的阶级关系，在此基础之上调整社会结构，以便更有利地利用血缘关系维护家族的统治地位，并借助血缘关系来平衡和分享政治和经济的权力和利益。宗法制度产生于奴隶社会初期，随着社会的发展，本身发生了很大的变化，使其避免了许多自身的弱点从而更加趋向于成熟。例如，分封制的初衷本是为了借助血缘力量强化大一统局面，然而由于各地诸侯力量的日益强大反而危及了中央王权。因此在春秋战国的分裂局面结束后，从秦王朝开始就再也没有真正出现过分封诸侯的制度，分封制只是在形式上保留着，作为皇族特权的象征。分封后的诸侯只能在物质利益方面享有特权，并不具有行政特别是军事权力，因此他们只是严格意义上的贵族，而不再是官员，官员由推举或科举制度中选拔出来的儒生担任。中央王权总是不断利用官僚遏制贵族的实力，因为一旦贵族的势力恶性膨胀，就会打乱正常的社会秩序，从而使中央王权崩溃。

秦王朝建立后，分封制名存实亡，宗法制中得以保存并且得到强化的是，有利于大一统的父权家长和家国同构的社会组织及君君、臣臣、父父、子子的社会心理特征。这是封建宗法制与奴隶制宗法制的最大区别。

● 家国同构、君父合一

在宗法制度下，家国同构是指由于国家是按照家庭的形式被“仿造”出来的，所以二者在组织结构方面表现出惊人的相似之处：家有家长，国有国君；家有家丁，国有军队；家有族规，国有王法；家有族田，国有官田；家有家塾，国有官学；家有宗祠，国有宗庙；家有血缘长幼，国有官阶尊卑……由于家国同构、君父合一，所以治国与治家的方法是一致的，历代统治者无不遵奉这一原则。一方面，作为国家的家长，君主具有绝对的权威，他可以像严父那样对其子民严加管束、发号施令，并对违抗者严厉制裁；另一方面，也必须身体力行，以自身的榜样作用教育、感化臣子，同时还要像慈父一样关心臣民的生活，使他们少有所养、老有所终，无饥馁之虞、无寒暑之虑。百姓安居乐业，得享天伦之乐，社稷即可长治久安。前者（严刑重法）是法家思想的反映；后者（体恤下情）是儒家精神的体现。两者相较而言，统治者往往更倚重“德化”，因为道德的力量可以作用于人的精神，特别是情感领域，使得天下归心，才是维护国家安定的根本。

● 等级森严、义务本位

与宗法社会密切相关的是严格的等级制度。宗子的层层分封造成了贵贱亲疏的层次区别和等级差异；纵向集权的专制政体要求官僚逐层辖制，形成了官阶的品级划分；在宗法家族中要按血缘辈分确定每个人的地位。所有这一切都决定了在宗法制度下等级制度的必不可少的地位。历代统治阶级念念不忘并努力从事的工作就是推行所谓的仁、义、礼、乐。仁，是指人与人之间的相互关系；义，就是人际关系中的等级地位差异；而礼则是以政治制度和道德规范的双重手段来强化等级制度；乐就是要在日常生活的各个领域采用尽可能多的方式，特别是要用包括音乐等艺术形式来体现人与人之间的等级差别，使每个人对此耳濡目染，心悦诚服，时刻记住自己在社会中、在家族里、在官场上、在人群内所处的地位，不要做出与身份不符的违礼之举，否则就是“僭越”，将受到法律的制裁与道德的谴责。身份制的最大社会效应，在于它造成了中国人的社会伦理体系即以义务为根本。等级制下的身份制强调人与人之间的伦理关系，因而必然会压抑人作为个体存在的独立人格。建立在独立人格基础之上的个人权力自然无从谈起，而与权力相对应的义务观念却由于统治者强调地位低下者对尊贵者——臣子对君父，妻子对丈夫、奴仆对主人、下级对上级的绝对服从而得到了片面的夸张，义务本位的伦理体系也就应运而生了。

● 两点一线的组织结构

在宗法制度下，社会的组织结构是一种两极构造。一端是高度专制的中央集权政府（国家），另一端是宗法的血缘家族。贯穿于两者之间的是等级繁多、层次分明的官僚体系。官僚由信奉统一国家学说

的知识分子儒生担任的。在传统社会里，这样的儒生大量存在，尽管他们的出身、地位差别很大，但都遵循共同的人生道路。他们首先是在家读书，家庭富足者可以专心致志读书，出身贫寒者一般要边耕边读。当自认为已经掌握儒家经典的时候，就去参加科举考试，如果金榜得中，就从儒生变为官僚，从此宦海沉浮，漂泊终生。如果官场顺利，可以终身尽职，最后衣锦还乡，告老而归，在家乡成为很有权威、能够干预地方行政被誉为社会名流的乡绅。

官僚系统是社会两极构造的中间环节，它具有双重特性，一方面它可以从下端的血缘家族中培养选拔人，以此来强化中央王权；另一方面，它又忠实地执行中央王权的指令，实现集权政府对分散的小农及其家族的控制。官僚阶层的双重功能使他们处于非常矛盾的地位：在理论上他们是食国家俸禄的官僚，不得像最高统治者那样随心所欲，谋取私利，但实际上他们手中的权力又使他们完全有可能取得非法利益。官僚们所处的矛盾地位使他们在王朝兴衰的不同时期表现出不同的行为状态。当王朝兴盛、法纪严明的时候，他们往往为官清正，忠实地履行自己的使命；但由于他们每个人只是中央王权统治机器链条上的一个环节，所以不会有、更不可能发挥个体主动性和独创精神，而只能是呆板机械地传递着中央政府的信息，因而中央王权不得不用增加官僚数量的方式分担本来可以由少数官僚完成的管理职能。

官僚机构的臃肿带来了管理职能的混乱，造成政府的腐败，并且大大增加了管理成本，增加的行政费用只能以税收的形式加在小农身上。当小农的负担越来越重，直至超过所能负担的极限时，他们就会铤而走险，起来推翻中央王权。而当王权衰微、礼崩乐坏之时，官僚便巧取豪夺，使王朝迅速腐化，造成王权的彻底崩溃。

单一的两点（中央王权和宗法血缘家族）一线（官僚体系）的组织结构，将中国人的社会组织严格地限制在两种形式之下，一是从属于官僚体系的正规组织，二是从属于血缘亲情的非正规组织。除此之外既没有行使独立的社会职能的民间团体，特别是经济实体，也没有社区自治的传统和经验。在中国人看来，脱离了官方行政系统或宗法家庭，一切组织都是不正常的。在组织资源薄弱的社会里，要想产生民主的思想或建立民主自治的政治制度将是非常困难的，因为社会自组织的能力较弱，一旦脱离了中央王权，必定陷于混乱状态。

● 新组织创新的发育与积累

传统具有相对的历史稳定性，在旧的社会制度被彻底推翻几十年之后，历史上遗留下来的社会组织结构方面的因素仍在发挥着影响。新中国建立后，社会组织方面的宗法血缘家族势力受到有力的抑制，新的政权将每个公民都置于正规组织之中。然而新政权过分依赖纵向的行政系统，当权力过于集中时将使各级组织难以发挥其主动性；同时由于各级组织缺少利益的独立性，在组织内部和组织之间缺少职能分化的机制，因此在分权时各级组织很难通过相互协调自发地重新组织社会，而是陷于混乱状态，不得不重新集中权力，因此“一放就乱，一乱就收”。这并不是因为放的必要性不大或放的决心不大，而是我们旧有的组织资源实在难以承担放权时的组织功能。

发展商品经济，需要有社会化的各种经济组织。在改革的过程中也确实涌现出了不少这样的组织，然而这种自发的组织，或是通过各种血缘关系建立起来的非正规组织，或是在发展到一定程度后便努力寻求同纵向行政机构的“挂靠”。可见宗法社会的影响直到今天仍然是阻碍社会进步的羁绊。这是我们无法避开、必须正视、但可以加以利用的现实。

在市场经济快速发展的今天，各种建立在契约诚信之上的遵纪守法的市场服务组织应运而生，他们不断冲破宗法社会血缘关系的阻碍。新的经营主体，为中国市场经济的培育、规范、繁荣做出了超越传统的贡献。传统文化是一种资源，需要在发展中扬弃，不断进行组织创新和制度建设。

儒道佛“三位一体”意识形态的精彩纷呈

中国传统社会的意识形态是以儒家思想为主体，辅之以道佛观念。三者相辅相成、互为支撑、三足鼎立、浑然一体，构成了中国传统文化的思想核心。儒家是一种充满实用理性积极入世的此岸学说。但是，仅此还不能构建成一种完整的哲学观。在实际生活中，人们有时需要彻底的精神解脱以排遣失意时的苦闷，而道家有关精神解脱的思想正好予以补充。但是，道家学说更多的是通过怡然自得的生活态度来表达自身的解脱。正因为中国人无法自发地产生一条通往彼岸的道路，在意识形态领域中留下的这块处女地，为外来文化的进入提供了一个空缺。佛教传入中国的意义正是以其关于彼岸世界的学说来填补只重现实、对鬼神敬而远之的人生哲学所造成的精神空缺。

● 儒家倡导德化天下积极入世

儒家思想的核心是“仁”，其政治理想是建立“君君、臣臣、父父、子子”的统治秩序，并以道德的力量去规范所有人的行为，使其自觉地遵守、维护这一秩序。实现这一理想的前提是社会生活稳定，百姓安居乐业。为了实现这一社会政治理想，儒家设计了修身、齐家、治国、平天下的理想人格，它成为古代知识分子奋斗的人生道路。儒家思想是积极入世的，它要求每一个儒生都要以天下为己任。当一个人通过系统学习和日常实践完成德的修养并具备了治家的基本经验后，就要积极入世，投身仕途，辅弼君王，通过自己的努力实现儒家的政治思想，走向“修身、齐家、治国、平天下”的人生道路。在国家政治清明的时候尤其应该如此。儒家主张“达则兼济天下，穷则独善其身”。当自己为帝王所赏识时，就极力推行仁政，使天下的百姓都得到福庇；当不为统治者所赏识时，便洁身自好，保持清白的节操，进一步提高有关德的自我修养，并且关心天下大事，等待时机成熟后再积极入世，以更高的道德和知识水准推行仁政。

儒家非常重视个人修养，把个人修养作为人生修行的第一步。一个人完成了个人修养的基本要求后，就可以去治理家事，在此过程中进一步积累经验，然后去管理国家，再去平天下。德化天下方可积极入世是儒家思想的实现。儒家学说的创始人孔子非常重视品德的修养，把“德”提到至高无上的地位，他主张以德化天下，把德作为统治国家的根本。孔子认为治理国家的关键是要对百姓施以有关德的教化。而要教育百姓，自己必须以身作则。“子欲善而民善矣”，是讲你自己想做好事，人民就会跟着做好事。孔子说的德包括“义”和“信”两个内容：义主要包括君臣之义和父子之义，它是中国人心目中神圣不可侵犯的人伦。孔子说：“君君、臣臣、父父、子子。”这是指国君的行为要像个国君，臣子的行为要像个臣子，做父亲的要像个父亲的样子，当儿子的要有儿子该有的举止。要求人们的言行要符合自己的身份。信就是“信用”。人与人之间交往要讲信用，国君对老百姓也必须讲信用，因为信用是信任的前提，而信任是人治的关键。作为一个君子，出仕做官之前必须进行有关“信”的训练，只有自觉地做到不失信于人，才能获得人们的尊重和信任。取得了百姓的信任后，人民就会接受教化，与其同心同德。信是德化天下的基础，不仅是人际关系中的“处世原则”，更重要的是治理天下的“处世之道”。

儒家思想的基本框架是以“德”为核心的，充满实用理性、积极入世的此岸学说，它是农耕为主的生产方式及以此为基础的血缘宗法制的产物。儒家思想中的忠孝观念适应了宗法社会推崇绝对权威和血缘纽带的传统心理，其人格理想与政治理想相辅相成，并有机地融为一体。因此，在“礼崩乐坏”、国家动乱时，社会迫切需要新的统治学说和道德规范的历史条件下，儒家思想必然迟早要引起统治者及全社会的重视。儒家思想的盛行有力地维护了君王、宗子、父亲为核心脉络的统治体系。由于这种维护力是以“德”为媒介，作用于人的自然情感而不是理智或盲目的宗教热情，因此儒家学说的兴起及其在意识形态领域的主导地位，使中国成为典型的伦理社会并具有超长的坚韧性。

儒家学说恢宏博大，注重现实，脚踏实地，它以道德为核心，强调自我与他人及社会的伦理关系和个人对社会的责任，鼓励积极进取，主张谦虚谨慎且具有实用理性精神。按照儒家式人格理想培养出的人才是品德高尚、谦虚好学、心胸坦荡、知错必改、虚怀若谷、胸存大志、无分外之想、无身外之求、勇于进取、脚踏实地的坦荡君子。他将以社稷为己任，先天下之忧而忧，与他人交往以对方利益为重，重义轻利。

儒家思想以其现实精神和进取态度赢得了中国人的欢迎，然而世事未必总如人意，如果遇到不如人意的困境时，按照儒家的主张应该“知其不可为而为之”。儒家学说要求人们即使在失意的时候也要“独善其身”，为今后重新获得安邦治国机会时，更好地施展抱负做好充分的准备。这种仍然带有强烈入世色彩的思想倾向，并不能给人们提供排遣苦闷的有效手段。以积极入世为主要特征的儒家思想在此方面自然显得无能为力。因此，如果说儒家学说是中华民族传统人格理想的主体的话，那么它就迫切需要有关精神解脱的思想对其加以补充。道家学说尤其是庄子学派自然而然地起到了这种作用。

● 老子的道家思想

道家思想的创始人是老子，他主张顺应自然，“无为而治”。老子认为，世上的一切事物都有其内在的自然规律，人的所作所为往往是对这种规律的不自觉的扭曲，其结果必然是南辕北辙，适得其反。

世上的一切恶和不幸都是人为的产物，因此，治理天下最有效的手段就是任其自然发展，“无为而无不为”，无所作为才是大有所为。老子的意义在于他发现了事物的矛盾性并将其加以片面的夸大。老子认为世上万事万物都有其对立面，它们之间可以相互转化，事物的发展往往是其对立面演化的结果。因此，人们要达到自己的目的，与其做出直接的努力，倒不如去发展其对立面以促其向相反的方向转化，老子《道德经》所谓“将欲损之，必固益之，将欲夺之，必固与之”。比如统治者为了治理百姓发明了典章制度，而百姓却千方百计去对付，甚至利用典章制度进行反抗，于是他们都变得诡计多端，反而不利于统治。倒不如对百姓放任自流，使民心归于淳朴，天下自然也就太平了。

严格说来，老子之道并不是一种消极的有关精神解脱的学说，它虽然以“无为”为核心，但无为的最终目的还是为了“治”。事实上，这是一种特殊的“人君南面之术”，其实质仍然是积极的、入世的。然而其“无为”的思想却很容易成为消极观念的理论基础，只要将“无为”加以绝对化，使其由手段或方式变成最终目的，也就是要彻底“无为”，并以此思想对世上的所有自然现象和社会现象进行彻底的否定，就会成为真正消极的精神解脱的学说，庄子之道就是如此。

● 庄子的道家思想

庄子道是老子道的自然发展和无限延伸。它将老子的“无为”思想极端化，将老子的辩证法绝对化，主张彻底的“无为”和相对主义，否定事物的本质区别。庄子的时代比老子和孔子的时代更加动荡不安，旧的道德规范已经崩溃，新的道德规范尚未建立。统治者为了自己的利益一方面无所不为乃至无恶不作；另一方面又大唱仁、义、礼、乐的高调。仕途险恶无常，官场狡诈多变，加之战乱连年、征伐无度，弄得民不聊生。庄子对此深恶痛绝却又无能为力，于是对社会表现出彻底失望的悲观情绪。对于丑恶的社会现实，庄子一方面以彻底的无为精神主张明哲保身，采取与统治者不合作、不同流合污的态度，另一方面强调相对主义，“齐物我，一生死”进行自我麻醉，以寻求精神上彻底的自我解脱和身心自由，进而保持绝对完整的独立人格。

“无为”是庄子学说的核心内容之一，其实质具有两方面的内涵：一是否定世人特别是统治者的一切所作所为，认为这是造成世上所有灾难和丑恶现象的根源，因此应该无为；二是有感于仕途艰险和命运变化无常，主张逃避现实，明哲保身。前者使其在否定现实的同时必然伴随着对统治者的深刻批判，后者决定了庄子思想只能是消极、颓废、退缩的“滑头哲学”。无为和逃避现实虽然可以使人暂免灾难并获得一定的心理慰藉，却不足以真正解脱痛苦。解脱之道在于自我麻醉，这一点在庄子这里是通过相对主义实现的。任何事物都有其对立面，但庄子却将事物的对立面无限夸大，抹煞对立双方的本质区别，以至于无彼此之辨，无是非之分，甚至“齐物我，一生死”。既然物与我是难以区别的，连我是否是真实的都难以判断，那么，世上的一切又怎么能证明是真实的？人的一切努力又有什么价值？荣与辱，穷与富乃至于整个人生又有何意义？庄子就是这样由对社会的否定走向自我意义的否定，从而自然而然地成为消极颓废的学说。

然而庄子只不过是庄子学说的创立者，却未必是这种学说的虔诚信奉者或忠实的执行者。他如果真正无为的话，就不应该宣传自己的主张，如果真的“齐物我，一生死”，又何必著书立说且津津有味地谈论生死？庄子学说的真正意义在于，他为积极进取的知识分子和士大夫在遭遇挫折的时候提供了心理安慰，使之得以以情感转移或理智升华的方式解脱苦恼，尽管是不彻底的解脱；同时也在于他在彻底否定现实的过程中对统治者，特别是君主的罪恶和虚伪进行了揭露，并为人们设计了一条不合作、不同流合污的消极反抗的道路。正是在这种不合作之中保持出淤泥而不染的纯洁的、绝对独立的、自由的自我人格。庄子的理想是虚幻的、消极的，却是高尚的。它使生活在古代社会，特别是处于社会黑暗、政治腐败时期的正直的知识分子和士大夫获得了一种摆脱“浊世”的不同流俗的道路。它得以遗世独立，源于表现出的鲜明个性和完整的独立人格，著名的“魏晋风度”就是其突出的表现。

● 佛教彼岸世界的来世终极

道家哲学并不能真正给中国人设计出足以使他们彻底摆脱俗世的乐园，儒家哲学是中国民族传统思想的正面体现。宗法制条件下造就的“天人合一”“道器不离”的恢宏气概使中国人无法自发地产生一条通往彼岸的道路。春秋战国之际基本趋于成形的中国式人格理想使中国人的意识形态领域留下一片空白，这就为佛教的进入留下一种机会。

印度佛教重视生命对永恒的价值，倡导自制、自苦与自我牺牲。那位坐在菩提树下苦苦思索“把我从死亡引到不死吧”的乔达摩·悉达多是他们的代表。佛教信仰来世，强调对生命永恒价值的追求。佛教传入中国的意义正是以其关于彼岸世界的学说来填补只重现实、对鬼神敬而远之的人生哲学所造成的精神空缺。佛陀认为，整个世界和全部人生都是无边的苦海。这一切都是由“渴爱”所引起的贪和欲，即佛教所说的“业”与“惑”导致生死轮回的产生。佛要求人们断绝造成这些痛苦的一切原因，从而超脱生死轮回，达到无苦的“涅槃”境界。佛教的实质在于使人们相信彼岸世界的存在，为达净土而少纷息争，求得内心真正的和平与宁静。到了宋代，程朱理学引佛道原理入儒家思想体系，把儒家的纲常伦理说成是与“佛性”和“道”同样神圣的“天理”，借佛教与道行保护儒学思想，使其理论体系进一步得到巩固。同时佛教和道教也吸收了儒家的忠孝观念，纲常伦理和宗法制度，使其易于为士大夫和平民百姓所接受从而得到巩固与发展；另一方面也便于更好地为统治阶级服务。

儒道互补，穷通有方，进退有序，构成了中国人格理想的清晰轮廓，这是传统知识分子和士大夫所自觉遵循的思维框架和行为规范，它为知识分子提供了较为宽阔的人生道路，任他们去选择，尽管它并不是完美无缺的。佛教思想进入中国文化系统之后，人生可能通过修行、积德行善、积德累功，在精神领域就能够面对不可知的未来彼岸世界了。如果说中国的宗法社会是靠君、神、父三支力量所支撑，三足而鼎立的话，那么集君、神、父“三位于一体”，以儒家思想为主流的传统意识形态同样也像一个重鼎，鼎立三足，它是靠儒、道、佛有机结合，相互补充而得以巩固的。

希腊航海文明奠定了西方文化的基因

西方文化以古希腊文明为最初代表。地中海流域作为欧洲文明的摇篮，这里孕育着世界上最早的航海文化。与中国大陆上封闭的、只适宜农业耕种的地理环境不同，爱琴海沿岸港湾众多，大小岛屿星罗棋布，为海上贸易提供了良好的条件。自古以来，航海贸易就在西方的经济生活中起过直接作用。这种生存方式决定了希腊文化传统具有的特色。

● 商业贸易中千帆相竞的人

希腊文明的崛起是基于商业贸易的交换与流通，希腊人通过商业贸易以及海外开拓，聚集了大量的物质财富，造就了自己辉煌的文明发展史。

希腊的崛起和其独特的地理环境密切相关。在地理环境上，希腊位于地中海之滨，这里近海而多山，整个地区除北部外，没有一个地点离海达 50 公里以上。全境山岭连绵，群山把各地域分成小块，内陆交通阻塞。海洋性气候决定了希腊地区时而温和湿润，时而狂风暴雨。恶劣多变的气候加之耕地有限，决定了希腊人不能以农耕为生，而爱琴海港湾众多，海岛星罗棋布，利于海上贸易。因此，希腊民族一开始就是个以从事航海业为主的民族。在希腊远古的神话传说中就有很多关于航海的记载，伟大的《荷马史诗》，特别是《奥德赛》生动地描绘了希腊人航海的情景。那与海浪搏斗的惊心动魄的场景，那绮丽多姿、诱人神往的海外仙岛，向人们展现了一幅幅海上生活的壮丽画卷。

希腊半岛的多山地貌，造成了陆上交通的不便，于是开拓海路就成为希腊人生存的前提。随着航海技术的进步，希腊人开始与域外各区域建立起商贸联系，逐渐促进了东部地中海文明圈的形成。而希腊独具特色的地理位置就形成了地中海文明圈当之无愧的贸易中枢。希腊人依靠贸易中枢的区位优势，成为这个文明圈内最大的商业获利者，当自己的财富积累到一定程度，便凭借自己在航海技术上的优势及军事上的硬实力，千帆竞发地向地中海沿岸地区渗透。他们通过建立殖民地、夺取政治管辖权的方式，不断提高对当地经济的开发水平，并最大程度地将获得的收益反哺自身，增强国力。随着希腊人拓展存在空间，征服未知世界的能力增强，这就使得希腊人可以征服许多尚未开发的地区，自身的活动半径在海洋领域内不断拓宽，提升了希腊文明的质量，航海贸易的生活方式决定了希腊文化传统的特色。

● 希腊人主观能动性的独创精神

希腊人在航海贸易中，在与海上风浪的搏斗中，需要最大程度地发挥人的主观能动性，即个人的独创精神。希腊文化的特色，首先表现在人与自然的关系上。在苍茫的大海上，在城邦繁华的闹市中，希腊人随时都会遇到激烈的竞争，这包括与自然界风浪的搏斗，与敌对者的海战，与贸易对手的谈判和与同行的竞争。特别是人的进取精神，在某种意义上甚至可以说这是他们生存的基本条件。冒险的航海贸易生存方式，使得他们必须认识自然、改造自然、与自然抗争，而不能像农耕文明的中国人那样安土重迁、满足生活现状，或者像印度人那样依靠祈求神灵的保护来最终得到心理上的安慰与超脱。

在古希腊的哲学里，人们本能地把人与自然区别开来。他们孜孜不倦地探求自然界的奥秘，追求“事物的本质、本原是什么”这类问题的答案。在事物本质这个问题的回答上，以德谟克利特为代表的原子论产生了深远的影响，它不仅对西方科学的发展具有一种方法论的指导意义，而且这种原子论世界观对西方人的价值观和伦理观也产生了某种程度的影响。依德谟克利特的解释，原子在数量上无限，而本质上却都是彼此相同，每个原子同时就是一个小宇宙、小周天，有它自己存在的合理性与必然性。人也是由原子构成的，人是宇宙的缩影，因此他主张民主政治。这种观点以后被逐渐发展，形成了一种注重个性，提倡人的尊严，强调人的价值的观念。这种传统一直延续下来，致使人们心理所注意的是人与自然的关系。他们肯定个人，肯定现实生活，肯定求生存的竞争，追求现实的享受。可见，在西方人的传统中，求“真”的愿望大于求善。

● 希腊传统文化的价值取向

自由、平等、尊崇民主是希腊传统文化的基本价值取向。海上贸易需要两个必要前提：一是，明确的独立财产权利和绝对的身份自由。如果财产权利是不明确的、独立的，经商者就无法在贸易过程中决定自己的行为并发挥能动性以争取最大的利润。在这种情况下，他只能是不明确财产的保管员和交易过程的“传递者”。只有当一个人明确地意识到这些财产是“我的”时，他的行为才是主动的。同时商业经营的动态性、随机性和多样性又要求经商者自身具有绝对的身份自由，因为身份自由的变更是实现流动性和随机性的基本前提。二是，平等的人际关系。在商业活动中，交易双方必须是平等的，平等才能公平。如果交易双方地位不是平等的，比如是上下级或主与奴，这时的交易就不会是正常的交换而是掠夺。因此在希腊，自由民和工商业奴隶主有民主自由的强烈愿望，正是他们有强烈的发展个性的要求，任何束缚自我、约束自由的行为和思想，在希腊人看来都是不能容忍的。希腊考古出土的大量裸体雕像及神庙裸女雕柱之所以只在希腊出现，固然是与温和湿润的气候条件下希腊人习惯于裸体与半裸体有关系，但更主要的是它雄辩地说明，希腊人具有一种把个人这个实体看得高于一切的心理趋向。一个人一旦存在，就有其自身独立价值。这种价值首先表现为人的自然价值，即身体的健美，然后扩展到社会政治领域，表现为公民权利。个人这个实体是发生社会关系的物质基础，这种心理在古代就导致“契约论”理论的出现，这与中国人的“身份制”是大相径庭的。

希腊的地理环境、生存方式，决定了西方形成专制王权的经济和社会心理的基础相对薄弱。希腊及罗马共和国时期实行的是奴隶主民主政治，就连罗马帝国 500 年中，虽然民主制的外衣越来越薄，但始终未敢脱下。屋大维称元首或第一公民，不敢称国王或皇帝。公民大会、元老院、执政官虽然形同虚设，但终究不敢不设。罗马元首的人选是经元老院通过的法令授权并经公民立法通过的，从公元前 27 年屋大维执政至公元 284 年止，共达 300 年的实行君主制期间，元首时时处处仍只能假共和之名而行独裁之实，并且从未世袭。而罗马帝国在法兰克人的入侵下灭亡了，法兰克王国却被罗马文化所同化，他们接受了民主的传统，其国王也必须在贵族的会议之中选举产生，加上法兰克王国对内实行分封采邑制，国家仅仅是采邑的松散的联合体，对外从未像中国那样受到游牧民族大规模、不间断的侵扰，所以没必要集中全国的财力、物力、人力投放到镇压叛乱和抵御入侵的战争。因此，无论从传统上，还是从现实需要方面都没有形成专制王权的社会基础。

由此可见，地中海孕育了希腊人的航海文明，希腊人在英雄事业、商业活动、探索自然奥秘与个人冒险中表现出的热情与勇敢，是西方文化的基因。西方文化重视个性独创，强调人对自然的认识与抗争，追求现实的享乐，崇尚自由与民主，这是与东方文化，特别是中国文化大不相同的。

西方古长城成为历史一瞬的文化探寻

在世界历史上，游牧民族对农耕世界的冲击也波及到欧洲，修建长城绝非中国独此一家，它的“分号”就设在代表当时整个西欧文明的古罗马奴隶制帝国境内。最具代表性的哈德良长城位于英国的不列颠岛上，是罗马帝国在占领不列颠时修建的，从建成后到弃守，它一直是罗马帝国的西北边疆。这座为了抵御蛮族攻击的军事防御设施，包括城墙、瞭望塔、里堡和城堡等，它完整地代表了罗马帝国时代的戍边系统。哈德良长城与安敦尼长城、日耳曼长城（德国长城）共同组成了古罗马长城体系。

● 哈德良长城的兴衰

早在公元43年，罗马军队入侵了不列颠，土著居民开始接受罗马式生活文化。不仅有穿着拖袈的城市元老去泡温泉，也有直接用罗马法解决生活中的大量纠纷。但罗马人只是占领了英格兰地区，而北方的苏格兰人屡次进犯罗马帝国的占领地。罗马虽然一度用军团的铁血推进苏格兰高地，还是在现实压力的逼迫下回到原点。

哈德良抵达不列颠的公元122年，边境防线已稳步后撤到泰恩山谷。哈德良皇帝来到不列颠视察，下令在泰恩河口和索尔威湾一线修建长城，以保卫罗马帝国的占领地。由 3 个罗马军团历时约 6 年（公元 122—127 年）分段筑成哈德良长城，对于当时超级大国罗马帝国来说，这也是一项惊人的庞大工程。在罗马人看来，长城以南，是受罗马教化的“文明人”，长城以北，是“野蛮人”。哈德良长城的建立，显示了罗马人的实力，也彰显着罗马人开拓疆土的示威，它标志着罗马帝国扩张疆域最北界的划定。中国有万里长城，英国则有哈德良长城。但与中国长城相比，它只能称为历史的“短城”，哈德良长城是随着罗马帝国的衰落化作历史的陈迹，被逐渐废弃的。

● 西欧封建化的进程

多瑙河位于西罗马帝国北部，为了抵御来自北方的游牧民族日耳曼人的入侵，在多瑙河的缺口地带也修建了长城。与中国始终与传统社会相伴相随的长城不同，西罗马帝国修建的长城瞬间挥飞烟灭，成为历史的一瞬。当日耳曼人征服西欧后，很快就接受了西欧先进的生产方式，变为农业民族，或半农半牧民族，同化的过程异常迅速。从此农业文化和游牧文化的矛盾在西欧就消失了。同中国传统社会外部状况相反，整个西欧封建主义时代基本消除了外患，这是多么有意义的结合！日耳曼人对西欧的入侵，使西欧迅速摆脱了奴隶制的桎梏，跨入封建社会的大门并顺利走完了封建化的道路。可见，由于中西社会自身性质的差异，同样遭受游牧民族入侵，对中西社会历史发展的作用却是同工而异曲。

公元前 6 至公元 1 世纪，在欧洲中部日耳曼尼亚广阔土地上住着许多语言相近、物质和文化相似的日耳曼人游牧部落，这个部落集团被古代罗马人称为“蛮族”。日耳曼人是“蛮族”世界的一支劲旅，在摧毁奴隶制罗马帝国和西欧封建制产生方面起到重大的作用。

公元 4 至 5 世纪，日耳曼人潮水般地移入罗马帝国，即所谓震动西欧的民族大迁徙。这不是和平的迁移，而是武力的征服。出现民族大迁徙的社会原因，一是罗马奴隶制发生危机，出现经济衰落、财政枯竭、军事虚弱、政治腐败、人民生活困苦、阶级矛盾激化等现象，奴隶制帝国因此日暮途穷，濒于崩溃，无法抵御外族入侵；二是日耳曼人处于原始公社末期，社会生产力十分低下，而人口自然增长超过生产发展，因而需要占领新的土地，所以日耳曼人及其军事首长和侍从兵，经常发动掠夺土地和财富的战争，以满足人口增长的需要。在“蛮族”大迁徙浪潮连续不断的冲击下，公元476年，西罗马帝国寿终正寝了。

在“蛮族”大迁徙过程中，血与火的洗礼为西欧形成多元化、松散的封建社会结构创造了条件。战争使得欧洲贸易中断，城市衰败，蛮族贵族没有能力和足够的经济力量建立一套完备的集中管理全国政治、经济的行政机构以及常备军队等国家机器，也难以在全国范围内征集足够赋税以供养军队和官僚。国王只能把土地大量地分给下级武士，作为换取军役等义务的报酬。缺少强大的国家经济力量的结果，造成了不是国家直接控制大量农奴，而是农奴对封建主个人的人身依附。封建主个人经济势力的发展迫使国王把政治、司法、财政大权分散下移。在西欧大部分地区，原来王权所代表的公共权力逐渐失去作用，封建采邑开始成为西欧主要的政治、经济、司法单位，而国家仅仅是采邑的松散联合体。在采邑之间以至封建主之间，不是无限度服从和无条件的尽义务；在上下级领主之间只凭土地的直接授予和获得来建立权利和义务关系，即“我的封臣的封臣，不是我的封臣”。因此，虽然西欧封建社会有严格的等级贵族制，但在不同的等级贵族之间，没有严格上下级的关系，基本是平行的松散的结构。国王也只是封建贵族中的一般成员，与其他贵族相比，并没有多少经济上的特权，其收入来源是王室领地，他不能随意向下级征收赋税和要求下级提供契约以外的义务。

蛮族在入侵西欧时，自身尚在原始社会末期，文化极其落后，还没有产生出能统治国家的政治文化，于是蛮族便利用了宗教文化来统一人的信仰，而罗马教会又始终控制着宗教权力，使得王权只能有限度地利用教权，而无法形成政教合一的权力。由于社会缺少政治文化因素，国王把土地分下去之后，形成了一个个独立的政治、经济、司法单位。到了10世纪，除德国以外，西欧绝大部分地方政权纷纷瓦解，最直接的原因就是缺少对上的忠诚。蛮族入侵后，为了利用宗教统一意识形态，曾把大量土地送给教会。因此，王权在利用教会的同时，教会力量也因王权的支持而得到加强，并逐渐成为地方封建势力的一部分。但在756年，法兰克福国王丕平帮助罗马教皇建立教皇国后，教皇开始掌握世俗权力。罗马教皇与西欧封建势力是相互依存、互相促进，同时也是互相制约的。宗教势力的发展又使西欧传统社会增加了一种抗衡力量，并成为西欧封建社会结构中的一个主要因素。

● 同工异曲的社会功效

同样面对游牧民族的入侵，在中国，传统社会统一的中央集权制得到加强，传统制度特殊的再生机制延缓着社会发展的进程；在西欧，西方文化对日耳曼游牧民族来说，通过对先进文化区掠夺，学习先进文化，持续地向前发展。但对希腊、罗马文化来说，由于奴隶制的没落而衰落，又由于蛮族入侵而受摧残，大大地改变了自己的路向：使欧洲“返老还童”的，并不是他们特殊的民族特点，而只是他们野蛮的状态。热衷于掠夺的落后民族制度，通过战争对奴隶制度的摧毁，为行将灭亡的罗马帝国注入了新鲜血液，使其踏上了封建社会征途。西欧封建化的惰性被文化杂交所打破。需要指出的是：与中国地理位置对称的位于亚欧大陆西部的欧洲，尤其西欧，从来没有在那么广阔的地域形成比较单纯的农业经济，而是航海文化、农业文化与游牧文化共存一体，相互影响，彼此补充。而蛮族入侵强化了教皇的权力，使教皇与国王分庭抗礼。采邑制实行形成小块的政治割据和封建领主的权力，阻碍着王权的力量。演进中形成的相对强大的庄园经济及相应的政治力量，使欧洲尤其是西欧，从来没有形成中国式的大一统局面，甚至一国范围内，也没有像中国中央集权制在政治、军

事、文化和社会生活等各方面控制的那么周密严实。

西欧封建社会由于经济、政治、宗教等力量的均衡发展，形成多元化的、松散的传统社会结构，为西方民族多元化的思维方式开拓了通道，与中国历史上的长城效应相比较，形成了同工异曲的社会功效。由此看来，征服者可以改变，也可以不改变被征服民族的生产方式，还可以产生一种新的、综合的制度文明。

西方社会结构多元化的历史成因

面对新冠疫情给人类带来的灾难，中国政府以举国之力，迅速控制住局面，取得阶段性胜利。相反，同样面对疫情的攻击，西方社会的民主制度及以个人主义为核心的普世价值观似显得软弱无力。为此，对西方社会结构多元化历史成因的梳理，可以为西方社会、国家治理结构调整、改善提供相应借鉴的文化启示。

● 西方多元化的社会结构

同中国地理位置相对称的位于亚欧大陆西部的欧洲进行比较，在地域极其广阔的欧洲境内，从来就没有形成单纯的农业经济。地中海流域以商业为主的希腊人的航海文化、意大利半岛上以种植为主的罗马人的农业文化和欧洲中部日耳曼尼亚地区以游牧为主的日耳曼人的游牧文化，鼎足而立，兼容共存。西欧封建社会由于经济、政治、宗教等力量的均衡发展，形成了多元化的、松散的封建社会结构。它是日耳曼人对西罗马帝国入侵过程中即将解体的原始社会遗留因素，与西罗马帝国奴隶社会即将崩溃时特定的社会因素有机结合的产物。

● 宗教势力对皇权的制约

日耳曼人在入侵西欧时，尚属原始社会末期，文化极其落后，更没有产生出能够统治国家的政治文化。游牧铁骑踏上西罗马帝国后，为了利用宗教统一意识形态，曾把大量土地送给教会。教会力量在王权的支持下，迅速发育、生长，最终膨胀为一股强大的封建势力。公元756年罗马教皇在世俗权力的支持下，建立教皇国，教皇开始掌握世俗权力。随着教会势力的发展，教皇成为凌驾于各国君主之上的精神首脑，使西欧在意识形态上成了万流归宗的形势。教皇在权力鼎盛时，甚至能够罢免、放逐国王。教皇格里高利七世就曾宣称，教皇是上帝在人间的代表，其权力高于一切，不仅有权任命西欧各国的主教，而且有权废除国王和皇帝。教皇权力的扩张势必引起王权与教权之间的争斗，1076年德意志皇帝亨利四世在窝姆斯召集宗教会议，宣布废除格里高利七世，他在给格里高利七世的信上说："我，上帝保佑的亨利国王，告诉你——给我滚吧！"格里高利立即进行反击，下令开除亨利四世的教籍。趁此机会，德意志的大封建主纷纷叛离亨利四世。最后，走投无路的亨利四世，不得不于1077年1月，冒着严寒风雪，翻越阿尔卑斯山，来到意大利的卡诺沙（当时教皇的驻地）请求格里高利七世宽恕。亨利四世蓬头跣足，穿着忏悔者的衣服，立在门外苦苦哀求了3天，才被教皇接见，恢复了教籍。"卡诺沙之行"说明宗教势力的发展使西欧封建社会增添了一种抗衡力量，并成为西欧封建社会结构中的一个重要因素。

● 封建采邑制对王权的约束

日耳曼人在与西罗马帝国的征战中，国王只能把土地大量分给下级武士，作为换取军役等义务的报酬和激励士兵勇敢作战的诱导手段。封建采邑开始成为西欧主要的政治、经济、司法单位，而国家仅仅是采邑的松散联合体。演进中形成的封建庄园，成为各霸一方的地方封建势力。他们称雄割据，不听命于国王，国王只不过是封建领主的第一人，实际权力往往超不出他的世袭领地。封建庄园的强大实力，分解着王权的权重，并孕育着制衡王权的新的载体。欧洲中世纪自然经济也曾经占居支配地位，然而那里的自然经济以农奴制的封建庄园为基本的构成单位。在庄园内部，不同的农奴之间有着较为明确的分工，特别是农业劳动与手工业劳动通常由不同的农奴承担。农奴劳动及明确分工，使封建庄园具有明显的二元化倾向，造成自然经济结构很不坚固，使资本主义工商业易于从中孕育与发展起来。

● 西欧工商业城市的起源

被马克思和恩格斯誉为“资本主义的预备学校”，断言它“有足够的力量来推翻封建社会”的西欧工商业城市，起源于封建庄园制度和嫡长子的财产继承制度，它是庄园手工业消亡的结果。

由于封建主不满足于自然经济下的简陋生活，他们的地位和财富驱使他们追求享受，希望过得丰裕一点。但是，封建庄园再大，也毕竟范围有限，无法满足这一要求。即使将庄园原样地维持下去，也需要向外购买盐、铁、染料等。同时，农奴供上的大量农副产品和手工业产品也需要有个出路，否则除了任其腐烂外，只能用于施舍、蓄养奴婢或大宴宾客。不言而喻，此时唯有获得货币，才能够从商人那里购得香料等奢侈品。唯有工商业的发展，才能够使商品种类增多，从而使这些矛盾得到解决。在农产品的销路十分狭窄的自然经济的条件下，农奴无法将劳役和实物变换成货币，也无法增加商品的种类，提高商品的质量。只有手工业者才能将这些变为现实。这不仅因为商品种类的增加、质量的提高，直接决定于手工业者的经济活动，也因为在农业经济占统治地位的当时，手工业品是不难找到市场的；再加上手工业品物轻而贵，可以远销他乡，获得货币和高级商品的可能性远大于农产品。因此，唯有促进工商业的发展，才能使上述矛盾得到解决。一般封建庄园主都抗拒不了金钱的巨大魅力，他们率先将手工业者的劳役及实物租改为货币租，并开设市场，保护商业往来。随着货币租成为代役租的主要形式，领地手工业者都获得了离开庄园的权力，随着庄园里农奴手工业者的相继外出，庄园手工业自然也就随之瓦解。领地手工业的消失也就是城市的兴起。外出的农奴汇集于那些能够给他们提供安全、原料和销路的城堡，主教驻地和渡口的周围，他的产品也就变成了商品，他们也就因此一身二任，变成了商人。这些地方因此也就具备了建立城市经济所不可少的技术基础和骨干力量，也有了发展工商业所必不可少的市场。11 世纪的西欧各地的城市如雨后春笋，破土而出，城市利益的代表、资产阶级的前身——市民阶层，在与国王的斗争中确立了自身的地位。

● 西欧庄园的嫡长子继承制

同中国嫡长子继承制存在着很大区别，封建庄园的财产继承制对西欧早期城市形成起到了推波助澜的作用。在经济领域，中国传统社会自耕农一直占有很大比例，一家一户个体生产的自然经济有力地抵制了商品经济的萌生与发展。农民起义的频繁、朝代更迭的短暂以及“均贫富”口号的深入人心，使地主、贵族大规模兼并土地的努力成为泡影，难以出现西方式的资本的原始聚积和大量因失去土地以出卖劳动力为生的雇佣劳动者。在社会结构方面，以家庭为核心，以血缘为纽带的宗法制度始终存在，除具有世袭意义的王权、贵族爵位及与之相应的物质财富由嫡长子继承从而保持了宗子的崇高地位外，中、小家族的宗子事实上只具有较为尊贵的名位和调解家族内部及家族之间纠纷的权力，家庭财产则由诸子女均分，即“分家”。一代人终生努力所集聚的财富被平均分割，下一代又被迫回复到父辈的生产规模，而不是像西方中世纪那样只有嫡长子可继承遗产，余者被赶出庄园流入交通要道和贸易市场，成为自食其力的自由民，以此保证财产的继续完整并不断扩大，形成资本原始累积。从封建庄园失去财产的富家子弟们成为西欧早期集市和城市繁荣的创建者。

● 意识形态的多元化竞争

中国大一统的稳定结构与权力分散，由封建主分别提供防务、征收赋税，甚至掌握生杀大权，与各自为政的西欧封建社会是大相径庭的。西方民族在其文明初始阶段，就有追求多样化与差异性的心理趋向。与此相适应，在意识形态领域，各种学派可以长期共存，相互斗争，在交流、融合、对抗的过程中汰劣存优，共同发展。欧洲中世纪的基督教思想虽然黑暗，宗教裁判虽然能用火刑的残酷手段对科学家布鲁诺进行宣判，但正是在这种激烈的矛盾冲突中，不断破坏、瓦解、缩短着中世纪的黑暗，最终在文艺复兴时期孕育出资本主义文明的新曙光。

中西传统社会的不同结构，使它们沿着各不相同的道路发展。国王与教皇、国王与诸侯及市民的斗争，各阶级的力量此消彼长及思想领域的多元化，没有一种力量在欧洲中世纪漫长的历程中始终独占鳌头。封建社会各种力量均衡发展和互相制约，在激烈斗争中矛盾累积达到临界点，资产阶级以其朝气蓬勃的精神面貌和强有力的实力，突破旧社会的襁褓，宣告了资本主义社会的诞生。

● 中央集权制的历史呈现

农耕民族发源于黄河流域，治理水源、兴建大规模的水利灌溉设施，是生存的首要前提。对水资源的分配、治理及管控需要强有力的权威统一人们的意志，它是集权制国家诞生的内部文化基因。

中国历史上始终存在强大的外部威胁，是促使国家和人民统一所需要的极其有效的外部因素。以中原地区为主的农耕民族同周边地区游牧民族的争夺，需要并实际建立起了高度统一的庞大的国家机器和防御工程。气势雄伟、耗资巨大的万里长城，作为人类历史上最大的防御工程，成为两种文化长期争斗的分水岭。在战乱频繁的社会里，人身的安危、社会的治安，以一家一户为单位的分散的社会组织结构是无力应付的，必须倾全国的人力、物力、财力来保障，这也和人民守土保国的根本利益相一致。这种独特的外部环境成为强化大一统中央集权制的催化剂。

作为国家机器的核心内容，政治制度除了具有阶级斗争的职能之外，还是为满足一定的经济、文化需要而产生的。如果它不能满足社会需要，就失去存在的依据。农业社会需要高高在上、君临一切的集权政体和统治思想，它将国家的军、政、财大权全部集中到朝廷以至皇帝个人手中。中国在距今两千余年的秦汉时代，就确定了这种专制主义中央集权的君主政体。大一统的国家组织有利于集中全国的剩余产品，从事大规模的社会工程。庞大而发育完善的官僚机器，构造到郡、县基层，造成一个文人阶层的管理体制。国家比较统一，为发展经济提供比较安定的社会秩序，这些优势体现在中国传统社会上升时期。

通过对传统东西方社会结构的对比分析，西方国家治理体系中可借鉴融入集权制管控国家的有效能力，特别是面对灾情、疫情、战争等人类所遇到的灾难性问题。西方国家可以对总统任期的时间进行调整，延长执政周期，培育政治家治理国家的长期行为及对外关系的连续性，避免党争及过度民主造成社会分裂。

日本传统宗教是“合金文化”的优质基因

日本人始终认为随时都会大祸临头，这种危机感与紧迫感源于日本恶劣的自然环境。有史以来日本列岛饱受海啸、台风、地震、火山爆发的灾害攻击，带有世界末日色彩的科幻片《日本沉没》，票房价值堪称成功之作。画面上出现日本群岛正被大海吞没，而世界上其他民族显然无意让其脱险避难。这部惊慌失措的狂想曲，竟使大多数日本影迷半信半疑，并认为日本真有可能发生这样的事。更重要的是，日本人不仅怕列岛毁于一旦，而且还未尝不为其他祸事担心，其程度仅稍轻于前者罢了。日本的能源几乎完全靠进口，现代工业所需的绝大部分资源又不能自给，因此日本人始终耿耿于怀：因为如果进口长期中断，或者外国抵制日本为偿付进口的出口，日本就会沦为与也门不相上下的地位。日本群岛区区弹丸之地，又紧靠着中国和苏联这样的军事大国，使日本人感到，面对任何重大的军事攻击，无论是核攻击还是常规攻击，他们完全一筹莫展，这使它深感不安。1945 年，日本成为世界上第一个，而且是迄今为止唯一一个受到原子弹袭击的民族，这使其更加坚定了这种想法。

日本的地理环境孕生了本土的神道教，整体高于局部利益之上的宗教观创造了集团文化的社会功能；多样化的思维方式与外来佛教、基督教能够包容相处，神道教是日本“合金文化”的原始基因。

● 集团意识的动因与特色

日本集团意识源于独立的宗教信仰。日本原始宗教所具有的多神教的性质，导致日本文化具有从整体上观察外部世界的特征。在日本古代宗教中，世界万物都附有神灵，成为人们敬畏和尊崇的对象。它的多神教性质导致宗教观点不甚强调神的绝对性，认为诸神各有所安。古代神话中，人们信仰的神灵数目众多，号称八百余万尊。在这些神中，自然神居于主导地位，所谓人格神也有不少由世界万物转化而成。日本原始宗教的神灵不像佛教和基督教的神和上帝那样被尊崇为伟大崇高的象征。一切自然存在物，如日月星辰、山川草木，甚至蛇狼猿鹿和泥土石块，都可以成为神灵。在神的世界里，既有高贵者，也有卑贱者，善恶美丑，共同构成一个体系。这种众多神灵存在的信仰导致日本文化在古代就已经具有从整体上观察世界这一特征的雏形。依据这种多神宗教导致的思维方式，日本文化认识世界首先是观察整个体系，而不甚注意体系中的局部。

日本人古代文化对于人和自然的观察使它在对世界的认识方法上侧重于整体综合，而不是局部分析。按照古代日本人的自然观，人和自然融汇一体，构成一个总的体系。依据日本文化，人和自然两者没有明显分化，主客浑然相交。日本人主张“天人相与”，实质即源于此。按照古代以来形成的这种思维方式，日本文化强调人处于广阔体系之中，而不是把人孤立起来。这导致人们的思维侧重于从具体的人去综合地观察总的体系，而不是将事物分析成局部进行观察。因此，日本文化对人的认识首先把人看成群体的人，而不是把人视作单个的个体；同时再来观察这些群体的层次关系，特别强调体系内的纵向序列关系。

日本古代宗教信仰和思考方式的特点与现实实践结合，在长期的历史沉淀中逐渐形成了重视群体的特征。面对生存的危机感：英国海军统帅纳尔逊勋爵有句名言：“英国人希望人人恪尽职守。”而日本海军大将东乡平八郎在日俄战争对马海峡一役中也下过一条命令：“民族和帝国的未来取决于你们每个人的表现。”这两句话大有区别。显然，东乡的要求严格得多。它所体现的原则是：在日本个人对集体应负的责任是没有止境的。“出事的时候，我不在班上”这句话在日本根本就不成为一种令人信服的托辞。成败利钝，在日本人眼中都是关乎集体的事情，集体中的每一个成员不论其表现如何，都必须承担整个集体的荣誉。在常人眼里，日本有时候似乎强大到令人羡慕的地步，它有世界上运转效率最高的经济体制，掌握着最先进的科学技术，而且至少还是个有军事潜力的强国。但是，日本人却认为自己的社会似乎经常受到各种大灾大难的威胁，他们对于本民族易受打击的弱点时时保持高度警惕。日本人所担心的种种危险，这些恐惧对民族的心理形成极大的压力，它使日本民族具有一种危机感与自卑感，从而强化了日本人性格中：部族价值观、儒家道德、重等级、尽忠诚，等等。所有这些因素交织在一起，便构成了日本民族根深蒂固的集团意识。强烈的民族自尊和民族集团意识，使他们在各种危机面前没有自暴自弃，而是抱有团结一致、奋发自强，形成在不利的环境下谋生存与发展的强烈愿望。危机感与自强心强化了他们的认同感与凝聚力。这种以封建家族制度为核心的民族集团主义思想，到第二次世界大战结束之前，不但没有受到重大冲击，反而不断加强。它造成了这样一个社会，个人对他所从属的社会负有重大责任。

● 多样化的思维模式

宗教作为人类文化的一个领域，自古以来就是人们进行价值取舍的一个敏感地带。这里充满对立与冲突。历史上几乎所有的宗教都认定自己具有唯一的存在价值，否认其他宗教的存在价值。在民族内部以至民族之间某些宗教和教派往往不能相容，纷争不断。由宗教信仰引发出来的论争乃至战争屡屡不断。

然而自古以来，却没有一种宗教完全统治过日本人。在现代日本民族中，佛教、基督教和日本神道教长期并存，这些宗教在世界其他一些地方可能彼此对立、各不相容，但在日本则可相安无事，各得其所。在一个城市里，佛教的寺院、基督教的教堂、神道教的“神社”鼎足而立。许多日本人居然一个人同时信奉两种以上的宗教！人们常常是刚刚在佛教的寺院里拜过佛，转身出来又到附近的神社里去敬神。凡是没有绝对正义感的人，一切都是从自己的实际利益出发，由这些人组成的社会集团，就会把符合多数人（或主要社会势力）利益的事业看成正义的事业。缺乏“绝对正义感”归根结底是一种实用主义思想。在明治维新以来的工业现代化过程中，尤其是战后经济优先于一切的社会发展过程中，这种实用思想表现得十分突出。也就是说，战后的日本是由于坚持自身的利益和正义事业两条原则，才能不断地丰富社会的物质财富。缺乏“绝对正义感”的民族传统，奠定了日本民族多维价值观的基础。即只要对我有利，则可兼收并留，多维价值观是日本人现代意识中的一个重要组成部分。

从历史上看，日本不仅属于中国文化圈，而且是吸收中国文化最深、最有效益的国家。但是，日本并没有把中国古代文化的传统作为禁闭自己的围墙。近百年来，尤其是明治维新时期和第二次世界大战之后，日本吸收外来文化的巨口转向了欧洲和美国。日本前首相吉田茂在谈到明治维新时说：“明治时代的日本在面临一种陌生的强大文明时，无所畏惧地放弃了长期爱好的习惯，引进了外国文明。”在谈到第二次世界大战后日本人对待外来文明的态度时，他说：“虽然不认为占领军一切都是正确的，但是一般人来说，日本人承认美国和英国拥有卓越的文化。”他们赞赏美国积极工作的能力，英国的政治安定，德国的“大众牌汽车”的优良，丹麦高度的农业生产率。回忆和对照日本的情况，决定学习那些日本应该学习的东西。日本因为地理环境四面临水，本身又没有高于周围其他民族、国家的优秀文化，所以他们对外来文化吸收性特强，并能以很短的时间摄取外来文化的长处，加以模仿、吸收成为新日本文化的一部分。

由于多维价值观的存在，现代日本人对人类所有的文化能够采取一种宽容的态度，这种宽容的态度带来了现代日本文化多样性的特点。现代日本社会在服装文化方面，既可以看见笔挺、庄重的西装和各种流行的摩登时装，同时又可以看见以中国古代服装为模本的日本传统的和服。在饮食文化方面，既有西式餐厅，也有日本式的菜馆，同时还有高挂着“中华料理”招牌的中国式饭店。甚至在一个酒店里既有威士忌、西洋葡萄酒等“洋酒”，也有清酒等日本酒，还有茅台、绍兴老酒等中国酒。日本人最善于吸收他国、他民族的长处，将自己既置身于世界先进文明潮流之中，又使某些传统文化得到发扬光大。

如果说日本历史上社会变革最激烈的时期没有完全分裂为互相抗争的利益集团，这在很大程度上源于多样化灵活的思想及集团主义的传统力量。这些传统把社会的整体利益置于局部利益之上，它主要源自日本人宗教信仰的特征及险恶的自然环境造成的生存危机。“合金文化”的特质，使这个缺乏资源只有人力可供开发的国家，充分发挥人力资源的优势，在近代化、现代化道路上赶超西方发达国家，成为世界经济强国。

日本民族意识铸成的“合金文化”

日本的地理环境四面临水，本身又没有高于周围其他民族、国家的优秀文化，所以在历史上对外来文化的吸收性特别强，并能以很短的时间摄取外来文化的长处加以模仿、吸收成日本文化的一部分。日本独特的民族意识最终铸成自身的“合金文化”。

● 摄取外来文化的实用主义

从历史上看，日本属于中国儒家文化圈，受到高度发达中国文化的辐射传播，先进文化的刺激和促进因素启动了公元645年的“大化改革”，给日本文化注射进唐朝“圣药”。通过变革，建立起一套完全以唐朝为蓝本的中央集权君主体制。光辉灿烂的中国古代文化奠定了日本文化的基础。

19世纪中叶，西欧成了资本主义新文明的肇源地，侵略、扩张、殖民成为资本主义新文明的独特传播方式。在建设近代化工业国、或者沦为西方帝国主义殖民地的选择面前，日本人无所畏惧地放弃了长期的习惯，引进西方文明“脱亚入欧”，进行了举世闻名的明治维新。

第二次世界大战后，日本再一次彻底改造了自己的社会，有人将日本战后的改革称为“不流血”的革命。美国以“联合国军”的名义在“非军事化”和“非民主化”的口号下对日本的经济、政治、军事、教育等各项基本制度进行了大刀阔斧、雷厉风行的改革。崭新的体制与新的机遇相结合——朝鲜、越南战争提供了庞大的军需市场，东南亚市场的开放注入了“资源血源”的双重机会，为日本的经济起飞奠定了基础。

像日本这样，在历史发展进程中三次如此自觉地、大规模地、彻底地、根本性地改变全民族的文化传统，在世界文化史上是绝无仅有的。面对先进的中国文化，他们可以毫不犹豫地放弃自己刀耕火种的落后习惯，顺利实现“汉化”；同样，面对佩里将军的“坚船利炮”，目睹清王朝的危机，他们当然也可以毫无负担地放弃“汉化传统”，拥入西方的怀抱。一百年后，当美军在日本列岛登陆时，他们同样可以自然而然地认为：既然在太平洋战争中粉碎日本这架使人敬畏的经济和军事机器发祥于一个民主社会，那么在这历史的抉择关头，必须再度进行180度的转变，就像明治维新情真意切地拥抱帝国主义一样，掉头拥抱民主资本主义。对日本人来说，时代不同，正义的含义也就不同；所谓正义事业是随着社会条件的变化而发生变化的。因为日本是一个没有“绝对正义感”的功利主义的民族，在面对生存危机时，他们具有极强的适者生存和为我所用的特殊能力。

儒家学说大约在公元6世纪传入日本，在一个生存环境与中国截然不同的岛屿之国中，中国的儒教要以一种未经改造的形式被接受是不可能，也是灾难性的。然而从一开始，日本国民似乎就有意识或多或少地以自己的方式来接受儒学准则，并且对这些准则作出不同的解释，其结果是在日本产生了一种完全不同于风行于中国的儒家精神。比如，在中国儒学中，“仁”是至高无上的核心美德，而在日本儒教，却将“仁”淡化而使“忠”居于首位。这是因为“仁”是具体的治国学说，而“忠”只是行为准则的躯壳。后者只要求服从，而服从的内容却可以大相径庭甚至截然相反。对于灵活善变的日本民族来说，任何具体规范显然都是羁绊。为了统一行动，他们要求忠于天皇，而天皇的意志却往往可以改变，这当然更适合“没有绝对真理”的日本民族精神的需要。日本人可以在“尊王攘外”口号下使早已“汉化”的民族传统剧烈地转向“西方化”，也可以使在二战中视死如归的“皇军”，仅仅因为“天皇说要投降”而顺利地放弃“本土决战”。日本人就是这样按照他们的需要处理外来文化的。

● 实用主义灵活的多维价值观

善于将不同的外来文化进行过滤和重组，使日本民族在缺乏“绝对真理”的基础上形成了“多维价值观”，即只要对我有利，则可兼收并蓄。多维价值观是日本人现代意识中的一个重要组成部分。它使日本人对人类所有的文化能够采取一种宽容的态度，这种宽容的态度带来了现代日本文化多样性的特点。日本并没有因为中国传统文化影响至深而拒绝接受欧洲文化，也没有因为接受了新的欧洲文化就全盘舍弃了中国传统文化，在日本这块土地上，形成了中国传统文化与欧洲文化相融合的、相对来说最好的土壤。日本不仅有欧美式政治上的法制体制和经济上的市场体制，还有中国传统式的社会组织力量；不仅有欧洲的人文主义思想以发挥人的自主创造性与才能，还有中国传统的观念以保证整体的统一。也就是说，日本之所以在发展能力方面不逊于欧美，是因为它很好地吸收了欧洲的文化；而日本之所以不同于欧洲，乃至超过欧美，则是因为它又保留了中国的传统文化。

从这种意义上讲，日本文化永远不是日本文化；同样，日本文化永远是日本文化，它具有不同文化的优质，却永远保持自身的特色。“日本最重要的财富可以说在于它能适应剧变的环境而又不失去本色。如果必须赌一下到2050年世界还有哪个国家，其社会的运转方式可为现在的居民辨认出来？我们的赌注压在日本。”(《日本心魂》[美]罗伯特·C. 克里斯托弗)。

● 集团主义功能体系的特质

日本“合金文化”的特质突出表现在传统集团主义与现化社会竞争原则的有机结合上。如果说日本社会变革最激烈的时代没有完全分裂为相互抗争的利益集团，这在很大程度上是由于他们的集体主义的传统力量。这种把社会的集体利益置于局部利益之上的传统，源自险恶的自然环境造成的生存危机。

日本自然环境的恶劣，迫使古代日本人民在依靠体力征服自然的时代，不得不紧密团结，凭借“大伙儿”的力量。长期艰苦的生产过程造就了日本社会，以集体组合为基础形成社会阶层和团体的准则。“日本社会中潜在的集团意识是根深蒂固的，其因素源于日本人传统普遍存在的家的观念”(《日本社会》[日] 中根千叶)。这种以集体组合为基础形成的社会结构，全异于受血缘亲族关系牵制的以类属为基础形成的社会结构，它导致日本人淡漠“血亲”关系，而热衷于自己所在集体的利益。“始为亲兄弟，终为陌路人”，“没有亲戚死不了，没有邻居活不成”，在日本家喻户晓。社会并不以个人为本位，而个人生活在各集团中。个人属于不同团体的一员，这就是日本民族传统的道德伦理，一句话，日本民族不像中国人那样以血缘关系为家，而是以社会协作的集体为家。日本人这种集团至上的观念——“忠诚的集团心”是日本富强的重要因素。

日本恶劣的自然环境在其民族心理中孕生着极强的危机感与紧迫感。从而强化了日本人性格的其他重要方面：部族价值观、儒家伦理道德，等等。所有这些因素交织在一起，便构成了日本民族根深蒂固的集团意识。强烈的民族自尊和民族集团意识，使他们在各种危机面前没有自暴自弃，而是抱有团结一致，奋发自强，在不利的环境下谋求生存与发展的强烈愿望。危机感与自强心便成了他们的认同感与凝聚力。

这种以封建家族制度为核心的民族集团主义思想和行为方式曾显

示过很大的威力，近代以来，在欧洲强烈的外力挤压刺激下，它增强了统一和整体趋向，唤起了民族的团结意识，与强大的西方列强进行抗争。集团意识在实现现代化和追赶西方国家的过程中显示了重要的作用，战后统治者利用各种社团组织、福利政策，特别是终身雇佣制和年功序列制等手段，进一步强化和维持了日本人忠诚集团的传统性格，并为其注入了新的社会内容，出现了所谓“松下精神”“住友精神”“三和精神”等集团精神的范例。

集团意识在日本社会是一种功能体系，而不是系谱体系。也就是说，集团形成的原则不是追求血缘上的关系，而是追求整体的功能。这种功能体系迫使每一个成员必须为集团的整体功能负责，而不能像中国传统社会系谱体系中的成员那样，只靠血缘关系就可以在集团中占一席之地。因此，一个人进入了这样的集团就把自己的命运与集团的功能连在一起了。这就是日本终身雇佣制的基础，也是集团成员对集团忠诚、尽职的基础。

美国学者从全社会的角度认为，日本人有着谋求一致的愿望，表现出个体服从整体一致的倾向。这种状况构成了整个社会的基调，同时也构成了政治稳定的因素。这种集团意识对战后日本经济发展起了促进作用。一个有民族意识、组织化程度高的民族，必定是一个有力量和有能力的民族。这就是日本在现代化道路上赶超英、法、德、意，成为资本主义世界第二经济强国的文化原因。

美国“文化合金”产生的物质背景

希腊航海文化创建了个人主义价值观的文明成果。美国人继承了欧洲的文化，并创新了更为完整的西方个人主义价值体系。美国是一个有文化渊源、历史悠久的民族。

人类文明迄今较为辉煌的物化成果之一，在欧洲文化向北美大陆平移过程中铸造而成。广阔无垠的北美大陆上诱人的发展前景和险峻的自然环境像一个巨大的熔炉，将来自世界各地每个移民身上所携带的优秀品质融为一体并汰去各种有害的杂质。文化合金铸造而成的个人主义价值体系，使北美大陆在不到三百年的时间里成为举世瞩目的高度现代化的美国。

● 新大陆与机会同义

哥伦布发现美洲大陆，这片沃野千里尚待开发的辽阔大地像磁石一般吸引着欧洲各国的芸芸众生。他们为了获得更大的经济机会离开家乡，这种动机往往由于对宗教自由的向往和逃避政治压迫的决心而变得更加强烈。新大陆的特殊生存环境及以多民族移民这种独特社会群体构成的美国社会，表示出极其鲜明的文化特性。

在新大陆土地唾手可得，渴望获得土地的移民人人都有可能占有在欧洲被视为极其珍贵的土地。由于极易得到土地，这里不像欧洲大陆那样一成不变地由占有土地的多少决定一个人的社会地位和等级差别，因而它冲淡了人们的等级观念，成为个人主义发展极为重要的客观条件。在土地肥美的辽阔原野上，人们不息地力，当厌恶旧地时即可再去开垦一块新地。流动的社会拓展了人们的视野，移民们不在囿于一个单薄的开发层次或一个狭小的空间来考虑他们智能的应用。流动的社会使人们到处发现进取机会，血缘关系联结不住这些不断流动的人。因此他们从不把纯粹的人际关系摆在很重要的地位，而是以建功立业为人生第一要务。

● 原生态的契约精神

西方文化以古希腊文化为最初代表。在地理环境上，希腊位于地中海之滨，这里近海而多山，全境山岭连绵，群山把各地域分成小块，内陆交通阻塞。海洋气候决定了希腊地区时而温和湿润，时而狂风暴雨。恶劣多变的气候加之耕地有限，决定了希腊人不能以农耕为主。而爱琴海港湾众多，海岛星罗棋布，利于海上贸易。因此，希腊民族一开始就是一个以从事航海业为主的民族。

航海贸易的生活方式决定了希腊传统文化具有的特色。在航海过程中，与海上狂风恶浪的搏斗使希腊人培养出个人的拼搏和冒险精神，而经商贸易则要求自由，对个人及其财产具有完全的所属权和支配权；同时要求在金钱面前人人平等，强权制约下的贸易不是交换，而是掠夺。因此在希腊，自由民和工商业奴隶主有民主自由的强烈愿望，正是他们推动统治者建立了奴隶制基础上的民主的城邦制。他们有强烈的发展个性的要求，任何束缚自我、约束自由的行为和思想，在希腊人看来都是不能容忍的。

希腊考古出土的大量裸体雕像及神庙的裸女雕柱之所以在希腊出现，固然是与温和湿润的气候条件下希腊人习惯于裸体半裸体有关系，但更主要的是它雄辩地说明希腊人具有一种把个人这个实体看得高于一切的心理趋向。一个人一旦存在，就有其自身的独立价值，这种价值首先表现为人的自然价值，即身体的健美，然后扩展到社会政治领域，表现为公民权利。个人这个实体是发生社会关系的物质基础，这种心理在古代就导致“契约论”理论的出现。这与传统社会中国个人不具有独立的价值，一个人只有在社会伦理关系中才成其为人的“身份制”是大相径庭的。

● 美国人的契约精神

契约精神发源于地中海流域的古代希腊文明，在与海上风浪搏击的经商贸易的过程中，古希腊人追求的对个人财产权利的尊重和崇尚对个人身份自由的向往，铸成的自由、平等、守信的价值观已经成为现代商业文明的基石。它要求无任何欺诈隐瞒的自由缔约，无任何身份差别的主体平等，无任何特权的恪守诺言。我读过一个关于契约精神感人的历史故事：在美国有个家庭的小孩不幸坠崖身亡，父母在自己拥有的土地上为孩子建立了一座坟墓。因家境衰落将这块土地转让他人，可孩子的坟墓无法迁走，于是他们同这块土地的新主人签订了契约。契约写明了孩子的坟墓将作为土地的一部分永远保留。在以后的100年间，这块土地换了许多主人，但是第一份契约依然有效，孩子的坟墓始终完好无损地留在那里。又过了很久，美国政府买下这块土地，在这里修建第18任总统格兰特的陵墓。政府也没有动用公权力搬移孩子的坟墓，而是遵守100年前的契约将孩子的坟墓保留。1997年，在格兰特总统的陵墓建成100周年，那份关于孩子坟墓的契约签订200周年之际，纽约市长亲自将这个契约的故事撰写成文并放置墓前，以此昭示后人：一旦承诺，必须遵守。

美国人的社会组织不停地进行人员流动，因此总是由陌生人组成。在由陌生人组织的社会里只要建立某种契约作为准则就足以协调人的行动，这似乎比苦心经营人际关系更为简单。美国是一个典型的契约社会，每个人都遵守契约、履行契约所规定的义务。总之，这种前景广阔、充满着机会的环境，对渴望改善自身处境的人来说，具有强大的动力，它促使人们拼命向前，知足是没有意义的。若给知足下个定义，必然是“没出息”而已。所以由移民组成的社会中很容易滋生和发展个人主义。

中国传统社会缺乏市场经济商业规范的契约意识，在商业活动中认为借钱是朋友之间相互帮忙，是有来有往的常事，属道德范畴。一些人常常忘记了这是一个对别人资源占用的经济活动，自己要有遵守合约到期还钱的义务。如果出现逾期的纠纷，不仅朋友没得做了，也加大了个人经商付出的时间成本。警戒如下：朋友之间如有借贷的经济活动，应以诚信为先、助人为乐、义利并重、遵守契约、道德规范、知恩图报，方能情义永存。毫无疑问，如果没有契约精神这块基石，现代文明将无从建立。随着全球化进程的不断深入，秉持自由、平等、公正、诚信的契约精神，必将被越来越多的国家和个人所接受和践行。

● 新教的价值观

16—17 世纪在英国出现宗教改革，新教认为和上帝的沟通是靠每个人对上帝信奉，提倡信仰自由。人们可以按照自己的意愿尊奉宗教，新教对个人的价值和作用的强调大大触怒了英国的国教，它不允许把个人的地位和作用同教会并提，许多新教领袖受到英国国教的迫害。为了实现追求信仰自由和尊重个人作用的理想，遭受迫害的新教教徒毅然离开英国，远走北美大陆。作为北美大陆的开拓者，新教徒有着极强的务实精神。新教徒对于今世的强调多于来世，即人对教义虔诚不仅表现在信念上，而且体现在全部的实际活动中，并直接影响着人和上帝的关系。这使人们将希望寄托在今世，在生命的限定内追求极度的物质财富。他们的理解很为实际，谁丰衣足食牛羊满山，谁被上帝拯救的可能性就大，新教徒们不必只用心灵上的忏悔来求得上帝的拯救，挽起袖子干就是了。马克斯·韦伯在他的《新教伦理和资本主义精神》一书中讲到：新教崇尚的劳动道德观大大激发了人们无止境地创造财富的“获取之欲望”，这是促进资本主义经济发展的“精神刺激”。新教树立这一思想，不仅是殖民地人民精神上的追求和满足，同时也是促进美国资本主义发展的精神动力。

● 极少传统的束缚

这是美国文化中一个独特的现象。初到美国的欧洲移民们所记得的祖国是一个他们因为追求解放而极力抛弃的东西，祖国在他们头脑中并不是个将来死了还要把棺材运回去葬在那里的地方。在生命的历史上，这些移民不但不能从祖国、从过去的生活里得到有助于当前和展开未来的资本，反而是束缚、阻碍。所以他们在社会中决然斩断与过去的任何联系，包括血缘关系。当开拓者来到北美之前，这里只有过着原始部落生活的印第安人，虽然开拓者来自西方的传统社会，但是反抗封建势力束缚和建立一个平等自由社会的强烈愿望已注入人们的心灵中。

从文化学的角度考察，在一定程度上北美大陆可以说是一片文化真空，向这个真空驰入的不是有组织的文化单位，而是一批对传统制度已失去好感的亡命者，他们的头脑为叛逆精神所主宰，身上绝少传统思想的保守属性，即使有，也没有发挥作用的土壤。在资源丰富而亟待开发的早年环境里，机会众多，然而蛮荒未辟。险峻的环境迫使他们只能确立与传统不同的生活方式，必须尽快摆脱一切内耗因素去开垦土地求得生存，因此在开拓者的思想意识上，一开始就没有为封建意识留有生存条件。

美国是移民组成的国家，美国文化是由各个民族的优秀品质融合而成的文化合金。它与日本式合金文化的最大区别在于，日本文化是由文化主体不断地对各种外来文化进行改造性的吸收从而丰富主体。而美国文化则是由各种文化凝聚而成的一种全新的文化类型。任何一个移民所带来的本民族文化，都有视为被这个移民用来在新大陆上同其他移民竞争机会的合理性。这是由北美大陆原来的文化真空状态所决定的。文化合金的优势不仅在于其合金特质，而在于其竞争机制及由此而来的竞争效益，因此其核心是个人主义。个人主义的新文化体系所包含的平等、自由、民主、竞争进取的精神使美国没有停留在1607年那块詹姆斯敦殖民地，而是一直向新的“边疆”及“领域”进取。美国人的座右铭是：“世界和历史从我们这里开始。”

北美大陆机会众多，人均财富占有丰富的表面现象与个人主义的价值取向相互促进，加之工业文明发起的率先地位，使美国走上了以占有全人类不可再生资源（因而机会进一步增多）为特征工业现代化的经典式发展道路。由于对人类不可再生资源的过度开发，所产生的诸如生态失衡、环境污染等问题已危及人类的生存。“罗马俱乐部”的研究者所采取的增长“极限”的概念，说明维持人类生存的资源，尤其是能源耗尽，人类文明也即将走到尽头。为了维护享受所谓高消费、高耗能、高污染的少数人的生活方式，创造人类最为发达物质文明的美国，随着不断更新的工业文明成果的连续性输入，与个人主义价值体系相适应的经典式发展道路，在对人类资源过度开发的背后已降下极限的帷幕。

美国民族文化青春期的土地运动

美国作为一个后起的资本主义国家，在大约一个世纪的时间里，追赶并超过了当时位居世界资本主义首位的英国。美国崛起发展壮大的历史过程，除去上帝赐予的“天然”具备优越的地理位置和丰富的自然资源外，在早年对北美大陆的开发中通过对土地的占有、掠夺、战争等手段所进行的持续不断的“土地运动”，贯穿于美国民族文化形成的青春期，它是美国立国的基础。

● 冒险家的乐园

1492 年哥伦布发现美洲大陆，这块神奇的土地像磁石一般吸引着欧亚各国的芸芸众生。对“新世界”的渴望使他们抛开一切蜂拥而至，这里成了冒险家的乐园。在锻造民族文化的熔炉中，可以展现一幅美国文化在开拓北美大陆过程中朝气蓬勃的青春精神。

美国早期来自欧洲的移民，因为面临经济危机席卷英国，“羊吃人”的现象愈演愈烈，为了取得更大的经济机会才离开了家乡。这种动机往往由于对宗教自由的向往和逃避政治压迫的决心而变得更加强烈。16—17 世纪英国出现宗教改革，新教提倡信仰自由，凡是信奉耶稣的人都有权传播基督教，对个人价值和作用的强调触怒了英国国教，为了实现追求的信仰自由和尊重个人作用的理想，受迫害的新教徒毅然离开英国，远走北美大陆。在早期的移民中，还有相当一部分是为了逃脱欧洲封建传统的束缚和各种权势的压迫，来北美大陆寻找新的生活出路。17 世纪初的欧洲有权有势的贵族阶级把持着土地、资源和机会。对一个想改善自身处境的人来说，只有到北美大陆才能摆脱等级制度和封建传统的束缚，按照自己的意愿开辟新生活。美洲大陆这片富饶待开发的土地成了冒险家的乐园。

新大陆一望无际，沿着东海岸从北向南延伸 2100 公里的原始森林，像一座宝库将为人们提供充裕的粮食、宽广的土地；那一直向西延展至密西西比河的广大地区，是一块潜在的黄金宝地……对财富的渴求，对成名的向往，对自由的渴望，北美大陆给了人们实现这些夙愿的机会。新教的伦理极大地影响和改变了人们的生存哲学，无止境地获取物质财富和追求物质财富就成为天经地义的事，甚至被看作上帝赋予的使命。一方面享有丰富的自然资源，另一方面，开发这些资源是上帝赋予的使命，得天独厚的自然条件与正合需要的精神动力迅速磨合，促使开拓者们致力于建立一个没有政治迫害、允许信仰自由的理想社会，他们是美国自由传统的开创者。

● 拓殖者向远西部进军

拓殖者踏上北美大陆，肥沃的土地几乎唾手可得。人们再也不像在欧洲时那样，目光死盯着一块垦殖过千百年的土地，土地再也不是神秘、遥远的东西了。人们不断向广袤、肥沃之地迁居。几乎是一夜之间，这些曾穷困潦倒的移民就可以同欧洲的达官贵人平起平坐了！拓殖者的心理发生了巨变，加速了对未来的追求，激发了实现自己愿望的干劲。“乐观进取”伴随着“追求和干劲”逐渐成为人们的生活态度。“不知足”的拓殖者跨过了阿巴拉契亚山脉，又越过密西西比河，翻过落基山脉，一直西抵太平洋岸边。

自 1607 年英国人在北美东部沿海建立第一个殖民点起，到 1890

年美国统计局宣布最后的西部边疆消失止，美国的历史是一场波澜壮阔、历时三个世纪之久的西进运动，即由东部大西洋沿岸向西部太平洋沿岸拓殖定居的过程。在这时期里，美国存在着一个不断向西移动的“边疆”，西部边疆被看成是荒野和文明的分界线。西进运动是一个文明不断向西推进征服荒野的过程，它奠定了美国文化的基础。

在独立战争前的 100 多年里，北美的拓殖者定居活动主要集中在大西洋沿岸的狭长平原。这片平原向西止于阿巴拉契亚山脉，在交通极其不便的早期殖民地时代，它成了西进难以逾越的天然障碍。随着社会经济的发展，北美殖民地与英国宗主国之间的矛盾日趋尖锐，英国政府为便于控制，不愿移民继续向西拓垦。1763 年，英王宣布阿巴拉契亚山脉以西的土地是英国王室的财产，北美殖民地人民一律不得再向西迁移。1775 年至 1781 年爆发了北美独立战争，弱小的殖民地战胜了他们的宗主国。1783 年，美英巴黎和约，英国把密西西比河以东的广大土地划归美国。1803 年，美国从法国手中买下路易斯安那，其领土从密西西比河西岸延伸到落基山脉，这片土地大约等于除阿拉斯加以外美国今天本土总面积的三分之一，使当时美国领土面积翻了一番。此后，美国政府通过各种手段扩展领土，1810 年，出兵占领西佛罗里达；1818 年，先出兵，后从西班牙手中“购买”了东佛罗里达；1846 年，迫使英国放弃了俄勒冈地区；1846—1848 年通过战争吞并了墨西哥的大片领土；1853 年，又“购买”了亚利桑那南瑞……（此外，还于 1867 年向沙俄购买了阿拉斯加，但它不与本土相连），这样最终形成了今天的美国疆域。成倍扩大的疆土，为渴望西进的移民提供了广阔的天地。

广阔无垠的土地向西延伸，为第一代殖民者的子孙提供了家园。尚无主人的肥沃土地吸引着无数的家庭，以宾夕法尼亚的德意志人和北爱尔兰人为先驱的向西进军开始了。当开拓者历经艰险穿过茂密的林区后，就进入了一望无际的辽阔草原。这里土壤肥沃、水草丰茂、气候温和，美国最大的河流密西西比河、密苏里河以及俄亥俄河从这里流过，北面是世界上最大的淡水湖群及湖滨平原。19 世纪 30 年代，美国农业机械制造先驱约翰·迪尔制造全钢犁解决了征服大草原的关键问题，大草原迅速变成了全国最丰饶的农业区。

美利坚帝国在向西部进军。第一届独立的美国国会宣布了历久不变的原则：新开发的地区一旦拥有一定数量的人口，就可获得一个州的地位，与美国其他各州享有平等权利。建国不到三十年，密西西比河流域便新添了九个州。在这些新开辟的土地上成长起来的西部人身强力壮，自力更生，他们在美国生活中取得了自己的地位。当代美国民主思想发源于密西西比河流域，并在那里得到发展。在 1828—1901 年的 18 位美国总统中，有 11 位出生于密西西比河流域，或者在那里度过大半岁月，这就是西部人具有非凡素质与能力的证明。到 19 世纪 40 年代，西岸绝大部分地区也陆续作为州加入联邦。

在开发西部的进程中，加利福尼亚寻金热充满了传奇色彩。美国大百科全书这样记述着：如果不是加利福尼亚寻金热，远西部的开发定居“会像蜗牛爬一样慢”。有人曾经预言，人潮西进太平洋沿岸，至少需要 500 年，甚至 2000 年也难成定局。做这样悲观的预言是因为在大草原西面有一条极为重要的地理界线——500 毫米等雨量线，这条雨量线几乎穿过美国中央，纵贯南北。线以西直到落基山脉有一片干旱的大平原，气候多变，温差大，被称为“美国大荒漠”，移民们把它视为危险的荒野。而一旦来到太平洋沿岸，他们发现这里阳光灿烂，雨量充沛，到处果木葱笼，沿海盛产鲑鱼。消息传开，引来了成千上万的定居者，人们也涌向远西部的深山探矿寻金。各种矿产的开发带来了筑路热潮，铁路运来了机械，人们得到了征服荒漠的手段。人们不久便懂得，这远比淘出黄金价值更大。

在美国人民迅速开拓西部时，美国北部的资本主义制度与南部种植园的奴隶制之间的矛盾日趋尖锐。1861—1865 年美国爆发南北战争，战争以北部资产阶级的胜利而告结束。1862 年，美国政府在战争的紧急关头颁布了“解放黑人奴隶宣言”及“宅地法”。“宅地法”规定：在西部土地上连续耕作五年的农民，只须付 10 美元证件费就可以获得 160 英亩土地。这一法案的颁布把西进运动推向最后的高潮。根据“宅地法”8000 万英亩的土地分配给农民，共颁发 360 万份宅地证书。1870 年以后的 20 年里有 800 万移民涌向西部，这样的开拓速度在全世界是绝无仅有的。土地好比是大磁石，吸引着人们克服无数艰难险阻，以极大的热情和创造力建立自己的家园。大片的土地迅速开拓，最后的边疆不断移动。美国统计局规定每平方英里 2 至 6 人的地带为边疆，1890 年这个边疆宣告消失。宜耕地都已被占据，虽然开拓活动还在进行，但严格意义的西进运动结束了。

● 美国文化的基石

西进运动历时 3 个世纪，在这一进程中北美的 13 个沿海殖民地发展为跨越北美大陆的强大资本主义国家。为了开发这一广阔的领域，成千上万的家庭穿过草原和平原、越过高山和峻岭，滚滚向西推进。许多人牺牲了，但更多的人活了下来、扫清森林，刈除草原的野草，建立起了城市，驯服最后的边疆到现在只不过是不多几代人的时间。在拓荒定居过程中人们发展了自己订立公约，组成初级政府和治安机构的民主传统。无论是大篷车队还是采矿营，都由参加者共同制定很详尽的公约和规章制度，人们履行合同，在各自的运行轨道中按规则平等竞争，契约意识根深蒂固。他们是北美荒野中奇迹的创造者，开拓生活锻炼了美国人民，在荒野中人们挣脱了旧世界的束缚，去解决各种实际问题；他们充满活力，乐观进取，富于创业精神、相信新事物，追求新的机会。他们不安于现状，不断流动，不驯服于各种束缚，与自然顽强搏击。可以说没有西进开拓者就没有今天的美国，西进的开发和建设速度在世界历史上是绝无仅有的，它对美国人民的性格影响至深，奠定了美国文化的基石，作为最壮丽的篇章载入美国青春的史册。

美国用了 100 多年的时间崛起为一个世界性的大国，独立战争的

胜利建立了美利坚合众国，美国民族获得了政治上独立的自主权；美国内战的胜利结束维护了国家主权的统一，促进了资本主义大工业化在美国的发展；西进运动开疆拓土，扩大了美国的领土，为资本主义的发展提供了原料和能源产地以及广阔的销售市场。在“物竞天择、适者生存”社会达尔文主义、丛林原则的驱使下，美国历史上连续不断的“土地运动”，为以后美国的强盛提供了丰富的资源和辽阔的国家版图。这就是美国历史文化中蕴含着的青春精神。

美国个人主义思想内涵的形成

如果说欧洲文艺复兴时期的“个人主义”强调人从宗教神灵的控制中解放，那么启蒙时期的“个人主义”则是强调人从自然界和社会中的各种迷信和权势的束缚中解放，强调每一个人都有权利自由选择自己生活的道路，别人不能干涉和控制。个人的尊严和价值应受到他人的尊重，这一在思想上最为深刻、在实践中最有效益的个人主义核心，以崭新的精神面貌，贯穿于开拓北美大陆的艰辛历程。个人主义思想内涵的形成精彩地表现在以下几个方面：

● 没有封建传统的束缚

这是美国文化中的一个独特的现象。当拓殖者来到北美大陆之前，这里只有过着原始部落生活的印第安人，虽然拓殖者来自传统的封建社会，但是反抗封建势力束缚的情绪和建立一个平等自由社会的强烈愿望已注入人们心灵中。因此在思想意识上，他们从一开始就没有为封建意识留有生存的条件，自然在殖民地也就不会有象征着社会等级的城堡，更没有森严的人际界线，日子过得好坏不取决于一个人的门第，而是看个人是否肯干和会干。清白一片的北美大陆是一块可供纵横驰骋的天地，移民们冒着生命危险，远渡重洋，是想建立他们理想中的世界。他们为美国文化播下平等、自由的种子，也播下了美国民族性格的种子。意识到了欧洲封建势力对个人的禁锢就不难理解早期的拓殖者奋发进取的劲头。

北美的移民和我们移民南洋的华侨不同，南洋的华侨始终是以作客的心情在新地方寄居。凡有华人居住之处，他们总是依原有的生活形态造出一个“小中国”，使旧有的文化传统完整地移植过来，随他们定居。而北美早年的移民并不像华侨那样心存衣锦还乡的愿望。费孝通先生讲：“在殖民地时代的美洲，封建势力并不是不想支配这新世界，而是封建势力无法在新世界里立足，因为在新世界里生活的人，因为生活的需要，不能接受桎梏。”这些拓殖者无暇顾及，甚至本能地厌恶来自传统的精神束缚。在这片处女地上，只有集合各个民族的长处，充分发挥每个人的独创精神，才能建设自己的新国土。

● 新教价值观的作用

作为北美大陆的开拓者，新教徒有着极强的务实精神。新教领袖加尔文宣扬所谓“命由天定”，即一个人“升天堂”，还是“下地狱”，是上帝早已决定的，对此新教徒深信不疑。但是加尔文并没讲，谁能上天堂、谁将下地狱，这就使得人人都想成为“上帝的选民”。早期移居北美的新教徒认为：虽然创造出财富并不能确保一定上天堂（人无法断定上帝的旨意），但是它能帮助人们克服对罚入地狱的担忧。根据新教徒的信念，丰衣足食是上帝对勤奋者的恩赐，贫困饥饿是对懒汉和罪孽的惩罚，因此，勤奋、丰衣足食有着同上帝旨意相符的神圣意义。新教徒对今世的强调多于来世，即人对教义的虔诚不仅表现在信念上，而是体现在全部的实际活动中，并直接影响着人和上帝的关系。这使人们将希望寄托在今世，在生命的限定内追求极度的物质财富。他们的理解很为实际，谁丰衣足食，牛羊满山，谁被上帝拯救的可能性就大，新教徒们不必只是用心灵上的忏悔来求得上帝的拯救，挽起袖子干就是了。马克斯·韦伯在他的《新教伦理和资本主义精神》一书中讲到：新教崇尚的劳动道德观大大激发了人们无止境地创造财富的“获取之欲望”，这是促进资本主义经济发展的“精神刺激”。新教树立这一思想，不仅是殖民地人民精神上的追求和满足，同时也是促进美国资本主义发展的精神动力。

● 核心家庭的作用

由于美洲是一块新大陆，远渡重洋的移民或者他们的后代，不得不从地缘和血缘上斩断和故土的联系，在新开垦的土地上安家落户。这种成家立业的方式，必然会促进一对夫妇及其未婚子女构成的核心家庭的发展，使得还包括已婚子女、祖父母或其他亲属的所谓“三代同堂”“四世同堂”的大家族式的扩大家庭趋于没落。众所周知，大家族制度从来都是压抑个性的发展，人们必须在错综复杂的伦理关系上倾注心血，就连儿女的婚姻大事，也须一族之主或一家之长来决定，或是由家族会议集体讨论决定。这类婚姻不是出于男女双方的个人意愿，而是“家族意识”的产物。这种婚姻也不是为男女双方的个人幸福，而是出于光耀门庭和发展家族的需要。这类封建宗法家庭，实行的是专制独裁，它扼杀了个人主义，不利于子女的独立成长。由于美国是一个历史不长的新兴国家，可供开拓利用的资源非常丰富，它不断给人们以强刺激，造成社会流动频率加大，大家族在美国难以得到发展，这就在客观上为个人主义的发展创造了家庭条件和社会条件。

● 移民的性格

美国是一个由移民建成的国家，各国移民所带来的民族文化往往是以个体方式进入美国社会的，这些各相奇异的文化是通过移民个人而顽强表现的。大凡移民，或是身处逆境，或是个性很强，否则是不会离开故土、冒险远走他乡的。美国是一个从移民中长成的社会，是一个从原野里创造出来的国家，在资源丰富亟待开发的早年环境里机会虽多，可是蛮荒未辟，必须奖励个人独立创造的性格，凡是泯灭个性发展的各种因素都视作当时拓殖精神的阻碍，加以贬低。多数美国人似乎相信一切成就应在人活着时全部完成，可能的话应享受其成果，生命是茫茫长夜间的一次短暂的航程。过去和将来都无足轻重，关键是活着的一代。一个人如果不能完成既定的任务，就是虚度年华。

美国历史上西部开发时期，个人主义得到充分发展，西部广阔富饶的土地使人们真正体会到了个人自由，由此便带来了影响生活各个领域的个人主义。初到西部的人多是独自一人或一家一户，人们过着独立的生活，自己织布裁衣，建造房屋，抚育儿女。这种独立开拓生路的生活方式，使人们实际上很少需要社会或政府的照顾，相信自己是人的一切品德的结晶。如果一个人依靠并发挥自己的才能，那么整个世界会围绕着他转，因而人们也就最不容忍社会或政府对人的各种控制和干涉，人们相信什么事都不管的政府才是最好的政府。大家服从的不应是政府，而是正义，一个坚持正义的人要比一大批坚持错误的人有价值。只有当需要修建其工程时，人们才想到政府。这一时期个人主义的核心内容，一是反社会，反对社会各种势力对个人的各种控制；二是酷爱能够建家园、盖校舍、使全家过上好日子的自由所给人们的力量。简而言之，西部开发时期的个人主义主要强调的是：人们应当享有按照自己的意愿生活的充分自由和独立性。

● 北美大陆充满机会

在古代中国，由于人均土地资源的稀缺，农民一生只能在一定的土地上求生活，他没有扩充自己田园的希望，更没有换一块田地耕种的可能。他得尽力地保持地力，因为土地的贫瘠会令他遭受冻馁。自给自足的自然经济培养了人们对生活的满足度。在新大陆，土地唾手可得，渴望获取土地的移民人人都有可能占有在欧洲被视为极其珍贵的土地。由于极易得到土地，这里不像欧洲大陆那样一成不变地由占有土地的多少决定一个人的社会地位和等级差别，因而它冲淡了人们的等级观念，它成为个人主义发展的极为重要的客观条件。人们只要有强壮的体力，就可以开垦新地。在土质肥美的辽阔原野上，人们不息地力，当厌恶旧地时，即可再去开垦一块新地，这就是移民们的“机会”。在这种前景广阔充满着机会的环境里，对渴望改善自身处境的人来说是强有力的精神动力，它促使人们拼命向前。知足是没有意义的，若要给知足下一个定义，必然是：“没出息”而已。所以在由移民组成的社会中，很容易滋生和发展个人主义。

● 个人主义的发展

资本主义制度是建立在私有制基础之上的，它提倡个人至上，个人奋斗的价值观念，强调个人的权利。这种权利首先体现在对财产的占有方面，法国大革命时期著名的《人权宣言》就曾提出“私有财产神圣不可侵犯”的口号。其次体现在充分展现个性方面，表现为以自我为中心设计其行为，既尊重别人，也要求别人尊重自己，这就是个人主义的核心内容。在美国，如果一家人老少相聚或朋友相邀到饭馆聚会时，他们总是各自付自己的那份钱。这一度在中国成为笑谈，而事实上它表现出美国人对自己支付能力的强烈自信心和对他人（支付能力）的尊重。纵观历史发展，美国是个人主义表现得最透彻、最淋漓尽致的国家。因此，当一批批移民踏上北美大陆后，美国这个新形成的民族注定有一个反抗控制、束缚和压迫，要求个人自由的性格。这就为美国个人主义的发展奠定了方向。

19 世纪末和 20 世纪初是美国迅速工业化、都市化的时期。美国个人主义继续发展并且有新的含义，即一方面强调个人的创业、进取、勤奋和竞争；另一方面强调机会均等原则。进入 20 世纪后，工业的发展使美国迅速都市化，以前的农村小镇发展成工业城市，由于交通、通信的发展，整个社会也从以前的相对独立发展为相互依赖、彼此沟通的大集体。这种向集体联合甚至合作方向的发展，使影响了美国几个世纪的“个人主义”的价值观在新的社会背景下发生了变化。个人主义没能击败大城市所带来的挑战，决定成功的因素不是个人主义，而是群策群力；不是个人的两只手，而是会议室，于是“集体个人主义”应运而生。所谓集体个人主义之意不包含牺牲自己去服从集体的利益，也没有把个人融入集体的意思，而是通过集体合作的形式和力量来实现自己的利益。这种新型的个人主义不是强求人们顺从一种准则，而是在集体合作中发扬个人的特点和创造性。在进入电子、信息社会后，集体合作、彼此联系的重要性日趋显著，决定成败的因素已不单单是个人的努力。从事农业的要关心化肥、交通运输、国际市场甚至国际政治等许多因素。在这样的社会里，谈不上什么是纯属个人努力的结果，而只有各种因素的有机结合。但是，这并不意味着目前对合作、协调、集体的强调代替了个人主义。个人主义的价值观并未改变，只是它的表现形式由以前的我行我素变为现在的与人合作，但是合作的目的是为了达到自己的目标，否则，个人主义仍会促使人们离开这个集体，去寻找能实现自己愿望的另一个集体。

在美国不论是强调个人奋斗，还是提倡共同努力，“每个人都是自己前途的主人”这一个人主义的核心思想始终未变，就是在21世纪的今天，个人主义仍是激励美国人无休止地改善自己生活的巨大动力。它也是美国社会至今遇到困难、曲折、危难不能接受其他先进观念的文化根源。

美国是一个竞争务实的社会

美国总统杰斐逊曾讲：实用的东西必须支配纯理论的东西。在美国，人们对待纯理论的态度就像搞生意一样，只有那些能马上见效的东西才引起人们的重视。如果说平等、自由是个人主义的内在动力，那么社会竞争则是美国创造社会财富的基本手段。美国是一个竞争务实的社会。竞争原则是构成个人主义文化价值体系的主要一环。

● 竞争务实的社会

在欧洲文化形成的进程中，游牧民族相互攻击吞并，经常出现你死我活的残酷斗争。中世纪以来，商业活动日渐发达，竞争逐渐成为社会经济生活中普遍发生的现象。历史上欧洲各国资产阶级正是充分利用竞争，才得以在经济上逐渐强大起来，同时又积极倡导竞争的基本伦理，以此为武器冲破了封建统治的桎梏。自从西方文艺复兴运动以来，竞争的原则尤其倍受推崇。人们在生活中易于发挥自己的积极因素，社会成员的流动较少受到阻碍。竞争原则加速着美国社会的高速运转。

初到美国的移民们所记得的祖国是一个他们因为追求解放而极力抛弃的东西，祖国在他们的头脑中并不是个将来死了还要把棺材运回去葬在那里的地方。在生命的历史上，这些移民不但不能从祖国、从过去的生活里得到有助于当前和展开未来的资本，反而是束缚、阻碍。所以他们在社会生活中决然斩断与过去的任何联系，包括血缘联系。在清白一片的北美大陆上，不依靠别人，自己走自己的路。在开发、建设新大陆的过程中，美国人不断地追求新的目标，不断地在社会上流动，他们把人情世故看得很淡，血缘关系联结不住这些不断流动的人。在孤单的社会旅程中，人们举目无亲。中国人托人情的时候找亲戚、攀故交、拉裙带，美国却没有这么多“表兄弟”。流动的社会拓展了人们的视野，移民们不再囿于一个单薄的开发层次或一个狭小的空间来考虑他们智能的应用。流动的社会使人们到处发现进取机会，因此他们从不把纯粹的人际关系摆在重要的地位，而是在竞争中以建功立业为生活第一要务。

美国人的社会组织不停地进行人员流动。在由陌生人组成的社会里建立某种契约作为准则协调人的行动，这似乎比苦心经营人际关系更直截了当，更简单，也更适合美国人的性格。美国是一个典型的契约社会，每个人都遵守契约、履行契约所规定的义务。美国人的契约意识是通过竞争创造社会财富的道德保障。

在英国，社会金字塔顶上的贵族们是有封号的，当人们自我介绍时，常常会不自觉地带出自己几代祖宗的名字来，一个出身高贵的人是掩藏不住他的社会地位的。因为从他说话腔调、举止礼貌就可知道此人的社会地位，这是个家世社会。在美国就没有这一套，因为要具有英国人的绅士风度，每个人在他所处的地位上必须停留得相当长久，美国人没有人愿意长久停留在任何固定不变的地方上，自然这套附着于社会层次的各种文化特征也就培植不起来。

美国人的社会地位是比出来的，我有汽车，你没有汽车，我的地位比你高；你有了新式的汽车地位就后来居上了。如果大家都享有一辆新型的汽车，汽车也就不成为表示社会地位的标志了。在美国你往往会听到这样的自我介绍：“我是某部畅销书的作者”，“我是某地的网球锦标”，“我是某所大学的优等生”。畅销书、锦标、优等生都是和同业、同行同级中比较出来的杰出者。可见，美国是一个竞争社会。

● 竞争的思想基础

竞争现象在任何社会都存在，美国的独特之处在于使它成为一种普遍的生活态度，并作为一种价值观印入美国社会生活的各个领域。美国人的竞争意识有着深刻的思想基础。

美国人认为自由竞争是合乎情理、正大光明的活动。“自由”对“竞争”来说，是必不可少的先决条件，“自由”是前提，“竞争”才体现为它的客观规律。19 世纪末到 20 世纪初的社会达尔文主义，就是这一思想的理论支柱。美国社会达尔文主义者萨姆纳从生物进化的角度分析社会的发展，他认为，应该允许个人自由竞争，因为竞争既是自然界的规律，也是社会发展的规律。人和自然的生物一样，必须通过竞争才能不断改善自身的处境，而这种竞争不应受其他因素的阻碍，这样社会才能不断淘汰弱者，使强者成为社会的主体。为此，萨姆纳提出，不要任何规章制度，废除垄断，政府除了保护人们的财产外，应采取一种全面彻底的不干预政策，这样，每一个人才能在自由竞争中真正掌握自己的命运，找到自己的出路。萨姆纳所提倡的“个人主义”“竞争”如实地反映了美国社会的普遍情绪和人们的价值准则。

美国社会的富裕程度为世人所羡慕，美国的物质文明不是从天上掉下来的，而是从贫穷中自己打出来的。人的社会地位要通过比较才显示出来，自由竞争的价值观，铸造了美国人“攀登上进”的精神。在美国人看来，一个人的自主意识的树立，主体人格的培养不靠上帝安排，要靠自己创造。“好汉”得靠白手起家，不希冀祖宗余荫，不讲究天生丽质；有本领的要通过努力，在竞争中见分晓。美国人崇拜创纪录，喝啤酒的洪量，在高楼架空铁丝上站立的时长，攀登山峰的险峻程度，甚至连续不断跳舞的时间，全有最高纪录。就连年过七旬的老太太也不甘寂寞，驾驶小船，漂游世界。竞争给了美国人许多生活的目标，刺激了生命的活力，在以比较来规定地位的美国，不能没有引诱人向前的纪录。在一个靠竞争获取物质财富、确立自己社会地位的社会里，生活中花样翻新，自属人之常情。

美国人讲求实际，强调事事从实际情况的需要出发。为了吸引年轻人星期日早上去教堂做礼拜，讲道不仅时间缩短，内容也改变得较结合实际，而且新的圣乐圣歌都渗进了比较现代化的节奏和旋律。这种讲究实际的观念来自美国的边疆传统。开拓边疆时的艰辛危难，使拓荒者对一切不讲效率、不切实际的人和事都极为鄙视。不讲空话，不必客气，该怎么样就怎么样，这是一般美国人都奉行的准则。美国人的务实态度最明显地表现在某些重大的原则问题上，所谓“政治实用主义”，即人们相信的是一套原则，实际执行时并不囿于原则，只要这在当时是必需的，就可以背离。

美国政治态度中素来就有两大“厌恶”，一是厌恶政府干预人们的生活。所谓“管得最少的政府是管得最好的政府”是人们评判政府的标准；二是厌恶“社会福利”的思想。他们相信，丰衣足食是上帝对劳动者的奖励，而贫困饥饿是上帝对懒汉的惩罚，给贫困的人送吃穿就违背了这一原则。然而，毕竟“存在决定意识”，20 世纪 30 年代大危机的经历在相当大的程度上冲淡了美国人的传统价值观，“新政”证明罗斯福的“政府干预”和“社会福利”帮助美国社会渡过了难关。这种“削富济贫”“机会再分配”的行为背离了传统价值观，但能很快被国民接受。此后数十年，上述政策仍然起着作用。

20 世纪 80 年代被称为“新保守主义的年代”，它是对自“新政”以来的政治、经济、社会等各方面的发展进行全面深刻反省的结果。随着决定“新政”成功的 30 年代特定“客观条件”的逐渐消失，“新政”后，国内经济危机逐渐缓解，而联邦政府的机构却只增不撤，干预经济的范围越来越广。这不仅违反了美国自由经济的常规，而且由于实施名目繁多的福利项目，使联邦预算成了各种各样的人都从中分享利润的钱袋。过分的“社会福利”和“政府干预”减少了刺激经济发展的“原动力”——个人的创造及其给个人带来的“好处”。美国“吃福利”的人同没有福利待遇的人（多指尚未取得美国公民地位的移民）的干劲大不一样。享受福利待遇的失业者，到救济所领取的救济金比一些干杂活的工资还高，导致一些人过于依赖政府，这和刚到美国、还未成功的移民形成鲜明的对照。这批新客不能享受救济金之类的福利，没有退路，因此只有拼命地干，往往是这些人很快地摆脱了困境。联邦政府被舆论称为“从摇篮一直包管到坟墓的父母政府”，福利政策使一个有尊严、勤劳、自主、有精神追求的人，在不知不觉中变为一个依赖性极强的懒汉。

在全国上下一片恢复传统价值观的呼声中，里根以他的新保守主义的政治主张，赢得了人民的支持。里根当选总统后坚决反对“社会福利”政策，在“政府干预”的问题上立场非常鲜明，强调缩小政府的规模及其对人民生活的干预。为此目的，里根实行传统的亚当·斯密的经济学理论，即让经济的齿轮按其自身的规律运转，政府应尽可能少地干预。他把恢复个人主义、平等、自由、竞争、珍惜家庭等传统价值观作为他的政治目标。

美国人的理想可谓丰富多彩，从殖民地时期的丰衣足食，到西部开发时期的拥有自己的土地，到工业化时期的四口之家拥有两辆汽车，周末外出郊游，都算是美国人追求的理想生活。在美国的历史中，美国人满足的不是在理论中完善理想，而是在实际活动中去实现它，他宁愿在现实中使百分之一的理想见诸行动，也不愿在理论上追求百分之百的完美。在美国的社会环境中，在一个竞争激烈的社会里，重实效和讲求实际成为一种社会意识。

西方个人主义价值观的思想基础

东西方文化观的不同，形成了各民族对事物不同的判断标准，由于文化根植于社会、国家治理的发展过程，自然形成了不同民族、国家间的对立和冲突。西方个人主义价值观源于古希腊的航海文化，它尊重财产权利、提倡平等自由、鼓励竞争发展；基督教又赋予西方文化一笔浓郁的宗教色彩。它同中国治理社会、国家的集权制和集体主义传统文化观格格不入。为此，有必要将个人主义价值观的思想基础梳理清楚。

黑格尔指出："民族的宗教、民族的政治制度、民族的伦理、民族的法制、民族的风俗以及民族的科学、艺术和技能，都具有民族精神的标记。"这种"民族精神的标记"，既非造物主的赋予，也非绝对理念的先验产物，而是从深厚的民族生活土壤里生长出来的。自由、民主、平等的个人主义文化构成了西方文化的底蕴，强调个体平等和重视个体权利是西方民族传统文化长期沉积的必然结果。

● 宗教与思想启蒙

宗教对西方文化的形成也曾起过重要的意义，犹太教义认为：主宰世界的是拥有至高无上权威的上帝，人作为上帝的创造物，每个个体在上帝面前地位相同。基督教继承并发展了这一教义，主张上帝面前人人平等。原子论的创始者德谟克里特强调：世界是可以划分的，强调组成世界的具体元素，这种思考方式已经孕育着重视整体中的局部和个体的征兆。古希腊的先哲亚里士多德明确主张，由于人具有自我约束的能力，因此个体应该平等地参与社会生活，群体中的个体地位平等。这些宗教伦理、哲学的主张与希腊早期经济发展形成的航海文化的积淀，共同构成了西方文化的早期雏形。

欧洲文化的特征与其经济发展水平密切相关，中世纪以后，日渐发达的商业较早地在社会生活中占有重要的位置，这种现实经济生活导致了人们在观念上重视功利和竞争，产生强调个体在经济活动中发挥作用的倾向。随着资本主义生产关系的发展，个体在现实生产活动中的作用受到重视，西方文化逐渐形成了近代强调个体的形态特征。

美国是一个盛行个人主义、提倡个人奋斗的国家，它不像中国和日本那样重视集体主义。美国哲学家约翰·杜威在谈到个人主义思想根源时曾讲：个人主义精神的根基可以追溯到中世纪的信仰中，它阐明了个人灵魂的本质，使生活的起伏围绕着个人命运旋转。15 世纪欧洲文艺复兴时期，人们探求的兴趣已开始由“一个针尖上能站着多少天使”转向普通人的个性特点、品行容貌、日常生活，这一以人的特性为核心的新的价值观就是个人主义的最初表现。达·芬奇的不朽之作《蒙娜丽莎》表现的是一位凡人，而不是天使、耶稣、圣母，衬托人像背景的不是天堂，而是希莫尼湖的山水。人们虽然将自己从宗教神灵的迷雾之中摆脱出来，从现实的角度认识人的本质和人的存在，但是直到 18 世纪的启蒙时期，人才真正开始掌握大自然和自己的命运，从而使个人主义思想又向前发展了一步。

牛顿、笛卡尔、培根、洛克等人在科学和思想领域的新突破，开创了 18 世纪欧洲的启蒙运动。洛克认为：人生来是自由的，他不是受任何权势的支配，而是受自己的理性影响的，因此，任何东西都不能使他屈从任何权势，而只能使他服从自己的意愿。至于政府的作用，他指出：上帝设立政府当然是为了控制人的偏见和暴力行为。如果政府违背了人民的意愿，人民有权自己做主，把给政府的权力收回。法国大革命时期，许多启蒙运动的先驱者从理论上论证个体在生理方面完全相同，没有先天差异，以此作为思想武器反对封建统治，倡导“天赋人权”，从而形成了西方文化强调个体的近代表现形式。它强调个体的权利、强调个体之间的平等。

如果说文艺复兴时期的“个人主义”强调人从宗教神灵的控制中解放，那么启蒙时期的“个人主义”则是强调人从自然界和社会中的各种迷信和权势的束缚中解放，强调每一个人都有权利自由选择自己生活的道路，别人不能干涉和控制。个人的尊严和价值应受到他人的尊重，这一在思想上最为深刻、在实践中最有效益的个人主义核心，以崭新的精神面貌，贯穿于开拓北美大陆的艰辛历程。

● 践行《独立宣言》

由于美国是一个移民组成的国家，各种族、各民族都带有自己的文化传统和价值观念，这些文化传统和价值观念很难并存于一体，也不可能由某一民族的文化压制其他文化而成为占主导地位的“美国文化”。在艰苦开拓的过程中，每个民族都必须发挥本民族的长处，尊重并吸收其他民族的优秀品质，坚信自我，尊重他人的文化取舍态度成为他们共同的准则。正是在这一点上，也只能是在这一点上，他们找到了共通之处，这一共性原则像一个巨大的熔炉，铸造出优质的文化合金。自然，其中心内容就是个人主义的价值体系，它深入民心，以各种形式得到充分的发展。

18 世纪，恰逢欧洲处在摆脱专制政府和特权阶级对普通老百姓的种种压迫和控制的斗争中，个人尊严及其在社会中的地位受到空前的重视。1776 年 7 月 4 日，一个受欧洲形势影响至深的反抗控制、束缚、压迫的纲领性文件——《独立宣言》诞生了。它是北美 13 个殖民地人民要求摆脱宗主国的控制，自身独立发展的战斗檄文。它要求英国政府给予殖民地人民公正的待遇，承认并尊重他们的自身权利和自由的基本要求。《独立宣言》里充满了当时影响整个欧洲的“天赋人权”思想：“我们认为，下面所说的都是极明显的真理：所有的人生而平等。上帝赋予他若干不可剥夺的权利，其中包括生命、自由和对幸福的追求。”《独立宣言》向世界宣告北美这块土地是当时地球上唯一能实现人类追求个人自由和尊严的地方。

诺贝尔奖获得者弗里德曼说，美国之所以能够崛起，源于1776年的两件大事：一是，华盛顿签署的《独立宣言》，宣告了自由人的权力，使“人类史上第一个真正保护个人自由的有限政府”成为可能；二是，亚当·斯密的《国富论》为自由市场奠定了伦理基础，高举“个人创造和自由交换的美德”的旗帜。

《独立宣言》的意义使美国人民强烈地意识到个人的价值和作用，激发了他们为争取和维护个人自由和尊严而奋斗的情绪，任何势力，包括政府、社会、宗教等，都不得侵犯个人的某些不可剥夺的平等自由的权利。美国实践了这些思想，又以实际中的成效，反过来影响整个欧洲。最为彻底的法国资产阶级大革命可为例证，《独立宣言》成为法国大革命时期《人权宣言》的蓝本。

美国个人主义在此后两百多年的发展，也就是对平等、自由这两个“不可剥夺的权利”的解释和充实。西方文化的普世价值经过血与火的洗礼，其文化价值已成为西方国家大众灵魂深处的烙印。

第三部分

传统屏障与文明冲突

工业化是西方国家社会发展的动力，是对传统社会结构与生产组织及文化价值观念进行挑战的核心内容。工业化实际上就是经济领域的现代化。

面对近代西方文明的挑战，清王朝采取了闭关锁国的政策，在世界文明竞争的舞台上被远远地抛在后面。

天朝大国至尊思想形成的消极保守、不求变更、盲目排外的虚骄心态，导致了我们这个古老的民族在近代发展的历史中，始终处于积贫积弱、落后挨打的衰败局面，在国际竞争与角逐的舞台上，它是一种传统文化的失败。

家国同构"一体化结构"的传统社会形态

家国同构是宗法社会最显著的特征。在宗法制度下，国家与家庭具有紧密的联系。一方面，家庭的因素向上延伸，使国家保留了许多血缘家庭的特色，如"父权制""家天下"等；另一方面，国家的因素也向下延伸，使家庭采用了许多国家式的统治手段，如君主权威，建立武装，家丁护院，庙宇祠堂。这种双向延伸的结果是使国家植入家庭之中，家庭长入国家之内，造成了国与家在组织构成方面的一致性。

●"一体化结构"的社会形态

根据系统论的观点，我们可以把国家看成是一个大的社会系统，这个系统由经济基础、政治制度和意识形态三个子系统构成。中国传统社会的经济基础是以家庭为生产单位的自给自足的自然经济，其主体是由大量自耕农和少数中小地主构成的小农，他们最大的特点是孤立分散。马克思指出："小农人数众多，他们生活条件相同，但是彼此间并没有发生多种多样的关系。他们的生产方式不是使他们互相交往，而是使他们互相隔离。"分散的小农在政治上无法代表自己，他们不是社会的组织者而是被组织者。在中国的古代，国家与小农之间没有欧洲式的集生产、消费、管理于一体的中间组织——庄园，而是直接面对广大的、分散的小农。因此，只有建立高度专制的中央集权的官僚政体才能有效地控制他们，这是作为社会另一个子系统的政治制度的特征。高高在上的中央专制政权与构成社会的基本元素——小农及其家族之间的联系是通过垂直的纵向官僚系统实现的。官僚一方面要绝对服从中央政权的指令；另一方面，由于统治区域广阔，信息交流手段落后，因此地方官员不可能事事请示中央政府，而只能按照一定的统治原则建立行政机构运行的“自动程序”，并由这个程序控制官僚在各种具体政事面前实现不同管理措施的自动作。也就是说，作为一个行政官僚，他既是主动的，又是被动的，前者是指他必须独立地解决各项事务，后者是指他采取的一切行政措施必须自觉地遵循一个永恒的原则。而且，从更宏观的角度去考察，全国各地广大区域内的所有官僚也都必须遵循同样的统治原则。这个原则就是儒家正统“君君”的观念，即“忠君保民”。这就是构成社会系统的第三个子系统——意识形态。这一意识形态与大一统的政治制度是相互依存、彼此强化的，这种关系被称为“一体化结构”。

●“家国同构”的稳定性

通过分析我们发现构成中国社会的三个子系统的关系是非常协调、彼此依赖的。其中任何一个子系统的发展如果偏离了正常的运行轨道，都会破坏子系统之间的平衡状态，其结果将是崩溃性的。比如，儒家正统思想在意识形态领域中的统治地位一旦发生动摇，纵向行政系统中的官僚就会各行其是，也就无法有效地控制小农，因此必然带来整个社会的瓦解。同理，如果自给自足的小农经济发生了某种变化，比如商品经济占据主导地位，那么商品生产者就会要求人与人之间建立完全平等的货币交换关系，官僚等级制度就失去了存在的土壤，社会也将瓦解。因此，中央王权总是利用手中的权力，一方面，强化儒家正统，将其他学说斥为“离经叛道”的邪说；另一方面，它抑制小农经济中产生的商品经济的萌芽，把它扼杀在摇篮里。这是造成中国传统社会长期延续的原因之一。

在宗法社会里，由于国家是按照家庭的形式被仿造的，因此组织机构必然也是相同的。与国家的构成同理，家庭作为一个社会系统，也是由经济基础、政治制度和意识形态三个子系统构成，而且三个子系统与构成国家的三个子系统在性质和内容上完全相同，即：小农经济、家长专制统治和以“孝”为主要内容的意识形态。三者之间的关系也是相互协调、彼此依赖的。因此，家庭是国家的缩影，国家是家庭的放大。人们习惯于将家庭称为社会的细胞，的确，在家庭这个细胞里保留着国家的全部遗传信息。当国家遇到某种不可抵御的原因：如农民起义而不可避免地陷于瓦解之后，保留在家庭之中的有关国家的遗传基因就会释放出能量，按照消亡了的国家的形式复制出一个新的国家，而这个新的国家除了朝代名称变换之外与旧国家没有任何表现形式或内在本质方面的差异。这是因为除了家庭之外，再也没有任何可供新国家借鉴的组织形式了，这是中国传统社会长期延续的又一重要原因。

“等级身份”与“义务本位”、精神食粮与思想鸦片的双重性

等级身份制的最大社会效应，在于它造成了中国人的社会伦理体系以义务为根本。中国传统农耕社会是以土地为根基，以血缘关系为生活纽带，在国家、家族、家庭的伦理型社会组织结构中，形成了家国同构、君父合一、尽孝尽忠、忠孝结义的义务本位的价值观。它否定人的独立价值的存在，强调人对社会的价值，对家庭和国家的义务奉献。义务本位制在中国传统社会中的双重性，即我们民族最可宝贵的精神食粮与最可怕的思想鸦片合成剂的双重性。

在中国传统宗法社会等级制度下，人与人之间的关系体现出身份制的原则。一个人还未出生，他在社会上的身份和地位就已确定了。在中国人的心目中，缺少“独立人格”的概念，只有在一定的社会关系中人才成其为人。因此，在社会交往过程中，对中国人来说最为重要的是首先明确双方的身份关系，以便“见什么人说什么话，对什么人做什么事”。所谓“名不正则言不顺”。名，就是身份关系，这一点是至关重要的，因为一旦扰乱了身份制原则，人与人之间的等级关系必然被破坏，高度专制的宗法制度就会由于统治秩序的混乱而解体。这种严格区别身份地位的思想在社会生活的各个方面都有所表现。

●“称谓词”中的身份制思想

称谓是人际关系的形象体现。一个民族的语言中，称谓词越丰富、越复杂，就说明这个民族越注重区别人的身份与地位。在西方语言英语中，称谓词非常简单。除了父母有明确的称谓词外，兄与弟都称为brother，姐与妹都称为sister，伯、叔、舅通称为uncle，姑、婶、妗、姨通称为aunt，祖父与外祖父共用一个称谓词grand father，祖母与外祖母共用一个称谓词grand mother。甚至，在大多数场合下，连上述区别也可以取消，而将一切人，包括亲属与外人简单地尊称为“先生”“夫人”“小姐”。这是因为，在西方人看来，再详细的区分是毫无必要的，谁又能说明白祖父母与外祖父母、表兄弟与堂兄弟的严格划分有什么意义呢？但在中国却大不相同，中国人不但上述概念有严格区别，而且还创造了大量的辅助性称谓词如表、堂、曾、玄、元、外、远、先、亲、干、继、后、姥、妣等，以进一步区分亲与疏、远与近、生与死的不同。这是因为在宗法制度下确保血统纯洁是至关重要的。比如祖父母与外祖父母在宗法制度上的定义就绝不是对等的父母双方的长辈，对宗族来说它有血亲与姻亲的本质区别，如果一个年轻的君王去世了，他没有子嗣、也没有亲兄弟，那么就只能由他祖父母的孙子即他的堂兄弟继承王位，而不能考虑由他外祖父母的孙子即他的表兄弟继承，尽管二者可能都是地位显赫的贵族。

●建筑中的身份制思想

中国的建筑艺术在世界上最具特色，在宏观设计和结构布局方面表现出独特的艺术风格。如果做个不十分精确的比较的话，西方建筑是一种立体的空间艺术。它力求向空中纵向延伸，以高大挺拔的尖顶塔楼表现出一种巍峨、险峻的美。而中国建筑则是平面的时间艺术。就单个建筑物的造形看，也许并不宏伟、雄壮，但它追求的是整个建筑群的群体效果。大小建筑物以主体建筑为核心，以中心建筑群为轴线，左右铺陈、前后延伸、和谐对称、错落有致，表现出恢宏的气魄和博大的胸怀，展现出一种雄浑、威武庄严和神圣的美。中国建筑艺术在宏观构成方面的上述特色，正是宗法等级身份制的生动体现。建筑群中的中心主体建筑在观念上是君王——宗主的象征，各个建筑物的大小及所处的位置，特别是距中心建筑的相对距离，象征着人在社会中的身份地位和彼此间的等级，包括贵贱亲疏的关系。所有建筑物铺陈舒展、大小有序、错落有致，象征宗族的繁衍与长幼贵贱的区别。的确，如果我们到紫禁城去游览的话，会明显地有一种处于压抑和束缚中的秩序感，这就是建筑物给我们带来的有关民族思想观念的切身体验。当然，当生活在那个时代的人们由于法律的规定必须按自己的身份终生居住在规定大小、特定高低的房屋中的时候，他们对自己的身份地位的切身感受和环境熏陶自然要比今天的游览者要深切得多，看来这又是“礼教”的形式之一了。

身份制的最大社会效应，在于它造成了中国人的社会伦理体系以义务为根本。等级制下的身份制强调人与人之间的伦理关系，因而必然压抑人作为个体存在的独立人格。建立在独立人格基础之上的个人权利自然无从谈起，而与权利相对应的义务观念却由于统治者强调地位低下者对尊贵者：臣子对君父、妻子对丈夫、奴仆对主人、下级对上级的绝对服从而得到了片面的夸张，义务本位的伦理体系也就应运而生了。它成为几千年中国传统社会伦理道德体系的基础。

● 权利和义务的对立

义务本位不是说不要权利，而是将权利作为义务的派生物使之居于依附的地位。作为一个中国人，他在社会上的地位是由父母的地位先天决定的（当然，长大后他可以通过各种努力改变这种地位），因此，一个人一旦生下来就处于义务罗网的包围之中。他必须按长幼亲疏、父子君臣的顺序对兄弟姐妹、对父母、对妻子（或丈夫）、对家庭、对社会、对君王、对国家尽与自己的身份相符的义务，然后作为义务的派生物，或者更通俗地说是作为义务的报酬才可以获得某种属于自己的权利。当然，他同时也能得到他人特别是地位比自己更卑贱、低下者的义务奉献。

在义务本位观念的统率下，人的正当权利总是会受到公开的侵犯，并且很少引起公众的非议，人的正常欲望也总是被限制在很狭窄的范围内，人们往往羞于表示自己的欲望和要求，似乎人的一切欲望都是见不得人的，在不得不表露的情况下也总是旁敲侧击，含含混混，“犹抱琵琶半遮面”。或者，将欲望以义务的形式表达出来，寻找一种堂而皇之的借口，如谈恋爱、结婚是为了“不孝有三，无后为大”；立功名，享俸禄是为了“光宗耀祖，荫庇后代”，等等。连明代的正德皇帝出宫游逛，也必须寻找一件“国家大事”作为“出差”的幌子。

权利和义务是人生价值的有机统一的两个方面，对任意一方的强调原本都是无可厚非的，然而最可怕的是将两者置于对立的位置，片面强调其中的一个方面而极力压抑另一方面。在西方对人生权利的片面夸大造成了个人主义的恶性膨胀；在中国对义务的扭曲性强调也带来了灾难性后果。

● 精神食粮与思想鸦片

义务本位是中华民族最典型的心理特征。尽管如上所述，义务本位具有明显的双重性，但在中国人的身上却表现得极为和谐，丝毫不会显示其矛盾性。岳飞对民族存亡怀有极深的义务感，但他同时又是愚忠愚孝的典型。这种精神状态在中国的优秀古典名著中得到充分的形象化的表现。

“禅仗打开危险路，戒刀杀尽不平人”，鲁智深的豪言壮语是梁山英雄深刻义务感的写照。如果把欧洲武侠小说的女主角去掉，那些故事顿失魅力，因为西方人强调个人权利，就连为社会尽义务也必须以个人欲望（爱情）的形式表现出来；而如果要在水浒英雄故事中都加上爱情的描写，在施耐庵与广大读者看来，就会伤害英雄们“替天行道”的形象。义务本位的灵魂，是鲁智深、武松等英雄故事的动力，是宋江、林冲逼上梁山的原因，也是李逵最后被毒死的精神麻醉剂。李逵的惨死就是因为他把宋江看作君父的化身，在传统的片面化的忠孝伦理支配下，无力反抗宋江的荒谬命令。西方民族的类似李逵的英雄，是很难默默接受这样的下场的，就是李逵接受了，读者也是很难接受吧！

《三国演义》的英雄们都被义务本位支配着。如果中国人有谁像《伊利亚特》中的帕理斯一样，因诱拐美女海伦而引起十年战祸，人们绝不会原谅他。如果关云长与张飞像阿伽门农与阿基琉斯一样，为争夺女奴大吵大闹，中国人绝不会把他们看作英雄，中国人不可能原谅一个为了私欲在关键时刻退出战斗的人。

《西游记》是义务本位最终制服个人主义的、有些可悲的凯歌。如果不是把个人主义这个哲学用语归于自私自利，而把强调个人权利、个人人格的思想也称作个人主义精神的话，那么齐天大圣那种可爱的桀骜不驯的精神最终还是被制服了。但是能战胜心比天高的孙悟空的，并不是“五指山”“紧箍咒”这些外在压力，而是一种伟大内在的义务感——君、父、神三位一体的唐僧，他成了孙悟空真正的灵魂工程师。

义务本位具有显著的双重性特征，它既可升华为对祖国、对人民、对历史的自觉的责任感，也可以扭曲为对君父的愚忠愚孝。因此它是中华民族最可宝贵的精神食粮与最可怕的思想鸦片的合成剂。所以对义务本位的客观、公正的分析与评价是至关重要的。在中国现代化进程中，对传统文化的扬弃与继承，提取有益的成分“经世致用”，为现实服务是历史科学的时代责任。

古代社会嫡长子继承制的纷争及社会乱象

宗法制度是一种父权家长制，在宗法制度下，男性家长是整个家庭的中心，他是家庭权力的象征。当男性家长去世后，就要从家长的所有男性后代中挑选一个人继承家长的地位，持掌家族的权力。而家庭的财产则是由子女均分。家庭财产的均分是造成中国古代社会经济发展缓慢、商品经济不发达的原因之一。在欧洲封建庄园，长子是庄园主家庭财产的唯一继承人，其他子女不做财产人均分割的继承。这种继承制度，促进了封建庄园主的其他子女离开自己的家庭，按照分工分业发展商品经济的路径，在渡口、码头、热闹的集市，创建繁荣了城市的发展。而中国宗法社会男性中心，血统至上的嫡长子继承制，造成了持续不断的宫廷权力纷争、社会动荡及至明清时期的社会道德的乱象。

● 男性中心、血统至上

中国商代的继承人标准是“幼子继承制”，即由家长最小的儿子继承家长的地位。到了周代幼子继承制为“嫡长子继承制”所取代，并从此一直流传下来。嫡长子继承制就是由家长正妻（嫡配夫人）的大儿子继承家长的地位。这是因为，在私有制条件下，特别是在传统

社会里，联姻是扩大家族势力的有效手段，因此在家长的诸多妻妾中，嫡配夫人往往是出身最高、家族（指娘家）势力最显赫者，由嫡子继承可以利用嫡夫人家族的势力有力地制止庶子对继承权的觊觎。而由长子继承则是因为在宗法制度下年长者总是处于更优越的地位。当然这仅仅是次要的原因，因为对家族来说至关重要的是要保证家族的财产不落外人之手，至于由长子或幼子继承并不是核心问题，但做出硬性的规定却是必不可少的，因为这可以避免含糊不定的标准所造成的继承权的争夺与厮杀。既然一定要在诸嫡子中做出硬性的选择，那么自然是选择年龄、经验等方面相对更占有优势的长子了。嫡长子继承制虽然在某些方面具有相对合理之处，但是它不可避免地带来了许多副产品，这主要表现在易出昏君、“败家子”和妇女地位低下两个方面。

嫡长子继承制对家长或王位的继承者做出了自然条件的硬性规

定。从有利的方面说，它可以在很大程度上有效地避免因争夺继承权而引起的同室操戈，减少争斗与内耗。从不利的方面说，这种硬性的规定完全取消了任何选择与竞争的可能，因此对继承者无法在较大的范围内优选并完成其自身的进一步优化。许多继承人由于天生获得了继承权，因此终日耽于声色，纵情享乐，所以不学无术。对于一个国家或望族来说，最大的灾难就莫过于其首领的无能和昏聩了。

● 外戚、宦官，夺嫡争斗

嫡长子继承制只能在很大程度上减少由于争夺继承权而引起的内讧，但并不能从根本上消除这种现象。除了像李世民玄武门兵变那样使用赤裸裸的武力之外，最常见的方式就是“夺嫡”。因为“嫡子”的地位虽不可直接改变，但“嫡妻”的地位却不是不可变更的。于是许多懂得“母以子贵”的道理的庶妻往往利用自己或才或貌或机智的优势夺取嫡配的地位，这样其子也就自然而然地“子以母显”成为继承人了。这种事例几乎在各个王朝都出现过，是举不胜举的。

嫡长子继承制对继承者的硬性规定也容易造成家族或国家的连续周期性内乱，这一点在皇族内表现得尤其突出。由于生活荒淫，历代君王得享天年者仅为少数。君王早亡，嫡长子必然年幼，有时甚至是尚未出生的遗腹子。王位继承者过于年幼，根本没有能力治理国家，为防止皇族其他成员篡夺王位，具有很高政治地位的先王遗孀即皇太后，往往借助娘家的势力辅弼幼主。这种皇族的异姓亲属被称为外戚。待幼主成年之时，外戚早已羽翼丰满，使皇帝处于傀儡地位，这就是所谓外戚专权。皇帝自然不会满足这种状况，他必定想方设法打击外戚，夺回政权。由于朝臣多数是外戚党羽，皇帝无法结成亲信，于是只能借助从小将其哺养长大，与之朝夕相处的太监的力量联络几位外臣发动宫廷政变，夺回政权。然而由于政变依靠的主要力量是太监，争取权力后也就不得不重用他们，造成宦官专权，皇权又处于傀儡地位，只能再次发动宫廷政变。而要想培植亲信，在宗法制度下，最佳途径只能是重用亲属，于是往往重新依靠外戚，其结果可想而知。外戚与宦官的交替专权是以国家动乱为代价的，每次动乱都将使社会生产力遭到严重破坏，使经济基础处于崩溃的边缘。久而久之，一个王朝就会走向衰落，进而为另一个王朝所取代。强大的汉王朝就是在被游牧民族的侵扰拖得气息奄奄之际，又连续遇到外戚与宦官的交叠专权，弄得民不聊生，后在黄巾起义的打击下走向崩溃的。

● 社会畸形、道德乱象

嫡长子继承制带来的另一个副产品是妇女地位的低下。人类的婚姻形式曾经历了杂婚、群婚、对偶婚、一夫一妻制等不同发展阶段。在杂婚阶段，由于生产力极其低下，社会没有剩余产品，没有财产继承问题，因此当时不存在任何性别歧视现象。在群婚、对偶婚阶段，虽然由于生产力的相对发展，社会有了一部分剩余产品，但当时还较为杂乱的婚姻形式决定了子女只知其母不知其父，因此只能以母方划分血统并从母亲的氏族继承那些数量很少的财产，所以当时妇女是受到格外尊敬的，这就是所谓母系氏族社会的特征。总之，在一夫一妻制的婚姻形式产生之前，男女间的地位从来不存在不平等的现象。随着生产力的发展，男子在社会生产中的作用越来越重要，剩余产品也越来越丰富，并出现了私有财产。男子对于将财产传给子孙的要求也越来越强烈。杂乱的婚姻关系无法辨别男子的真正后代，于是一夫一妻的婚姻形式及家庭出现了。为了确保家庭财产不致落于外人之手，保持血统的纯洁性是非常重要的，因而对妇女的贞操要求也就越来越高。为了做到这一点，中国社会产生了许许多多畸形的社会现象，如在宫廷中使用以手术方式破坏了性机能的太监来侍奉帝王及其妻女，这种现象除了在奥斯曼帝国出现过以外，大规模长期延续的只有中国。历代君王似乎对妇女的贞操有一种本能的恐惧感，因为秦代吕不韦将已怀孕的赵姬送给异人并生下秦始皇继承王位以及伪太监嫪毐秽乱中宫生下私生子的事对后代君王的刺激似乎太大了。除了将后妃置于除了“中性人”太监以外见不到任何异性的幽闭环境中外，为了保证妻妾的贞操，他们还发明许多检验贞操的方法，其中包括毫无科学根据的所谓“坐盆吹灰”“守宫含砂”之类的无稽之举。帝王的做法很快传到民间，百姓特别是望族纷纷仿效。到了宋代，程朱理学对妇女的贞节提出了更高的要求，从而在意识形态里形成了所谓“节烈观”。妇女在政治、经济、意识形态各方面完全处于被压迫、被奴役的地位了。

贞操观点虽然可以保证血统的纯洁，但并不能保证男性家长一定会生有男性后代以继承地位和财产，于是作为一夫一妻制的补充，纳妾制度的出现也就成为必然。这一点从传统社会制度规定的“七出”之条：男子可以有七种借口休掉妻子，其中仅“无子”一条就可得到佐证。多妻制的出现更进一步地加深了妇女的不平等地位，可见男女不平等是伴随着将妇女单纯地作为生育工具而出现的，这是男女地位不平等的重要原因。

古代社会阳刚之气与阴柔之美的盛衰

当前文艺影视娱乐界充斥着伪娘文化的现象，脂粉气盛浓的奶油小生成了媒体追捧的对象。我们提倡“百花齐放、百家争鸣”的多元文化，但是，这股阴盛阳衰的所谓社会审美时尚，是对部分年轻人安逸无聊生活方式的真实写照。太阳底下没新事，所谓的伪娘文化也是传统文化糟粕在现实生活中的一种变异。在社会竞争激烈，国际风云多变的现实中，对成长中的年轻一代，我们更应该倡导积极进取、有所作为、充满阳刚之气的中国传统文化。

● 阳刚之气冲洒天地

中华民族屹立于世界东方 5000 多年，创造了迥异于其他文化体系的文明。5000 多年来，中国文化虽然经历了盛衰变迁，但始终延续不绝，说明中国文化自身必然有其超越于时间框架之上的传统优势。《易经》曰：“天行健，君子以自强不息。”其意是，天地之间运行的是刚健之道，刚道支配着整个宇宙。因此，一个人要健康成长、一个民族要兴盛，就必须刚健有为，自强不息，“如月之恒，如日之升”。中国传统讲所谓刚柔相济的思想，但任何一个民族在上升时期，其精神主导倾向则是以刚为主，崇尚阳刚之美、积极进取的行为。

面对游牧民族对中原地区为主的农耕民族的冲击，气势雄伟、耗资巨大的万里长城，作为人类历史上最大的防御工程，完成了它凝聚农耕社会这一历史使命，其特质延续着中国传统社会的强大生命力，这笔丰厚的历史遗产传承着我们中华民族凝聚力和伟大的统一力。气吞山河、名扬四海的万里长城作为中华民族的象征足以引起世人由衷的赞叹。然而，这绵延万里、历朝修建的坚实厚重的古代世界最大的防御工程，在历史学上的准确含义，却是以中原地区为主的汉民族的农耕文化和北方少数民族的游牧文化长期争斗的分水岭。

汉朝初建，尽管民生凋敝，但贯穿于汉王朝的仍是开疆拓土的赫赫武功。汉武帝时期，卫青、霍去病的大军迫使匈奴和亲称臣，东汉窦宪把北匈奴逐到中亚，其间就体现出一股刚健之气。“秦时明月汉时关，万里长征人未还。但使龙城飞将在，不教胡马度阴山。”唐诗三百首的著名篇章，生动地刻画了这幅游牧文化和农耕文化长期争夺的壮丽画面。

唐代历史更是揭开了中国古代最为灿烂夺目的篇章：在从中原到塞北普遍实行均田制的基础上，李唐帝国在政治、财政、军事上都非常强盛，国内安定统一；对外则是开疆拓土，军威四震，“宁为百夫长，胜作一书生”，从高门到寒士，从上层到市井，边塞军功成为世人所崇尚的入仕之路。唐初年东征西讨，大破突厥，战败吐蕃，招安回纥的“天可汗”，蓬勃向上的阳刚之气冲洒天地，甚至文人也以出入边塞，习武知兵为时尚。初、盛唐的著名诗人们很少没有经过大漠寒苦，兵刀弓马的生涯。与欧洲文艺复兴时代文武全才生活浪漫的巨人们相似，一种为国立功的荣誉感和英雄主义思想弥漫在社会气围中。重新辟通的“丝绸之路”引进了异国的礼俗、服装、音乐、美术以至各种宗教。享用胡酒、胡姬、胡帽、胡乐——已是盛极一时的长安风尚。这是空前的古今中外大交流、大融合。一种无所畏惧、无所顾忌地引进、吸取的恢宏气度表现出唐王朝对自身文化的充分自信。总之，蓬蓬勃勃的向上进取精神和吞吐百家、兼收并蓄的君子风度成为盛唐之际中华民族上升时期民族精神的主导倾向。

● 阴盛阳衰的审美价值取向

中国自唐朝之后，传统社会开始倡阴柔之美，缺阳刚之气。柔静文化所体现的重文轻武的社会风气，盛浓于世。这是因为：在传统社会漫长的征途上，游牧民族不停顿地对中原地区农耕民族的攻击，造成中国农业生活方式不能扩张到草原，和游牧人绝不能永久支配中国生活这两件事，导致了长城以外边疆地区华夷关系的拉锯形势。这种难以消弥的民族矛盾，转变为无法解脱的阶级矛盾，从而引起传统社会周期震荡。历代农民起义往往遭到残酷镇压。清朝末年中国历史上规模浩大、波澜壮阔的太平天国农民起义，在中外反动派的联合镇压下，以失败告终。高压和恐怖政策的推行强化了大一统专制集权的统治，无数次反抗的失败，整个民族的进取精神受到压抑。而游牧民族一旦入主中原，为了有效控制人口众多、文化先进的汉民族，也必须采取高压手段。

鲁迅先生的《因太炎先生而想起的二三事》一文中有这样一段话："当我还是孩子时，那时的老人告诉我，剃头担上的旗竿，三百年前是挂头的。满人入关，下令拖辫，剃头人沿路拉人剃发，谁敢抗拒，便砍下头来挂在旗竿上，再去拉别人。"束发是汉族人的传统，是几千年的风俗习惯。人民群众受旧习俗的影响，是不愿意剃发的。1645 年（顺治二年）6 月，清军发布剃发令，命令十天以内江南汉人必须按照满人辫发风俗，一律剃发，"留头不留发，留发不留头"。"扬州十日""嘉定三屠"，数十万城市平民惨遭杀戮。

满族统治者出于他们的皇权、族权、朝廷至上的目的，在文化领域也采取高压政策。文字狱自古就有，但是文网之密，处刑之重，规模之广，在传统社会中，以清朝为最甚。谁要是在这方面越轨，那就不管是有意还是无意，或是或非，都立即锒铛入狱，轻者"重遣""革职"，重者"立绞""寸磔"，已死的也得开棺戮尸，甚至株连九族。雍正八年（1730年），翰林院庶吉士徐骏，一时粗心，将“陛下”写成“狴下”，立被革职。查抄其诗集，诗中有“清风不识字，何得乱翻书”的句子，被认为蔑视大清王朝，立被“正法”。其实，不过是一阵清风吹过，翻动了数页书稿，诗人即兴而作。这类“清风”“明月”之诗，早在唐宋就已成为人们的口头禅了。文人士子往往因为只字片言，落到极其不幸的地步。文字狱的大兴，严重地窒息了文化、学术的发展。

在《红楼梦》成书以前，小说、戏剧中，大多只是歌功颂德、粉饰太平的作品和才子佳人的装腔作势，活像《红楼梦》第一回所说：“开口文君，满篇子建，千部一腔，千人一面，且终不能不涉淫滥。在作者，不过要写出自己的两首情诗艳赋来，故假捏出男女二人名姓，又必旁添一小人拨乱其间，如戏中的小丑一般。更可厌者，之乎者也，非理即文，大不近情、自相矛盾。”谁如果想稍稍前进一步，即使是非常曲折隐晦而迂缓的一步，恐怕也得付出自己、族人、亲戚和朋友的生命和鲜血吧！失去理论头脑的考据成了支配人间的学问。

像戴震这样先进的思想也只能以考据名世，得不到人们的任何了解。那是没有曙光、长夜漫漫终于使中国落在欧洲后面的18世纪的封建末世。在阶级压迫、民族压迫的双重重压下，“弱之胜强，柔之胜刚”，也就是所谓柔静文化占了上风。它一反“风萧萧兮易水寒，壮士一去兮不复返”的时尚，重文轻武的社会风气盛浓于世。“勇于敢则杀，勇于不敢则活”“人生如梦，万有皆有”“刚易折、白易污、巧易挫”“红尘白浪两茫茫，忍辱求和是妙方”，表现出一种超脱、恬淡、乐于守拙的人生观。

唐宋以后，民族艺术的审美理想越来越向“才子佳人”转移，从《牡丹亭》中的柳梦梅、《西厢记》中的张生到《红楼梦》中的贾宝玉，无不是那种文弱书生或谦谦君子。沉浸在《桃花扇》整个剧本中的是一种极为浓厚的来自民族失败、家国毁灭后的人生空幻感，以至于当时演出时，在“笙歌靡丽之中，或有掩袂独坐者，则故臣遗老也，灯炧酒阑，唏嘘而散”。少数民族及专制主义的高压恐怖政策和屡屡反抗失败后的绝望心情，使人们逐渐习惯于一种安于平庸无所追求的所谓“中庸”的处事哲学。朱熹解释中庸是“中者不偏不倚，无过不及之名，庸，平常也。”因此，中庸表现在人的行为方式上，常常并非是真正的适度而是变相的“不及”，是变相的保守。

时至近代，由于社会心理赖以生长的土壤并未发生根本性变化，这种消极被动的文化心态，根深蒂固地保留在人们的血液中。作家老舍在《四世同堂》中对这种心理做过无情的抨击。在日本的侵略面前，马老寡妇说：“日本人厉害呀，架不住咱们能忍。”日本人残杀中国人，李四大妈却说：“好，你们杀人吧，我们会生娃娃！”真叫人刻骨铭心。这种来自少数民族不断入侵和内部专制主义高压政策下被扭曲的民族心理，其渊源乃是伴随着农业文化和游牧文化长期激烈争斗及传统社会没落的产物。它是我们应该批判和抛弃的民族劣根性。

古代社会小农意识观念形态的解析

中国传统社会的经济形态以自给自足的自然经济为主体，它是狭隘保守、平均主义、知足常乐、权威心理等小农意识产生的温床。在自然经济为主，商品经济不发达的时代，人们处于自然满足状态，“鸡犬之声相闻，民至老死不相往来”，相互间缺乏横向联系和比较。在这种自然经济为主体的社会中，生产规模、生产空间狭小，生产程序稳定，生产过程简单，人作为个体的主动性发挥不出来，却很容易产生惰性。

小农意识无论如何不能说是在现代社会也有某种存在的必要因素，但是，它是一种强大的传统，我们对它进行分析和了解，是希望在现代化高速发展而小农意识不可能快速消灭的情况下，寻求一条有效克服其消极影响的途径。因为小农意识作为一种传统意识，其落后的属性对现代社会仍然有消极的影响。

● 保守狭隘的小农意识

中国单一的农业经济以家庭为自给自足的生产单位，是一种“男耕女织”，将农业、手工业结合在一起的经济结构，个人可以在家庭范围内再生产实现自给自足。它有明显的两重性：其一是封闭的狭隘性。小农经济的自然属性表现为衣、食、住、行的必需品，除盐、铁等个别当地不能生产的产品外，都可以自给自足。在中国的家庭经济里，从种植开始到织布为止都是自己进行的。不像西方，烤面包需要有作坊，每到星期天，大家还能集合在一起作礼拜，总有个公共的集合场所，人与人之间总还有些联系。据清朝笔记小说记载，康熙盛世，社会安定，京城外有一乡绅，虽年近六旬却从未到过京都。时逢春暖花开之际，为了此心愿，骑驴赴京。京城繁华景致使其眼花缭乱，回到乡里，京城之行竟成一爆炸新闻。其口若悬河，侃侃而谈，使众乡邻为之瞠目。一小儿问曰："先生可见皇上用膳？"答曰："皇上早膳，烙饼摊鸡蛋。"这乡绅为皇上杜撰的早餐，就是他生活中款客之佳肴。中国农村经济封闭的体系，造成了人们目光狭隘、短浅。其二是稳定的保守性。所谓"男耕女织"的小农经济是一种基础薄弱、技术落后的简单再生产，它有顽强的再生能力。农业如果欠收了，可以用手工业和家庭畜牧业补充其不足。如果农业、家庭手工业和畜牧业都受到灾害，它甚至可以用把自身生活用品的消费减低到最低限度的方式，来准备进行下一个年度的再生产。因此它生产的规模虽然很小，但进行简单再生产的条件弹性却很大。丰年他不愿意去冒进一步扩大再生产的风险，歉岁也不会一下子破产。小农生产不是为了市场需要而是为了自给自足。为了保证这种简单再生产的顺利进行，需要的是稳定、保守，而不是发展变化。

传统社会传为美谈的所谓"国籍千世之基，家承百年之业，士食旧德之名氏，农服先畴之畎亩，商循族世之所鬻，工用高曾之规矩"，正是典型传统社会经济的写照。农业上传统的耕作方法和手工业的技术都是祖孙世袭，原封不动地一代一代传下去。生产工具经历千百年而无变化，汉代发明的耧车、翻车一直沿用到现代，锄、犁等生产工具在漫长的岁月中也很少有所改进。人们习惯于固定的生产方式和生活方式，对任何新鲜的事物都表现出本能的抵抗。鲁迅先生对阿Q以中国乡下人特有的狭隘眼光看不惯甚至鄙视城里人进行了刻画：油煎大头鱼，未庄都加半寸长的葱丝，他想，这也是错了的。可笑！在这种保守心态的影响下，传统社会生产力发展极其缓慢。尤其到了传统社会的没落时期，传统社会制度更加腐朽、保守，落后陈旧的思想更加顽固，严重地束缚了生产力和科学技术的发展。正如马克思所说："对华出口贸易扩大的主要障碍，乃是那个依靠着农业与家庭工作相结合的中国社会结构"。"因农业和加工制造业直接结合而起的巨大的经济和时间的节约，曾对大工业提出非常顽强的抵抗。"

历史证明，一个民族的文化越是源远流长，在民族心理的深层结构中，其传统成分就越是根深蒂固。

● 平均主义的小农意识

中国传统社会是典型的小生产社会，小农意识的本质就是平均主义。在传统的农业国中，人们在极低的生活水平上过日子，向有限的资源竞争，根本没有机会依靠个人努力在不对周围人进行剥夺的前提下，达到经济上出人头地的目的。在自然经济的条件下，财富犹如杯中水，一个村庄里不可能人人都成为地主，"朱门酒肉臭"，就必然"路有冻死骨"。因此，百姓们希望的是平均财富，人人均等。中国历史上农民起义几乎每次都以平等为口号。庄子借盗跖之口讲："分均，仁也。"钟相、扬么向往"均贫富，等贵贱。"洪秀全则以"无处不均匀，无处不饱暖"为理想，孔子也没忘记要为这种平均主义增点色彩，他提出"均产相安"的主张，认为："吾闻有国有家者、不患寡而患不均，不患贫而患不安。盖均无贫，和无寡，安无倾。"在平均主义社会里，别人得益常是自己的损失，嫉妒必然成为一种异常广泛的社会心理。

嫉妒是人在自我价值的追求过程中，由于受到外界排斥自我或超越自我的某种因素刺激时，而产生的某种不舒畅情绪。在社会发展中，人总有优劣、强弱之分，而人又总是追求自我价值和自我完善的。当人优我劣，人强我弱，人智我愚，自我价值和自我完善的实现总不如人时，希望看到他人的失败而幸灾乐祸，不愿成人之美就这样成了传统。这种人可以怜惜别人的苦难，但并非是同情心的体现，而是一种自我慰藉，只有在别人成功会增加自己机会的社会中，人才能为别人高兴而高兴。中国人常能共忧患而不能共欢乐，所谓“穷兄弟”而未听说“富哥们”。上至王侯将相，下至庶民百姓概莫能外，盖出于此种心态。平均主义生活观是“恨人有，笑人无”，我不能比你穷，你不能比我富，发展观是“进同行，退同步”，我不能比你慢，你不能比我快。从总的趋势来说，平均主义所导致的个人行为是缓慢、静态、不讲差别、不讲竞争，也是形成人们嫉妒、抗变、防范等行为的重要因素。

平均主义在传统社会里已成为一种异常广泛的社会心理。求富，就要讲求生产工具与生产方式、生活方式的变革，就会出现不均与不安，求均、求安则将人们引向生产成果的再分配。尽管在穷困普遍化的情况下，人们必须重新开始争取生活与生产必需品的斗争，人们也还是将均平世界观视为理想。这种民族素质中的缺陷，作为一种内耗因素，延缓了社会发展的进程。

● 知足常乐的小农意识

老子云：“祸莫大于不知足，咎莫大于欲得，故知足常足矣”，“知足不辱，知足不殆，可以长久”。并且由此发展到禁欲：“我无欲而民自朴。”而君子善政，百姓幸福，风调雨顺，温饱太平，“三十亩地一头牛，老婆孩子热炕头”，是传统社会中小农们憧憬的理想王国。

列宁说：“独立的农业劳动，只有在最好的年成和特别顺利的条件下才能抵偿这种农民的生活费用，所以这种农民的地位是极不稳固的。”小农经济并不是一种独立稳固的社会经济形态，它具有不可克服的致命弱点。一家一户势单力孤有限的经济力量，基本是靠天吃饭，无力应付各种天灾人祸，国家繁重的赋役，频繁的战争，常常使得小农家破人亡。

作为一个古老的农业国，这里最大的束缚是自然资源的吝啬。古代中华文明发源于黄河中上游流域，境内的高山深谷不能种植，只有黄土高原可供农耕，但土质瘠薄，又兼河水经常泛滥成灾，歉收年份较多。随着人口的自然膨胀，对土地的需求越来越大，但中国境内则多山地、丘陵，可耕地很少。由于人均土地资源稀缺，众多小农一生只能在窄小的空间活动，在一定的土地上求生活。虽然生活资料稀少，生活程度低下，但土里刨食，尚可满足生存。

传统社会千百年中，人们日出而作，日落而息，春种夏管，秋收冬藏。一年一度，周而复始，只有季节的转换，没有时代的变更。这种在简单再生产不断延续下定型化了的生活方式，使人们习惯于乐天知命，安分守己。每一个人感觉到除了接受传统的地位外，若是想自辟新路，新路前面并没有可靠的机会，冒险者尽管可以置生死于度外，可是至少要有一个引诱他的目标。在一个被封闭了的社会中，冒险者是不会有结果的。在这种生了硬壳的文化里，除了安心在壳里求生存难有他途，于是，聪明的人“克己复礼”把生活托付给传统，他们只能在控制自己欲望的方法下求一个平静恬适的生活。

知足，是小农经济下旧式农民的生活态度。贫穷把他们的愿望压制到最低的生活限度，愚昧使他们无所求，专制更使他们不敢有所求。他们无力向自己的命运抗争，一小块土地便是永恒的乐园。如果风调雨顺，那是上天的恩赐，一旦徭轻赋薄，更是皇家的仁慈，这已不仅使他们知足，而且是深似海、重如山的浩荡恩德了。知足之外，他们更懂得了感恩。

● 权威心理的小农意识

黑格尔说："东方人的主要特点是对于一个大力之畏惧，个人在一个大力面前是一个偶然无力的东西。"小农经济由于工具简陋，生产规模狭小，使得他对于种种天灾人祸无能为力，习惯于把自己的利益和愿望，把自己的幸福寄托于"真龙天子""太平宰相""青天老爷"的出现上。中国传统社会在人们脑海里深深地打入权威意识的烙印，人的行为在很大程度上以权威的意志为转移，既迷信权威也恐惧权力。

本来一个国家乃至一个组织，形成权威是必要的，但人们过分崇拜权威，即说明人与权威之间的关系不正常，因为权威的作用是影响人而不是约束人。不可否认，在现实社会中存在这种不正常现象，如领导的意志决定一切，下级对上级唯命是听等，均与迷信权威有关系。迷信权威所带来的直接后果，是加重了权威的某些缺陷和其缺陷对周围的影响程度；同时抹杀和束缚了人的个性、主动性和创造性。当然，也加重了由权威所产生的地位主义，使一些人形成了畏强欺弱，阿谀奉承，对上毕恭毕敬，对下蛮横苛刻的恶劣行为。

自然经济条件下的小农家庭，取得生活资料的方式多半是靠与自然交换，而不是与社会交往。经济上的自足状态使人们在某种程度上处于分散隔绝状态。人们在创造价值上感到无能为力，对自身幸福感到毫无把握，于是只有无所作为甚至依赖成性。

游牧民族与农耕民族文明冲突的归宿

万里长城作为中华民族的象征足以引起世人由衷的赞叹，但被赋予历史学的准确含义后，却是农耕文化与游牧文化长期争斗的“分水岭”。在探寻文明冲突之前，让我们先划出历史上农耕世界与游牧世界的分水岭。

● 两种文明冲突的界线

除中国以外，在欧亚大陆还存在着其他农耕地区。西亚的美索不达米亚地带最早培植出麦类农作物，发展成种植小麦、大麦的中心。这个中心形成后逐渐向东西方其他适宜农耕的地方扩展。向东，一条线到达伊朗中部和北部并伸展至阿富汗境内，与中国的北方农耕地区处于同一水平线上。另一条线到达俾路支，直至印度河流域。向西，一条线进入爱琴海和希腊，给这些以航海贸易为主的民族注入了一些农耕因素，然后偏北的一线由巴尔干进入多瑙河和莱茵河流域，再向东进入乌克兰平原，向西越海进入不列颠岛。偏南的一线沿地中海进入南欧。将上述分界连接起来可以看出，整个欧亚大陆，以兴安岭、燕山、阴山、祁连山、昆仑山、兴都库什山、高加索山和喀尔巴阡山为界，大致可分为两部分。沿此界往南地区，雨量充足，河渠充盈，土地肥沃，适宜农耕，形成一个农耕世界；沿此界往北的地区，雨量很少，但草原辽阔，冬季白雪覆盖的山峦，到夏季却牧草丛生，适宜发展牧业，在这个地带形成了一个游牧世界，产生了独特的游牧文化。游牧文化与农耕文化有着很大的区别，后者的生产增长率大于前者，而且农耕生产方式趋于定居，使随着生产发展而来的社会、文化方面的发展有较大的和较为稳定的连续承袭的可能。生产的发展为手工业、金属开采冶炼、开凿河渠、社会管理、宗教祭祀等方面的发展提供了基础，这就使农耕地带富庶并且文明了起来。而游牧地带的生产增长却较为缓慢，不能分出较多的社会劳动力用于游牧以外的各种活动。游牧民族虽然也有阶级分化，但分化有限，基本上落后于农耕民族整整一个社会形态。

● 两种文明的冲突与归宿

游牧民族属于非定居民族，他们必然随着季节和气候的变化进行大规模的迁徙，以寻找并暂时居住在水草丰茂、适于放牧的地区。而借助被游牧的马匹的力量，又使这种远距离的迁徙成为可能。因此，游牧民族具有很强的机动性。机动性，即使在现代化战争中也是战斗力的标志。它可以使军队在敌方准备不足的情况下迅速突击，也可以在形势不利时立即撤离。而且即使是训练有素的步兵，在没有火器的时代也很难抵御骑兵的冲击。这一切有利条件，加上游牧民族特有的勇猛与剽悍使他们具有很强的战斗力，在对农耕民族的战争中，他们往往取得胜利。不论是欧洲大陆上的高卢人，还是中国的中原王朝，在与游牧民族的战争中，常常疲于招架难以抵御他们的进攻，只有在这些民族发生内讧分裂或走下坡路的时候，才能保证边境的安定。

由于游牧民族物质生产极为落后，处于半野蛮状态，因此，一旦在战争中取得胜利，必然大肆掠夺、屠杀，甚至用自己落后的生产方式改变农耕的生产方式，其具体表现就是元朝式的改耕地为牧场和满清式的跑马圈地。辽、金都曾逼迫宋进贡金帛，元、清也都在取胜后大肆屠城实行恐怖政策。所有这些都使农耕地区的生产力和社会文化遭到严重的破坏，非数十年的休养生息不能恢复。游牧民族战胜农耕民族后，由于其社会生活的各个方面都远较农耕民族落后，所以往往被征服者所同化，这种同化有时是自觉的、主动的，有时是不自觉的、非主动的，但其目的与结果都是为了加强其统治的稳固性。法兰克人在征服西罗马帝国的过程中，皈依了基督教，高卢人就不再把他们视为异族而加以排斥，相反，却对他们表示出极大的欢迎。鲜卑人灭掉西晋后，主动汉化，他们易汉服，用汉姓，说汉语，最后被完全同化。满人入关后也接受了明朝的典章礼仪，奉孔学为国学，除了最后流于形式而存在的满文外，大概只保留了服饰上的差异。蒙古人为了保持自己的特权，他们顽固地用蒙古、色目、汉人和南人的种族等级区别法与汉族的“华夷之辨”相对抗，打破儒家的传统，视知识分子如末流，在社会上形成了“一官、二吏、三僧、四道、五医、六工、七猎、八娼、九儒（这大概是‘臭老九’的最早来源）、十丐”的风气。所有这一切都为汉人所无法容忍。因此，一百多年后，蒙古人又乖乖地被赶回了草原。即使如此，元人也并不是完全没有被同化的现象。耶律楚材推行科举制，主张学习汉人的统治方式，他不愧是当时统治者中少有的有识之士之一。

游牧民族有自己独特的文化特征，但是由于其生产方式的落后，加之总是处于游动状态，因此他们难以创造出先进的文化与航海文化或农耕文化并立，其结局或是被同化，或是极为缓慢地发展，然而由于它与周围民族所处的特殊关系，对其他文化的产生及发展却起着极其重要的作用。从宏观文化学的视角观察，游牧文化因为在其幼年时期不断对航海文化和农耕文化进行强制性文化辐射，在群鹰搏击、万马奔腾的历史长河中，精力超前耗尽，在先进文化的同化过程中，已化为历史的烟迹。

清王朝抵御西方文明闭关锁国的文化心态

西方工业化是现代化发展的核心，它是西方国家社会发展的动力，是对传统社会结构与生产组织及文化价值观念进行挑战的核心内容。工业化实际上就是意味着经济领域的现代化。面对近代西方文明的挑战，清王朝采取了闭关锁国的政策，并且顽固地拒绝工业文明的成果，最终没能使中国踏上近代资本主义的社会征途，像一个畸形儿，在世界文明竞争的舞台上被远远地抛在后面。天朝大国至尊思想形成的消极自保、不求变更、盲目排外的虚骄心态，导致了我们这个古老的民族在近代发展的历史中，始终处于积贫积弱、落后挨打的衰败局面，在国际竞争与角逐的舞台上，它是一种传统文化的失败。

● 破解“李约瑟之谜”

中国传统社会发展至明、清时期，曾经是世界上先进且强大的国家。中国直到 19 世纪中叶还是全世界最大的经济体。中国落后于西方，其实是在很短的时间里发生的一个很大的逆转，就是西方在 18 世纪中叶发生了工业革命。有学者对此进行了一个非常好的描述：“当中国使用铁犁的时候，欧洲还在使用木犁；但是当欧洲使用钢犁的时候，中国还是在使用铁犁。”在很短的时间里，欧洲发生了很大的变化，而中国没有变化，因此才会落后于西方。

有人提出了这样的疑问：为什么中国传统社会的经济及科学技术非常发达，而晚清时期，面对西方工业化的发展，中国又成为技术落后的国家，没有继续维持原来的领先？而国运衰落又使社会发展进程陷入了半殖民地的深渊。英国研究中国科技史的学者李约瑟，在他的《中国科学技术史》一书中提出了被称为"李约瑟之谜"的著名论题。这一经典的问题激发了很多中国人去思考，为什么会有这样的历史转变？因为中国的知识分子一向以天下为己任，虽然过去的历史已经成为过去，但这段历史背后的因由对于预测中国在未来的民族复兴一定有所启示，值得我们去深入发掘。

著名经济学家林毅夫教授认为，中国在传统社会发展领先于西方，到了近代社会却远远落后于西方的原因是：由于科技技术的不断创新、升级是一个国家经济长期发展的基础，传统社会技术的发明是以农民、工匠的经验为主，中国人多，农民、工匠多，所以，在技术发明上具有优势。到了工业革命以后，技术发明的方式变为以科学家在实验室里进行以科学为指导的实验为主，中国人多的优势消失。工业革命产生的前提是以数学和可控制实验为主要特征的科学革命的发生和普及，而中国由于科举制度所产生的激励机制妨碍了中国人对数学和可控制实验这种后天能力的学习，使得科学革命无法在中国产生，因此也就无法自发地从以经验为主的技术变迁方式向以科学为指导的实验方式进行转变。在西方完成了这个转变以后，中国的科技与经济发展水平和国际地位也就迅速地从领先变为落后。

然而，中国人并非先天就不能进行科学与工业革命，在现代社会，中国人学习数学、可控制实验的激励已发生变化，中国人在将来一样能对科学与技术的进步做出贡献。林毅夫教授对破解"李约瑟"之谜的历史困惑可谓一语中的。而传统社会极盛而衰发展进程中落后的观念形态，则是清王朝顽固拒绝工业化的根本原因。

历史上中国人是仗着自己的文化夸称上国的，而现代科学技术是可以跨越国界进行普遍应用的，它所要求的标准化程度能够带来划一的结果，同别国的人不分上下，这是晚清统治阶层及当时大多数中国人断难接受的思想。技术的现代化对当时中国的威胁比任何国家都大，因为它那唯我独尊的思想会受到根本的挑战。为此，有必要对晚清时期统治阶层顽固拒绝工业化的观念形态给予揭露。

● 闭关锁国的衰退国策

在中国传统社会四周封闭的地理环境，自给自足的生产方式以及“礼乐教化”的儒家文化的束缚与限制下，使得人们眼界和心胸极端狭窄，不向外看，只求自安。明朝开国皇帝朱元璋在其《皇明祖训》中说：“四方诸夷，皆山隔海，僻在一隅，得其地不足以供给，得其民不足以使令”。这种军事上的保守性正反映了政治上、经济上和文化上的保守性。明朝统治者为了“限制人民活动”，防元之复来，“不思海上之发展，片板不得下海”。清朝统治者意识到无限制通商，会招致传统社会的解体，规定禁例，限制或禁止中外交通。如茶叶不得超过五十万担；大黄不得超过一千担（乾隆时每国限购五百斤）；丝、绸、银、米、谷、铜、铁、锡、硝磺、书籍等物，不准通商；中国商船不准出外洋贸易，洋人不准入内地，洋妇不准到广州商馆，经济、政治、文化方面都表现出严格的“闭关精神”。明朝的海禁，清朝的闭关锁国政策，标志着中国传统社会的封闭达到了完善的自为程度。

19 世纪，世界资本主义体系形成，各文化系统的相互作用进一步加强，工业化发展的物质成果，大大加速了资本主义特有的对外扩张掠夺的作用力，大规模的海外殖民掠夺不可避免地触到了中国这个封闭系统。1840 年的鸦片战争，开始了我国历史的被迫开放时代。如果不是外国资本主义入侵，中国开放时代的到来还要晚得多，这是因为尽管生产关系同生产力的矛盾空前激化了，但生产力的发展余地还存在一定空间。明清之际距中国传统社会发展的天然终点还有一段相当长的距离。但是，这种开放是被迫的、高代价的、悲剧性的，是以传统社会彻底崩溃为前提的。它终于使中国没有踏上资本主义社会的征途，像一个畸形儿，在世界文明竞争的舞台上，被远远地抛在后面。如果说相对隔绝的地理环境造成了古代中国人的相对闭塞、这是可以原谅的话，那么自清朝以来的近代社会的对外隔绝却是人为自我闭塞的结果，这是我们的祖先无论如何要对后代负责的。

● 天朝大国的至尊思想

鸦片战争前，清王朝闭关自守，妄自尊大。皇帝以“天朝物产丰盈，无所不有”的神态睥睨世界，蔑视西洋各国为“化外蠢愚”“蛮夷之邦”。封疆大吏毫无世界知识，同英国做了两百年生意，还不知其在地球何方。西方的科学技术被士农工商视为“奇技淫巧”“旁门邪道”。哥白尼的日心地动说，被大学士们斥为“上下易位，动静倒置”“离经叛道，不可为训”。社会精英对西方社会和西方文化发展的了解尚且如此，一般民众更是可想而知。

宋代士大夫石介在其所著《中国论》中，对中原王朝与四夷藩邦的关系，以正统哲学的信条加以论证。其大意是：仰观于天，是二十八宿的星座。俯观于地，是与天上二十八宿相对应的中国的九州。中国之所以为天之正中而得天独厚，是因为九州境内，人们享有君臣、父子、夫妇、兄弟、宾客的三纲五常的伦理；享有礼乐、教化、衣冠和祭祀的文明。四夷之所以居天地之偏，则因为他们不曾享有此种文明。二十八宿的星座位置，九州内外的华夷划分以及三纲五常关系，是天经地义不容颠倒和混淆的宇宙秩序。否则天常乱于上，地理易于下，人道悖于中，则国不为中国矣。当时的中国人认为自己是世界的中心，是国际秩序的制定者，对已经落后的传统文化还是颇为自得的。

在历史上，中国更多的是靠自己榜样的力量和优越的文化来确立高人一等的地位，而不是像欧洲政治史的特有现象那样，靠显示赤裸裸的武力来达到这个目的。它一向把向四夷藩邦属国传播高度繁荣的儒家文化，视为实现儒家“加慧四海，视民同仁”的道义上的责任。而万邦来朝的兴隆政治场面，也足以宣扬中国传统帝国的统治威力。这种状况的精神气氛反过来自然也有利于统治者巩固自己在国内百姓中的威信和权势。同时，长期以来慕尚儒家礼乐教化的、处于中原王朝统治之外的藩邦属国的统治者，也乐于充当恭谦仆臣的角色，并以向中央王朝进贡实物的代价，获得与中央王朝互通贸易与吸取儒家先进文化营养的实慧。

《明史·渤泥国传》曾记载下渤泥国王亲率家属赴南京觐见明成祖朱棣的生动史实。国王向朱棣皇帝行跪拜之礼，然后致词：“复盖我的是天，载负我的是地，使我有幸拥有土地和人民，使强者不敢侵凌我这小国的，则是贵天子的恩赐。天可以仰见，地可以履及，唯有天子远而难见。为了表达我一片输诚归化的恳切心愿，如今我亲率家属与陪臣不远万里，踰历山海三险，亲自前来中华，向天子谢恩。”朱棣皇帝的答词表现了至尊天子的谦光大度：“上天与先帝，把治理天下万民的重任托付给了我，让我像对待自己儿子一样养育天下庶民百姓。上天与先帝，对待万民，不分内外，一视同仁。朕惟恐不堪重托，以致辜负了你的一片美言。”随后赐予渤泥国王丰厚的赏赐。

中国多少世纪以来，一直在亚洲占据支配地位，它一向认为其他国家与它之间是某种形式的贡属关系。天朝大国的至尊思想根深蒂固，所以中国皇帝遇到藩属进贡时，往往认为有必要把比贡品更贵重的礼物赐给对方，以示“皇恩浩荡”。中国人满足于得到他人的尊重，为此不惜牺牲物质利益。所谓“君子忧道不忧贫。”在处理物与我、我与人、名与实的关系时，重义轻利、重名轻实，并陶醉于因此而产生的崇高的心理体验。这种无视利益原则，轻视实际利益的行为方式，是一种妄自尊大的虚骄心理。

至尊思想使清王朝自缚于空中楼阁，无视世界文明的发展，尤其要想让中国人承认自己的思想文化落后于他人更是难上加难。在鸦片战争前的中西交往中，清朝君王最为看重的是英吉利等国“贡使”是否向其行跪拜礼。当外国使臣来华请求扩大通商事宜，因拒绝在觐见乾隆皇帝时行三跪九叩之礼，引起朝内震动。并要求即使英吉利国王亲自来朝，也必须躬行此礼。中国传统社会拥有优秀的文化，使人们不知不觉地养成了一种文化优越感。

● 盲目排外的文化自卑感

大约一个多世纪以前，西方帝国主义的坚船利炮开始轰击中国的大门。这次叩关而来的不再是长城之外野蛮生长、比中原农耕地区落后整整一个社会形态的游牧民族，而是以近代资本主义强大工业为后盾，从中国人远未了解的天涯海角远跨重洋漂泊而来的先进的资本主义文明。中国人所面临的，也不再是同化与被同化的问题，而是灭亡的危机。在西方日益强大的压力下，中华民族开始了从传统社会向近代社会艰难迈进的痛苦历程，与此同时伴随着传统文化，特别是其深层构造与异质的资本主义近代文明的激烈冲突。

对一个民族来说，最可悲的莫过于在复杂而险恶的国际环境中丧失对周围世界的判断能力和自我意识。而当其固有文化的防线被突破，迫使其不得不放弃旧有文化时，又产生了一种自卑感。这种自卑感扭曲畸形地表现为消极自保、盲目排外，它成为“中体西用”实用主义超短期行为的思想基础。清朝君主与英国使节在关于觐见礼仪上发生争执，这种文化观念冲突发生在一个传统帝国与一个用近代资本主义工业文明武装起来的殖民帝国之间，这是一种不祥的预兆：当一个沉缅在自我中心文化心理中的古老民族进入国际竞争年代的时候，他将不得不为此付出惨重的代价。

任何一个民族在任何一个时代都需要自尊，这是民族内聚力的核心，是确保一个民族不致解体的关键所在。但是自尊不同于“至尊”和“唯我独尊”，更不是“妄自尊大”。马克思在评论鸦片战争时说：“一个人口几乎占人类三分之一的幅员广大的帝国，不顾时势，仍然安于现状，由于被强力排斥于世界联系的体系之外而孤立无依，因此竭力以天朝尽善尽美的幻想来欺骗自己，这样一个帝国终于要在这样一场殊死的决斗中死去。”

中国传统文化的悲剧是，当世界上出现更高一级的资本主义文明时，传统意识却迫使统治政策转向封闭，以天朝大国自居，唯我独尊、不求变更，盲目排外。传统文化伴随落后生产方式的没落出现颓势，固步自封的心态和封闭政策如影相随，相互促进，形成恶性循环。导致我们这个古老民族在近代种种挫折、失误与由此造成的不幸，凝固的传统观念筑成的屏障是其重要原因。

鸦片战争的失败，使中国近代社会付出了惨重的代价，从表面看它是清王朝狭隘的民族意识和闭关锁国政策的恶果，而产生这种悲剧的深层构造，即中国传统文化体系自我封闭的内部机制，则更是中国传统社会高度发展直至停滞的反映。闭关锁国和夜郎自大是形影不离的双生子。愚昧和狂妄的恶性循环，驱使我们民族在自我封闭中陶醉、转圈，而没有主动地走向近代，走向世界。

以史为鉴可以知兴衰，在当今全球经济竞赛社会发展的舞台上，中国经过四十多年改革开放的努力拼搏，就经济总量的实力而言已经可以和这个世界论短长。但是，如果不把文化复兴和文化发展，科技进步及国民素质的整体提升，放在中华民族走向现代化的战略位置来认真对待，必将酿成历史性的重大失误。为此，需警钟长鸣！晚清时期的国运衰败，再度告诫我们，要用历史的眼光和全球化的视野思考中国文化的复兴之路。

中日两国近代化较量的文化差异

中日两国近代以来的国家间的冲突与挑战，是日本近代工业文明和古代中国农业文明的对决，是工业化的日本对农业中国进行的一次次碾压式的屠杀。清王朝完败，割地赔款，中华民族灾难性地滑入半封建、半殖民地的历史深渊。面对日本军国主义的钢铁洪流，中国抗日战争付出了3000多万军民的牺牲，面对种族灭亡的民族危机，中华民族付出了惨重的代价。

日本近代“脱亚入欧”的民族振兴，与近代中国闭关锁国落后的根本原因是：日本学习了西方，完成了国家工业化，而清王朝的统治者却顽强地拒绝工业化。中国传统社会走过了极盛而衰的历史发展进程，面对近代来自西方文明的挑战，清王朝采取了闭关锁国的政策予以应对。

● 双方对近代文明的思考

面对西方近代文明的威胁，日本迅速脱亚入欧，步入了近代工业文明的发展道路。日本成为世界强国的基本原因在于民族文化的作用。

文化地理学的基本原理指出，任何一种生产方式的产生是以人对自然的支配为前提。日本是一个孤悬在太平洋上的岛国，四面环海，国土狭小，资源贫乏。穷困艰险、孤立无援的地理环境使得这个岛国上的居民为了维持生存求得发展，必须视野向外、齐心同力地吸收外来营养，于是形成了门户开放引进文明的民族心理。

从历史上看，日本属于中国儒教文化圈，受中国文化的辐射传播，先进文化的刺激和促进因素启动了公元645年的“大化改新”，给日本文化注射进唐朝“圣药”。通过变革，建立起一套完全以唐朝为蓝本的封建中央集权君主体制。光辉灿烂的中国古代文化奠定了日本文化的基础。19世纪中叶，西欧成为资本主义新文明的肇源地，侵略、扩张、殖民成为资本主义新文明的独特传播方式。在建设近代化工业国或者沦为西方帝国主义殖民地的选择面前，日本人无所畏惧地放弃了长期的习惯，引进西方文明“脱亚入欧”，进行了举世闻名的明治维新。

中国多少世纪以来，一直在亚洲占据支配地位，它一向认为其他国家与它之间是某种形式的贡属关系。天朝至尊思想根深蒂固，所以中国皇帝遇到藩属进贡时，往往认为有必要把比贡品更贵重的礼物赐给对方，以示“皇恩浩荡”。中国传统社会拥有世界最优秀的文化，所以使人们不知不觉地养成了一种文化优越感。而当其固有文化的防线被突破，迫使其不得不放弃旧有文化时，又产生了一种自卑感。这种自卑感扭曲畸形的表现就是消极自保，盲目排外。

● 双方对近代文明的选择

19世纪中叶，中国看到西方的“蛮夷”依仗其技术力量把自己的意志强加于中央王国和其他亚洲国家，受到极大震动。面对同样的挑战，日本决定不惜一切代价实现近代化，而中国人却不愿放下自己的架子。李鸿章所谓“中国文武制度，事事远出西人之上，独火器不能及”，一语道破了这种“中体西用”思想的全部精髓。在这些洋务派看来，只要学会了西洋人的“火器”，就可以实现中国的近代化。梁启超曾追述，当时德国首相俾斯麦曾经敏锐地发现了这些中国人目光短浅，并预言："日本其兴，中国其弱。"因为日本人游欧洲"讲座学业，求地官制，归而行之"，而中国人则"寻某厂舰炮之利，某厂价值之廉，购而用之"。1894 年，中日甲午战争，清王朝一败涂地，梁启超 30 年后不胜感慨这位首相"不幸而言中矣"。

清王朝对外来者敢于入侵堂堂华夏感到震惊，天朝大国的至尊思想却使中国难以承认"洋人"先进，并向"夷狄"学习。对于西方科学技术，不是称之为"奇技淫巧"，就是认为"纵好，何益于身心"！甚至无聊地宣称西洋的技术"原在吾儒覆载之中"。中国人被洋枪洋炮惊醒的时候，缺少像日本那样虚怀若谷地承认战败的态度。

当美国人佩里率舰队敲开了日本的门户时，日本并不把它当作一种耻辱，而是庆幸由于这个刺激使日本惊醒，因为日本自古以来就有输入文化的传统，没有值得炫耀的历史，面对着巨变，他们只有接受先进文明才能生存。中国却不然，它像一个赤身裸体而衰老患疾的梦游者，被鸦片战争惊醒后，发现自己所处的窘境，却认为惊醒它的人罪该万死。明治维新的成功，使日本走上近代工业化的道路，而中国却不肯以自己的文化来冒险。就是这个工业化，使船坚炮利的日本，血洗了清王朝；在近代侵华战争中，让中国人民在抗日战争中付出了惨重的代价。

中国人是仗着自己的文化夸称上国的，现代技术的普遍应用，它要求的标准化程度带来划一的结果，同别国的人不分上下，这是当时大多数中国人断难接受的思想。技术的现代化对当时中国的威胁比任何国家都大，因为它那唯我独尊的思想受到根本的挑战。当世界上出现更高一级的近代资本主义文明，以天朝大国自居，唯我独尊、盲目排外、不求变更的传统文化屏障，阻塞了中国走向工业化国家的发展道路。

日本目睹了清王朝的危机，他们当然可毫无负担地放弃"汉化传统"，拥入西方的怀抱。100 年后，当美军在日本列岛登陆时，他们同样可以自然而然地认为：既然在太平洋战争中粉碎日本这架使人敬畏的经济和军事机器发祥于一个民主社会，那么在这历史的抉择关头，必须再度进行 180 度的转变，就像明治维新情真意切地拥抱帝国主义一样，掉头拥抱资本主义。

对日本人来说，时代不同，正义的含义也就不同；所谓正义事业是随着社会条件的变化而发生变化的。因为日本是一个没有“绝对正义感”的功利主义的民族，在面对生存危机时，他们具有极强的适者生存和为我所有的特殊能力。

比较中日近代的兴衰，中国传统文化的悲剧是，当世界上出现更高一级的资本主义文明时，以高度集权的一统观念、目光短浅的小农意识及虚骄狂妄的至尊思想为代表的传统观念，使统治政策转向封闭，清王朝以天朝大国自居，盲目排外，不求变革。我们这个古老民族在近代的种种挫折和失误，凝固的传统观念筑成的屏障是造成其不幸的重要原因。历史上的清王朝自称是天朝上国，如果学习近代西方文明要与其他国家在技术上不分上下，断难接受。清王朝拒绝接受工业化的近代文明成果，使中华民族在社会发展中，为此付出了惨重的代价。近代中国社会始终处于落后挨打的局面，实质上是腐朽文化的失败。

清王朝面对近代西方文明的挑战与应战

鸦片战争揭开了中华民族由传统社会向近代社会艰难迈进的痛苦历程，与此同时伴随着传统文化，特别是其深层构造与异质的资本主义近代文明的激烈冲突。面对西方近代文明的强行输入，中国的传统文化也进行了一系列失败的应对与选择。至于一个民族为什么要做出这样的选择，是由主体文化的性质所决定的。

当时的中国人一方面要向西方学习以完成启蒙重任，一方面要抵御外侮，这就为中西文化的交流带来极大的困难。因为要承认敌人的长处并向他们学习，比承认、学习朋友的长处所遇到的障碍要大得多，包括克服自身内部的心理障碍和外来文化的强制障碍。在这双重压力下，也就难怪我们那些闭塞了百年之久的清朝祖先们一筹莫展了。当时的中国人只能根据各自对西方文化的认识和自己所处的政治地位提出种种不同的对策，这些对策对西方文化的接受程度不尽相同，从而形成了一系列文化变异体，供统治者和广大的人民去选择，而历史将证明这些选择哪一种最适合中华民族的生存和发展。

西方文化进入后在中国产生的变异体，具体体现为对西方文化的不同态度，包括：全盘拒绝、“西体中用”、“中体西用”、改良、革命、全盘西化等种种主张。

● 全盘拒绝

这部分人对西方文化基本持排斥态度。选择这种主张要克服的心理障碍最小，然而由于它拒绝吸收西方文化中的合理因素，从而对民族生存和发展的危害最大。政治上维护既得利益的保守派和鼠目寸光不学无术的庸庸之辈，以及深受洋人之害、缺乏政治素质、文化素质、更不可能具有国际常识而急于复仇的社会下层人士往往都持这种态度。前者表现为不分优劣地一概反对西方文明，如对电报、铁路等先进科学技术一律加以反对的态度就是最生动的事例。后者最典型的表现是义和团运动中不分青红皂白地烧、砸一切“洋物”，不分老幼妇孺乱杀所有“洋人”包括驻华公使，和不顾国际关系准则攻打外国使馆。

●“西体中用”

典型事例是太平天国革命运动。这是中国历史上最后一场以推翻旧王朝为目的的农民战争，它以新的社会理想去感召、发动和组织广大农民，这是太平天国能够大规模接受外来文化的根本原因。这种接受已不仅仅局限在表层文化领域，如称呼、口号、礼拜仪式等之中，而且大量渗入中层文化领域，表现在组织制度、法律规范之内。这种实践在太平天国革命的初期，特别是其军事活动中发挥了极其重要的作用，比如对受压迫已久的农民鼓吹基督教“人皆兄弟”的博爱思想很能够获得他们的认同和支持，而根据他们所了解的基督教教义强调“人无私财”，建立“圣库”，实行严格的供给制度，以及主张按照“十戒”要求把太平天国分为“男营”“女营”，严格分开，夫妻不能同居，“虽极热，夜卧不得光身，白昼不得裸上体”的严格的禁欲主义，等等。不过，这些基督教教义的具体运用虽然在一时发挥了积极作用，但由于它在深层文化领域距中国传统文化太远，所以不可能永久发挥这种积极作用，甚至产生负效应。事实上，太平天国革命不仅是军事上的失败，更是文化上的失败。在汲取外来文化的同时，他们没有也不可能对外来文化进行自觉的系统的分析和鉴别，并按照文化交流的一般规律对文化融合、选择进行正确的引导和灵活的运用。比如“男营女营”式的废除家庭，在战争时期是必要的，但在和平时期也长久地如此下去，就距中国传统太远，是不会不引起人们的怀疑和抵抗的。太平天国革命的失败给我们提供的文化学上的教训是非常深刻的。

●“中体西用”

这一思想是清末的洋务派提出的，这些人将外来文化区分为科学技术和政治经济制度两大部分。洋务派是一批比较聪明精悍的官僚，他们认识到西方文化的巨大威力及其对中国造成的威胁，由于他们本身是清王朝的支撑者，因此他们不可能全方位地学习西方文化，而是试图保护清王朝。这样他们不得不把西方文化分成两部分，在科技领域学习西方，而在政治制度领域则维护中国的传统。

“西体中用”是十分有趣的文化变异体，从文化学的角度分析，这是一种较为成功的选择。因为这种选择成本最小，它所要求克服的心理障碍最少，这也是它能够为慈禧太后等当权者所接受的原因。洋务运动的失败是必然的，但它使得西方文化在中国能够得到相对规模较大的传播，特别是洋务运动中创办了一支以西洋武器和服装装备起来的新军，这支军队在对内镇压和对外战争中显示出相当的战斗力。为了维护自己的统治，在此之后，清王朝又练出了一支支同样的新式军队。然而事与愿违，这些新军在接受了革命思想的宣传后，举行武昌起义，最终成了清王朝的掘墓人。

●改良渐进

以戊戌维新派为代表的改良思想是中西文化交流中的又一个变异体，事实上它是在向中西文化交流的中介物——日本明治维新学习。

戊戌维新源于甲午战败，貌似强大的、经过洋务运动武装的清朝军队为日本小国所击败，这对先进的中国人产生了一种启发作用。经过研究，他们认为日本是成功地学习西方的榜样，因此，中国人要仿效日本，走改良的道路。改良是现实社会变革的有效途径之一，也是解决文化冲突的有效途径。然而与历史上有“虚君制”传统的日本不同，没有经过启蒙的中国人是难以接受英国式的立宪政体的，特别是它的掌握实权的高度专制的当权者是断难接受的。事实上，即使日本成功的明治维新，也是经过血与火的暴力冲突的，戊戌维新的主要领导者却很少想到或没有在具体行动中去掌握军队。戊戌维新是一场西方文化色彩相对较重的改良运动，这不仅表现在它的内容上，也表现在它的形式上，他们忽视了中国传统文化中专制主义的顽强，而试图走英国资产阶级革命的老路。其实，就算他们的主张为民众所接受，也是注定要失败的。当然，改良可以避免革命所带来的对社会生产力的破坏，也可以避免革命后的反复与动荡。维新派人物在进行英法资产阶级革命比较时已明确认识到了，但结果却必然是事与愿违。

● 暴力革命

辛亥革命将资本主义文化与传统文化置于对立的地位，这场社会变革的内容比戊戌维新彻底得多。它不仅推翻了延续千年的帝制，而且至少在形式上建立了西方式的议会政体。然而辛亥革命的形式却依然类似传统的改朝换代，也许这是辛亥革命能够取得胜利的重要原因。但从另外一层含义看，以暴力手段解决文化冲突必然具有很大的局限，它往往只能改变旧有文化体制的表层与中层结构，而很难深刻地触及深层文化。由于没有经过不可缺少的启蒙运动，革命后会出现多次反复。大总统、执政者们借共和之名而行独裁之实，甚至屡次发生公开的帝制复辟。文化的进步呼唤着启蒙运动的到来，或者说要求补上启蒙之课。

正是因为认识到这一点，“五四”新文化运动来临了。人们发现推翻了帝制并不等于推翻了旧制度，旧的文化传统仍在支配着人们的心灵，一代具有先进思想的知识分子特别是青年高呼打倒“孔家店”，向中国传统文化的深层结构发动猛烈的冲击。大量西方学术思想被引进，甚至出现了“全盘西化”的口号。当然，“全盘西化”是行不通的，这并不仅仅因为“全盘西化”的激烈主张会造成什么样的后果，更关键的原因恰恰在于“全盘西化”本身在中国是不可能实现的，这是违反文化交流过程的客观规律的。对于一个有数千年丰富文化底蕴的古老民族来说，在文化交流过程中形成的文化变异体中进行选择才是一条必由之路。

● 文化融合

对旧有文化的否定和批判，必然要求建立新的文化体系。辛亥革命之后，西方文化大量涌入，各种社会思潮和哲学思想纷纷被介绍到中国来，为中国新文化的建立提供了选择基础。中国人已不再把西方文化当成是与中国文化相对立的一个整体，而是进行分析和鉴别。在此后的几十年的时间内，实用主义、无政府主义、弗洛伊德学说乃至于种种“现代哲学”都曾在中国流行。中国人民经过长期艰苦的选择，最终选择了马克思主义，特别是经过列宁发展的马克思主义与中国传统文化相融合形成的新文化体系，作为自己的指导思想。经过科学论证和俄国革命实践的证明，终于使具有实践理性传统的中国人完全接受这一理想作为自己的信仰。这是马列主义在中国取得胜利的重要原因之一，同时也为我们掌握文化交流的规律从而在外来文化的冲击下做出正确的文化选择提供了有益的启示。

一百多年后的今天，当我们回过头来重新考察历史，并将当时的情况与现实进行比较的时候，却发现许多深层文化还是并没有得到解决。这也许就是我们的现代化至今仍在努力之中的原因。这就给我们一个启示，要正确认识文化传统与现代化的关系，任何变更都不可能超越现有的文化基础，有时甚至必须借助传统的力量。

农耕文明传承大一统中央集权制的统一力；义务本位制奉献的集体主义精神；天下胸怀、万世开太平的和平发展观是古代中国文明发展从未中断的文化基因。我们借助传统启动了现代化，还将借助传统摆脱西方现代化的桎梏。

——吴丹毛

第四部分

社会转型与现代化进程

现代化并不是发展中国家文化演进的自然结果，而是在西方资本主义工业文明强行切入后习他人之长以图自强的应变措施。现代化进程如何才能确保中华民族在强大外部消费示范和从根本上改变中国传统社会结构双重压力下，规避社会解体的风险？这个问题值得我们深思。

在全球经济发展中，发达国家之间存在着一种战略上的默契，即维持乃至强化历史上形成的不合理的国际经济格局。区域性国家利益集团的形成必然会强化对非成员国的排斥。我们应该积极地建立和维护有利于发展的国际环境，主动地对地区形势施加影响，树立一流强国意识，积极开展跨国经营。

西方现代化理论的一般概述及核心

中国曾面临的核心问题是从传统到现代的转变。“传统”是指传统的农耕社会，包括农耕生产方式及与此相适应的政治制度、意识形态和社会组织结构。“现代”是指从工业革命开始直到目前为止仍在继续的，首先始于西方国家进而波及整个世界的这场社会大变动。对西方现代化进程的归纳概述，可以从文化变革的高度客观地把握有益于中国社会发展的脉搏，不断探索符合中国基本国情的现代化发展道路。

● 现代化理论的探索

西方学者对现代社会标准的认识可以归纳为六条：一是，工业化。它是传统社会进入现代社会的动力，是对传统结构与生产组织进行挑战的核心内容。工业化实际上就意味着经济领域的现代化。二是，都市化。它是现代社会生活的主要形态。传统农耕社会的解体与工业化的实现必然带来都市化，然而都市化的意义还远不仅仅在于将城市作为工业生产的中心，同时它还使城市作为迅速扩散信息、传播文化知识和人们相互联络感情的最重要的场所，这是人们在社会生活各个领域普遍参与的基本前提。尽管大规模的都市化曾在世界上许多国家带来一系列被称为“都市病”的现代社会问题，但这并不是都市化本身的必然结果。三是，普遍参与。现代化要求人民在社会中扮演主动的角色，包括经济生活中的积极竞争和政治生活中的普遍参与。因此，政治生活民主化是实现普遍参与的基本前提。四是，世俗化。现代化要求人们的思想和行为建立于理性基础之上，以一种实效的观点作为万物评价的尺度。这意味着人类的社会生活摆脱神学的控制与干预，人们的精神世界从对神的膜拜转向崇尚理性。当然，世俗化并不是绝对地排斥宗教信仰，而只是要求人们以科学的实证性作为评价事物的客观尺度，在社会生活中注重实践的意义，而反对以各种形式出现的迷信和教条。五是，高度的分殊性。现代化社会中的每一种结构，例如政党、企业、学校、军队等都在社会生活中担负起专门化的功能。六是，高度的普遍成就取向。现代化工业对专门知识与技术的需要逼迫每个人产生出对知识和技术的追求，从而使得成就成为衡量人的意义的最重要的价值取向。

从上述概括不难看出：现代化是一场彻底的社会大变动。它涉及社会生活的各个领域。因此可以说，现代化是一种文化大变革，是从一种文明向另一种文明的根本转变。

怎样才能实现由传统到现代的转变呢？通过对已经成功地完成了现代化转变的国家经验的归纳，可以总结出一系列促使一个国家从传统社会向现代社会转变所必须具备的基础条件：一是，国家的独立和统一；二是，政治民主化；人民有参与国家管理的热情与能力；三是，充足的物质资源；四是，具有一批精通现代经济管理的人员和专家；五是，占国民生产总值一定比例的生产投资率；六是，工业部门占有一定的比例；七是，政府具有充分的调动国内资源并有效改变其配置的能力；八是，一定的人口密度，等等。著名的经济史学家华尔特·罗斯托提出的一个国家要实现经济起飞必须具备的三个条件：第一，生产投资要从国民生产总值5%提高到10%；第二，制造业要有较大的发展；第三，有一个良好的稳定的社会政治条件。在他们看来似乎只要具备了上述条件，一个国家就可以完成从传统社会向现代社会的过渡。其实如果仔细分析就可以发现，这些只是一个民族实现现代化的必要条件而不是充分条件。

如果我们考虑一些国家的实例就不难看出支撑这些条件存在的事实基础的脆弱性。比如巴列维国王时期的伊朗，全国上下开始了向现代社会的大进军。当时的伊朗政治稳定；国家统一独立；资源丰富，特别是石油贮藏可以说在世界上占有得天独厚的有利条件；大量引进国外专门技术人才；为追求高速度修改第二个五年计划，预算从20亿美元提高到500亿美元，投资资金不可谓不雄厚……然而这一切并没有使伊朗成功地走上现代化道路，而是出现了一种畸形的发展。相反，在战后顺利建成现代化的日本却并不具备伊朗那种有利的条件。日本的人口密度不可谓不高，自然环境不可谓不恶劣，能源及各种物质资源是世界上最紧缺的国家之一，不可谓丰富，战后被美军占领谈不上国家的独立……然而却取得了被称为“日本奇迹”的飞速发展，跃居资本主义世界第二位。所有这些现象表明，仅从政治和经济的角度去考察实现现代化的条件，是不可能得到完美的答案的。

● 现代化是文化的变革

事实上，现代化是一种文化变革，从传统社会向现代社会的转变，就其实质而言，是要完成一次文化变异。因此只有透过这种转变的政治和经济方面的表象去探索现代化过程中所包含的深层的文化结构的改变，才能为后来的发展中国家指明正确的通往现代化之路。

现代化是一项社会性的事业，它需要全社会的协调努力，包括人力资源的有效配置和物质资源的合理调度，这就要求社会的核心——政府具备高度的整合社会的能力。

民主化是现代化的重要组成部分。其实最有效的社会整合力来源于社会的自我控制，关键在于政府对这种社会自组织的正确引导和合理干预。这就需要通过法律和规则来规范社会上所有人的行动，对他们的权利和义务做出明确的界定，包括宪法指导下的民事准则、企业规范、商业法规、职业道德等，也就是需要建立适合于现代化发展的制度文明。

物质资源固然重要，但是现代化要靠人来操作，人才是现代化事业的真正主体。现代化建设需要大批具有现代意识，即时间意识、效率意识、合作意识、竞争意识、商业意识的人，当然更需要具备将现代意识付诸实践的能力。

日本战后的迅速发展，就是因为自明治维新始，日本政府一直孜孜不倦地致力于国民教育的普及，百余年来资本主义工商业的磨炼更是造就了大批具有现代素质的人才。战后，日本领土虽遭占领、物质资源虽然贫乏且遭破坏，然其宝贵的人才资源仍然存在，这是战后日本得以复兴的根本原因。所有国家现代化成功或失败的经验和教训无一不在向我们表明，实现现代化的关键在于两点：制度与人。

国家社会转型期的利弊得失分析

英法两国从传统社会向现代社会转型是通过改良渐进、暴力革命两种形式完成的；菲律宾与韩国两国在现代化进程社会转型期，分别出现相似的“专制与动荡”的社会矛盾冲突；日本在现代化进程中则有效地利用传统走出传统，创建出“东方资本主义”的文化内涵。通过对上述国家社会转型利弊得失的分析，可以为今天的社会、国家治理提供一些历史的经验。

● 英国改良渐进与法国暴力革命

英国从传统社会到现代社会的转变是通过不断的改良逐渐完成的。改良渐进的途径，要求人民具有相对强大的政治力量和参与国家管理的热情与能力。在历史上，英国的封建王权与贵族的力量基本上势均力敌，贵族的力量不足以造成国家的分裂，而他们对王权的反抗又给国王的权力加上某种限制，从而达成一种奇特的平衡态，它规定了国王和贵族之间的相互权利和义务，任何一方都不应当超越这个范围的界限。

国王和贵族之间具有某种“契约”关系，其具体表现形式就是1215年的“大宪章”和议会。“大宪章”规定贵族有拿起武器驱除暴君的权力，在这种情况下全国人民应该站在起义者一边。议会是国王向各地派捐税的协商会，“大宪章”规定国王不得任意征税，而必须经议会批准，都铎王朝的君王们一直都遵守这项“契约”。但斯图亚特王朝的君主却要向这种“契约”挑战。1629年，查理一世命令解散议会，开始强行征税并对议会的反对派领袖进行逮捕镇压。1642年，查理一世违背民意向议会宣战，人们被迫以武力保卫自己的权利。1649年，国王战败，他的儿子发表宣言，答应给国家带来秩序，给人民以经济利益，于是他被国民议会迎立回国。斯图亚特王朝复辟后，查理二世和詹姆斯二世孜孜不倦地追求专制，他们甚至不顾英国人民的感情和宗教信仰向法国献媚并扶植天主教势力。议会再次起来反抗，威廉应议会之邀在英国登陆，夺取了王位并根据议会的条件，威廉接受“权利法案”，规定了议会言论自由、国民有请愿权利等现代政治原则，君主立宪政体正式形成了。英国的“光荣革命”，其结果是国王和议会达成协议：议会让国王当国王，国王则原则上同意让议会凌驾于自己之上。此后通过一系列的不断改革：1832年议会改革、1867年议会改革和第三、四、五次议会改革，最终使得全体人民都有了选举权，英国的现代制度不断完善起来。

英国的经验表明，在社会变革的过程中存在着这样的可能：权力结构可以在不改变政权形式的前提下加以改变，政治制度的变革也未必必须以流血为代价。现代化可以借助传统的躯壳得以萌生并取得发展，这样甚至还可以使现代化，由于更接近民众心灵深处的文化积淀而易于得到认同，也可以使社会免遭动荡和破坏。

法国从传统社会到现代社会的转变是通过暴力革命完成的。社会转型时期支付了极大的成本。法国是欧洲专制主义的典型，它的君权比起英国来要强大得多。从某种意义上说，法国的政治制度有些类似于中国，封建王权很强大，为了避免贵族的割据与分裂，国王把贵族请到宫中，给他们以显赫的地位，让他们过奢侈、腐化的生活，而国家则交由官僚管理。

法国没有中国式的科举制，官职是可以用金钱买到的。中产阶级一旦有钱，不是像英国有产阶级那样去经商、从业、发展生产，在工商业活动中聚敛财富，而是去买官，因为官可以靠损公肥私和压榨百姓来发财，这比经商投资更有利可图。此外，法国的制度还规定，一旦买了官，便会晋爵，而一旦晋爵，就不允许再从事经济活动。因此法国的专制制度严重阻碍着资本主义的发展。法国贵族的特点决定了他们与王权有较多的共同利益，不可能充当反对专制制度的领袖。1789 年，国王为征税召开三级会议，贵族虽然反抗王权，但他们反对第三等级的过多介入，从而把人民推到对立面上。同时国王在凡尔赛宫纠集军队准备镇压第三等级的“国民议会”，人民被迫以武力反击。7 月 14 日，攻克巴士底狱，路易十六屈服了。遗憾的是路易十六不是英国的威廉三世，他不甘心当立宪君主，与欧洲的反动势力相勾结，企图破坏宪法，扼杀革命。人民不得不集中自己的力量抗击外国的入侵，并把国王推上了断头台。外敌被击退后，为抵抗入侵者而动员起来的内部力量失去了控制，到处出现过火行动，革命处于混乱之中。因为法国的国王比英国的国王更反动，不可能找到一个能够真心愿意充当立宪君主的国王，法国不得不实行共和。依靠暴力推翻君主制的人们越来越相信刺刀的力量，于是专制制度再次产生，拿破仑由执政改称皇帝。旧制度消灭了，但新制度却没能建立起来，拿破仑兵败之后，路易十八被欧洲的炮车送回国，波旁王朝复辟了。路易十八更相信武力的作用，他和他的继承人查理十世变本加厉地极力企图恢复专制。人民再次革命，以街垒、巷战、流血重建君主立宪制。然而动乱依然存在，七月王朝 18 年统治中，内阁竟换了 17 届。此后又出现了一系列革命—共和—复辟—革命的反复动荡，二月革命、第二共和国、第二帝国、第三共和国、巴黎公社，直到 1875 年宪法颁布和 1877 年、1879 年共和派在众、参两院的胜利，才最终建立起稳固的共和制度。

法国的经验表明，暴力革命可以推翻旧制度，却未必能建立新制度，即使建立起新制度，也是很难稳固彻底的。因为人们心灵深处的传统思想与现代思想冲突不可能靠暴力革命加以解决，因此必然出现剧烈的反复与动荡，国家必须对这种反复与动荡支付极其昂贵的代价，对于许多国家来说，在社会转型时期，这种代价往往是支付不起的。

● 菲律宾、韩国社会转型期的矛盾冲突

二战后，菲律宾在美国的支持与援助下开始了向现代社会的迈进。当时的菲律宾不具备民主政治基础，出于提高社会整合力的必然要求，马科斯推行了专制独裁统治。在马科斯的统治下，菲律宾的经济取得了长足的发展。然而专制毕竟有专制的弊病，这就是容易造成腐败。马科斯在给国家带来财富的同时大量侵吞挥霍国家财产，其家族过着极其腐化的生活。当经济发展到一定的水平，人民的政治觉悟提高到一定程度时，便不能再忍受专制和腐化，他们要求实行民主管理，于是在大选中马科斯遭到彻底的失败。在缺乏社会自组织传统与能力的国家，专制制度的破产，并不一定能建立起健全的民主制度，反而会因为强控制手段的突然消失而出现某种心理真空和失控，因此动乱往往在所难免。如果新建立的民主政府能够以民主管理手段顶住这种压力，并且最关键的是使经济正常运转不致发生危机的话，那么菲律宾就可以顺利完成由专制制度向民主政治的转轨。如果动乱局面不能被有效控制住的话，那么结果就可能是两种途径一个结局：一是新政府又变为新的专制政府，一是军队政变，建立军事政权或另一个专制的政府，而其结果都是重新回到独裁。

韩国的情况与菲律宾很有某些相似之处。战后，美国占领军在韩国推行民主政治，但那里并无民主的基础，于是出现了一个个像李承晚、张勉腐败平庸的政府。经济状况一片混乱，人民难以生存，朴正熙发动军事政变，建立起军政府，以军事独裁手段加强社会的整合力，使得经济状况不断好转。当韩国发展成为亚洲第二经济强国时，人民的政治素质也得到了很大提高，他们已不能忍受独裁统治，发动

了长达数年之久的和平示威行动，终于迫使政府同意举行大选。当然这种行动充满了动荡，至今才逐渐得到解决。但是民主政治则是今后发展的必然趋势，因为这是经济进一步发展的要求。事实上绝不仅仅是菲律宾和韩国，像埃及、阿根廷、墨西哥、智利等许多发展中国家，大都经历了这种民主—政变—独裁—民主的循环。这说明，在缺乏民主传统的国家，专制是保持社会整合力的强有力的武器，利用传统手段推行现代化有时是很明智的措施。但是专制毕竟不是现代化的内容，民主政治则是现代化的必然要求，它迟早要成为现实，因为这是现代化进一步发展的必然趋势，也是世界经济一体化的必然要求。

● 日本东方“资本主义”的文化内涵

第二次世界大战日本战败后，再次彻底改造了自己的社会，有人将日本战后改革称为“不流血”的革命。美国以“联合国军”名义在“非军事化”口号下对日本的经济、政治、军事、教育等各项基本制度进行了大刀阔斧、雷厉风行的改革。日本人民面对实质上废除天皇偶像彻底荡涤传统势力的行动反应，连占领者也感到十分惊讶。毫无疑问，日本民族引进外来文明的传统为和平地进行改革创造了极其重要的条件。西方的民主思想、政治观点、竞争精神、商业意识迅速扎根岛国，出现了再度复苏的东方资本主义新时代，这显示出日本民族善于逆境求生、勤学勇争的巨大活力。

日本是最早建成现代化的亚洲国家。日本的现代化不同于欧洲国家，它是一种“东方式的资本主义”。造成这种特色的根本原因在于日本的现代化充分利用了本民族传统文化中有利于现代化的萌生、发展的因素，而不是割裂传统。日本文化传统具有以下典型内涵：强调“忠”的义务，推崇权威，哪怕是一个并无实际意义的“虚君”。事实上他们需要的是一个能够成为内聚核心的象征；与此相关，注重终身雇佣制、讲究等级与序列；强调集体主义、善于团结协作，追求集团效益，因而崇尚个人牺牲；家族意识浓厚，但不注重血缘关系。

按照西方现代化观念分析，日本文化传统与现代化几乎是完全悖逆的：现代化需要极大地发挥每个人的独创精神，崇尚权威却是对个性的根本否定；现代化需要能力至上主义，年功序列与等级制度会有力地破坏竞争原则；集体协作固然有利于事业的发展，但侵犯个人利益的牺牲原则终究会失去个体行为的激励机制；而家族观念更是与企业精神水火不容。但日本非常巧妙地借用传统文化资源推进现代化发展：利用对权威的崇拜和集体归属加强社会的整合能力；以年功序列和等级制度避免无益的竞争，减少组织内耗，降低交易成本；并不看重血缘关系的家族观念造就了一个个互利协作的“功能团体”。它们具有强大的自组织能力，因为具备了这一社会基础，使崇尚权威的日本人既可以“虚君”作为社会内聚力的核心，又可避免因崇拜权威导致“实君”而专制。家族式管理能够通过命运共同体的形式增加归属感，强化集体意识，避免竞争不足的后果，还可以通过家长的权威推行企业规范。

日本是在传统文化躯壳里装进了现代社会的文化内涵，其实质已经发生了改变。日本的经验表明，根据西方现代国家成功经验归纳出的现代化准则，其实质固然具有普遍意义，但其形式特别是实现这些准则的途径却可以千姿百态。传统是一种资源，日本现代化发展有效地借助了传统文化的资源，并利用传统，走出传统。随着现代社会的发展，世界经济越来越趋于一体化，但一体化并不是抹去民族文化的特色，相反却是使民族文化特色进一步得到加强。

同世界上所有国家已经完成或正在进行的努力一样，中华民族也正面临着由传统社会向现代社会的根本转变，考虑到中国目前遇到的内外双重压力，参考国外成功的经验与失败的教训，就解决中国现代化出路问题提出指导原则：改革、渐进，借助传统推进现代化。

中国农耕文化封闭与开放的兴衰

我们祖先创造的农耕文化，是在黄河流域的中原地区发展起来的。华夏先民活动的范围，始终处于相对独立隔绝的地理环境中。这样的地理环境决定了中国人只能以农耕为主，农业的固定产出使汉民族在传统社会的历史进程中，大多处于封闭、保守、稳定的状态中。只有在汉唐盛世，农耕文化封闭的系统才呈开放状态，并向外部进行有序的文化辐射。清王朝晚期的中国，遭到近代西方工业文明的攻击，由于中国传统社会高度完善的发展，面对近代西方文明的攻击，又采用了闭关锁国、不思变更、盲目排外的应对策略，最终使国家在侵掠中沦陷，并在封闭保守中走向衰败。但是，历史上唐王朝在成为亚洲政治、经济、文化中心，国力强盛时期，却是海纳百川、扶危济困，能够与四周邻国友好相处，儒家文化“加惠四海”的风度显示了中华文化灵魂深处的高尚与善良。

● 农耕文化的封闭

在黄河中下游的华夏人居住区以北，是浩瀚的戈壁沙漠、干旱的草原和人类难以生存的西伯利亚森林与寒原。西北一带，高山大岭，荒漠施威，使中国难以较长期地维持同国外市场的联系。在我国北部与西部广袤的草原上，游牧经济也曾有过一定的发展，并多次对农业区域进行大规模的冲击。但是，就全局而言，中国的农业文明确实是在异常开阔富饶的疆域之内，在能防止外来侵扰的四周有利地形的保护下，独立地酝酿与发展起来的。黄河平原与黄土高原的气候与土壤等生态条件，特别适宜于单一的农耕经济的发展。这种经济生活的自给自足性，使安土重迁的华夏民族往往不像航海民族与游牧民族那样，把走向遥远的外部世界视为谋生的必由之路。

在这个文化圈的东部，一望无际的东海是比沙漠更严峻无情的天然屏障，使它难以与世界其他地区的早期文明，如希腊、罗马、埃及与巴比伦文明进行双向的文化信息交流和相互影响。当华夏族后来发展到长江流域和珠江流域以后，迤南丛林的烟瘴之地，金沙江、怒江和横断山脉的险峻地势，以及作为世界屋脊的青藏高原，横亘在古代中国文明与印度文明之间。数千年来，这两个古老文明之间难以进行常规的接触和交流。当然，华夏文化圈也不完全是与世隔绝的世界，狭长的河西走廊连接着一条漫长而充满险阻的丝绸之路，从而使古代中国与中亚文明之间保持着断断续续的联系。西汉的张骞、唐代的玄奘、14 世纪威尼斯的马可·波罗，都曾在这艰险异常的古道上留下过他们的足迹。但这些彪炳青史的旅行家们，几乎要间隔数百年才出现一次，古代中国与外部世界之间的文化交流，曾付出过何等艰巨的代价。

自然经济的自给自足性，地理环境的相对封闭性，导致传统中国文化形态具有早熟的特点。在心理上，早熟的中华文化也严重地妨碍着中华民族对外部文明的认识和接受。作为世界四大古文明中唯一未被切断过的文明，它没有像欧洲那样糅合亚洲、非洲、地中海和拉丁美洲文化以形成一种开放体系，而是带有封闭的性质。由于地理环境制约，使中国古代文化难以向更远的地方发展。

在中国传统社会四周封闭的地理环境，自给自足的生产方式以及“礼乐教化”的儒家文化的束缚与限制，使得人们眼界和心胸极端狭窄，不向外看，只求自安。明朝开国皇帝朱元璋在其《皇明祖训》中说："四方诸夷，皆山隔海，僻在一隅，得其地不足以供给，得其民不足以使令。"这种军事上的保守性正反映了政治上、经济上和文化上的保守性。明朝统治者为了"限制人民活动"，防元之复来，"不思海上之发展，片板不得下海"。清朝前期为了防范反清势力，继续实行"海禁政策"；康熙后期禁止西方天主教传教士在中国传教；乾隆时期开始严格限制中外交往，只许外商在广州一地与朝廷特许的"行商"做生意，同时严格限制中国商品出口。因为清朝统治者意识到无限制通商，会招致传统社会的解体，规定禁例，限制或禁止中外交通。如茶叶不得超过五十万担；大黄不得超过一千担（乾隆时每国限购五百斤）；丝、绸、银、米、谷、铜、铁、锡、硝磺、书籍等物，不准通商；中国商船不准出外洋贸易，洋人不准入内地，洋妇不准到广州商馆，经济、政治、文化各方面都表现出严格的"闭关精神"。明朝的海禁，清朝的闭关锁国政策，使专制皇权进一步强化，标志着中国传统社会的封闭达到了完善的自为程度。

● 农耕文化的开放

公元221年，秦始皇统一六国，北征匈奴，南开五岭，形成了一个具有共同语言、共同地域、共同经济生活以及表现于共同文化上的共同心理素质的统一国家。这样，作为一个国家，它就把自己同外界明显地区别开来了。根据系统论的观点，任何一个封闭的系统都是相对的，绝对的封闭系统是不可能存在的。每一个系统在它形成之后，都要与外界置换物质、信息和能量。这样，它不能长期停滞在封闭状态，系统内部的发展促使它突破原来的界缘，要求与外界进行一系列置换。中国文化系统在东亚大陆形成后，经过先秦的发展，到汉代已日臻成熟，汉唐之际社会生产力大幅提高，农业生产居世界先进水平，中国传统社会高度发展并达到顶峰。中国人已从自家的小田园中抬起头，把目光转向一个更为广大的外部世界，并动手拆开篱笆，打破高墙，与周边民族进行文化交流。

这种交流具有两种不同的范畴。一是华夏文化，即最初发源于黄河流域中原地区的汉民族文化，在中国领土的范围内，由内向外进行单向的辐射传播。正如孟子所讲："吾闻用夏变夷者，未闻变于夷者也。"中原地区的华夏民族对其他少数民族的称呼，是依其与自身的方位关系而定，中华民族境内的少数民族在当时被称为"北狄""东夷""南蛮""西戎"。产生这种文化传播观念的原因是由于华夏人相对比自己落后的四邻僻远部族来说，具有较高的文化势能。他们自然会用先进的制度、习俗、典章文物及生产技术，从君臣秩序、衣冠礼制到果蔬菜菇、稻麻黍稷，也就是后来笼统指称的"礼乐教化"，去同化四周的"夷狄"。而落后的四邻自然也乐于为这种更高级的文化所吸引。虽然游牧民族的侵扰曾经数度打破惯常的均衡，但中原王朝农业和家庭手工业相结合的经济结构的稳固性、坚韧性，可以在时间的流逝中消化入侵的异物。一旦后者接受华夏人的"礼乐教化"，原来的"夷狄"也就变成了华夏共同体的成员。

文化交流的另一个更为广泛的范畴是中华文明对其疆域以外的国家，进行区域性有限的文明辐射。中华文化在传统社会的漫长发展进程中，就东方和东方人所知道的范围而言，实际上是文化的源泉和中心。它的对外辐射，形成了环太平洋地区的"远东文化圈"。中国文化成为这个"文化圈"的文化核心，环绕中国的诸民族，文化都非常落后，他们无论在生产技术还是文化上，均视农耕文明高度发达的中华帝国为楷模，并加以学习仿效。

农耕文明在起源和发展上具有自己独特的性格特征，它产生在高寒苦瘠生活条件艰苦的土地上，由于不断遭受逐水草而居流动性强的游牧民族的攻击，塑造了中国人的积极进取精神，而辽阔的土地又使得中华文明具有强大的展拓性。唐朝是当时世界上最强盛的帝国，它是唯一未修建过长城的大一统的中原王朝。唐朝是一个王朝拥有版图最大的帝国，国土的西部和北部全部超过了现代中国的疆界范围。强大的军事力量造成了稳定的国家政权，北魏至唐推行的“均田制”、唐朝实行的“租庸调制”，通过将小块的耕地分配给大批小农耕种，从而使政府获取稳定的税收成为可能，政府收入的有效提高，保证了经济的稳定，为开放的唐朝盛世奠定了经济基础。唐太宗李世民以大胆沉着的底气开放了国家的大门，以自信宽容的气量吸收着世界各国的文化养分。大唐天子被四夷各族尊为“天可汗”，声誉远扬海外，开辟了“丝绸之路”与亚欧国家往来密切。唐朝以后海外多称中国人为唐人。唐太宗李世民创造的唐朝盛世，充分体现出国家的强大。

唐朝的中国是亚洲的政治、经济、文化交流中心，实行了开明的对外开放政策。当时就有 70 多个国家的使节、贵族、商贾、学者、艺术家、僧侣大批地来到中国进行访问交流；有来自世界各地的 3 万多名留学生在中国学习盛唐文化；繁华的长安城人口超过一百万，城里面能够吃到阿拉伯国家的面食，可以得到来自罗马的医生的诊疗，还有拜占廷的金币和波斯王朝的银币在流通使用；夜晚的酒吧灯火璀璨，李白、王维一批大诗人骑着白马带着充满诗意的浪漫，观赏中亚各国的胡姬慢歌劲舞；古都长安展示着一座国际化大都市的风采。

唐朝与各国的文化交流形成了相互的影响，唐朝文化在向外域传播的同时也受到外域文化的影响。海上、陆上的丝绸之路的开通，促使了商业贸易的繁荣，直到现在我们很多乐器、生活用具、食物等，都带有“胡字”，例如胡萝卜、胡椒、胡瓜、胡桃、胡豆，等等，胡萝卜就是从阿富汗引进中国的。民风的开放对唐朝人们的社会生活以及习俗都有积极作用。

唐朝的军事强大、经济繁荣、文化的兴旺、中央集权制度政度的完备，呈现出“万邦来朝”的盛景。日本派遣大批遣唐史学习唐朝先进的文化和各种政治典章制度，如中国的文字，为左右邻近各国所采用、迄今朝鲜、日本、越南等国的地名、人名，有些依旧用汉字。中国的医术传到日本，号之曰汉医。杨鸿烈写的《中国法律在东亚诸国的影响》一书，指出日本法律受中国法律影响者达一千六百年之久。

从历史上看，日本属于中国儒教文化圈，受到高度发达中国文化的辐射传播，先进文化的刺激和促进因素启动了公元645年的“大化改革”，给日本文化注射进唐朝“圣药”。日本直接吸收唐朝的中央集权制，将四分五裂的藩邦诸侯分散在手中的权力收到中央，移植了唐朝的土地和税收制度，使国库充盈经济快速发展。通过变革，建立起一套完全以唐朝为蓝本的中央集权君主体制。日本长期受到唐朝的文化熏染，极大地提高了日本民族文化素质，并推动了经济的快速发展和社会的进步，光辉灿烂的中国古代文化奠定了日本文化的基础。可以说，如果没有这段辉煌的中日交流史，也就不会有今天日本文化优秀的基因。

唐朝在对外开放中同东亚的朝鲜、日本，中亚各斯坦国、西亚的大食和南亚的印度等国保持友好的经济、文化和政治交往，它促进了中华文化的传播，也促进了唐朝的繁荣。唐朝完成了“中华文化圈”的总体格局，使中国成为当时周边国家乃至亚洲地区经济文化交流的中心。

历史上凡是定都长安的王朝，都展现出一种逆势进取的国家精神，相比之下，东汉则更表现出促和守成，北宋则屡显疲软不堪，无力对抗北方游牧民族而使国家沦陷。盛唐是中国历史上最为恢弘磅礴的朝代，整个国家的内在精神，充满了昂扬坚韧积极进取的大国气质。汉唐盛世，中国拥有当时世界最优秀的文化，在传统社会上升时期，这段文明输出远大于输入，海纳百川的对外开放光荣的历史，以和平交往与四邻友好相处的大国风范，是中华民族伟大复兴的历史基因。

改革开放初期外来文化冲击的历史回顾

20世纪70年代末80年代初，以开放与改革这两个口号为标志的潮流在我们这个古老的民族中掀起巨大的冲击波。封闭的窗口打开了，中国终于真正投身到国际社会之中了，世界开始重新认识中国，中国也开始重新审视当今世界和我们自身。大量的外来文化涌进了我们古老的国家，面对这种冲击，中华民族传统精神，包括人们的价值观、道德观、生活方式和思维方式都发生了一场深刻的变化，回顾20世纪80年代初以来，对外开放的历程，可以清楚地看到这一变化的轨迹。对这段历史的回顾可以更加准确地把握当今中国深化改革、扩大对外开放的方位感和对现实判断的定律。

● 对外开放中的文化冲击

第一次表层文化的冲击，它以邓丽君的流行歌曲为先导迅速在全国范围内形成一股“流行思潮”。1987年，开放政策向全世界宣布后，居住港澳地区的大量同胞怀着新奇和思乡的心情纷纷回内地观光探亲，在这一人流中港台歌曲被带进了内地。这些歌曲本身无外乎风花雪月，相思离别，伴以优美的旋律和轻松的节奏，这对十年来高唱革命歌曲，一切文艺形式均以阶级斗争为纲的群众，特别是青少年无疑具有强烈的新鲜感与极大的诱惑力，因此无论思想还是艺术性均非上品的流行歌曲席卷全国。继邓丽君千篇一律的歌曲逐渐被冷落的时候，一大批国内歌星又演唱流行歌曲而大受欢迎，“校园歌曲”“乡村歌曲”等名词纷纷出现。与此同时，跳舞之风开始在一些大城市形成热潮，大量以娱乐消遣、丰富业余文化生活为主的刊物及电影涌现出来。人们开始理直气壮地谈论娱乐消遣，谈论穿着，谈论吃食家具。“流行”的概念渗透到日常生活的各个领域，服装、发式、家具甚至颜色都要讲流行，我们民族美德的俭朴、实用精神在新潮流的冲击下开始发生了变化。

第二次冲击是西方哲学的影响，其中萨特的存在主义对青年大学生影响最为明显。萨特的存在主义在继承早期存在主义悲观、虚无情绪的同时，强调人的本质、自由，强调“自我选择”。这种思潮对于生活中感到迷茫、幻想遭到破灭的人们具有极大的吸引力。“十年动乱”使人的心灵受到严重的创伤，人们仿佛是从一场恶梦中醒来，可怕的梦境依然缠绕着人们的记忆，对于涉世未深而又感到受了欺骗的

青年来说，旧的偶像破灭了，新的价值准则还没有确立，这无疑是存在主义思潮得以滋生的有利土壤。如果说第一次冲击还只是局限在生活方式范围的话，那么第二次冲击已深入到哲学即深层文化领域。这种哲学的探讨引起了社会科学界的异常活跃，从对人生价值的探讨到对社会主义发展规律的再论，甚至出现了对马克思主义理论再认识的提法，终于引发了“人道主义”和“异化”理论的大讨论。

第三次冲击来源于中国人对自己在当今世界上所处地位和世界文明进步的探索，其起源是托夫勒的《第三次浪潮》。托夫勒认为，过去的时代是工业化占主导地位的时代，而未来是一个全新的信息时代，他认为面对第三次浪潮，处在各种不同发达程度的国家可以站在同一起飞线上直接进入第三种文明即信息社会。这种大胆的假设引起了很多人的兴奋，关于“新技术革命”的文章大量涌现，与此同时大量的新知识领域，新学科被介绍过来，形成一次全国性的“现代化”的大学习。这三次冲击具有深刻的意义：它加深了人们对世界文明的认识，也正视了我们这个古老国家的落后程度。人们怀着急切的心情寻求经济的发展与技术的进步，思想意识和道德的约束力量变得相对薄弱，它们已不太能引起人们的重视。其中传统的重义轻利、“正其道不谋其利”的观念也受到冲击，于是随着经济特区的迅速繁荣和对“万元户”的大力宣传以及“能挣会花”口号的出现，引发了以“钱”为核心的第四次冲击。弃学从商、弃政从商成了时髦的风气，五花八门的“实业公司”“贸易中心”遍地而起。在致富发财思想的冲击下，不讲客观社会效果一味赚钱甚至投机营利，坑害客户的现象时有发生，相当一部分人开始为这种现实担忧，如此下去会不会造成社会风气的堕落？会不会使我们下一代从此染上对钱的嗜好而失去远大的志向？人们在探讨、在争论，这是不是现代化征途中的必然现象？我们民族的传统美德与现代化到底是什么关系？

20世纪80年代初，在国内兴起了一股“出国热”，形成了外来文化对中国的第五次冲击。出国留学的动机是十分复杂的。学习国外先进知识为国家多做贡献者有之，贪图国外物质享受者有之，对国内改革失去信心者有之，出于好奇，希望亲身领略“现代化”者有之，为了捞回几大件、实现家庭现代化者亦不乏其人。出国热在国内引起了巨大的关注，它的意义远不是西装革履、满面春风的骄子带回的免税家用电器引起了人们的“红眼”，也不在于大批人才外流引起的“人才危机”，更重要的是越来越多的人切身感受的“现代文明”在他心理上引起的反响。

第六次外来文化的冲击是所谓“性解放”思想的影响。性的领域是我国传统思想的“禁区”，它对人们思想的约束力是最彻底、最顽强的。随着对外开放，这个禁区里也有了一批探险者，这种探险的历程是十分复杂的。开始它以“科普”“性教育”的形式出现，并迅速引起了社会的关注。紧接着以婚姻家庭理论探索的形式向纵深发展，国内大量报刊开展了广泛、持久的关于“第三者插足”、关于“妇女地位”、关于“中学生早恋”等问题的大讨论。第六次冲击对社会心理的影响是巨大的，它冲击了传统思想重要的阵地，其表现形式也是最为复杂的。由于性禁区的打破，必然带来一系列社会问题，性道德是中国传统道德对人们约束力量最强的部分，它的破坏使人们对整个道德的轻视成为必然。

如果说前六次冲击还仅局限于表层文化或不自觉地涉及文化深层结构的话，那么第七次冲击则是有意识地、主动地、全面地触及了文化深层结构，这就是广泛地对中国文化进行反思，由此掀起了一场全国范围的“文化热”。这场“文化热”的兴起有其深刻的根源。中国的现代化是从经济领域的改革入手，经济体制的改革最初顺利地进行，然而这种改革进一步深入，必然涉及社会生活的各个领域。在文化引进过程中，产生各种社会压力是不可避免的，一种旧有均衡的破坏，正是文化变迁中必然经过的中间环节。从这一意义上说，我们今天面临的文化冲击是一种带有普遍性必然性的历史现象，我们要有充分的勇气和精神准备来面对这种冲突。

● 面对外来文化冲击的抉择

中国正处在人类文明的历史转折点上，由传统社会向现代社会过渡是不可改变的历史潮流。第二次世界大战后逐步向现代社会迈进的国家，她们的“起飞”遇上了新技术革命的浪潮，世界各国的发展，尤其是经济发展进入了一个新的历史时期。各国之间的经济联系和相互依存关系日趋紧密，世界经济已经形成为统一的客观实体，其发展愈益呈现出一种整体化的趋向。第一，随着科技革命在交通、电信、计算机等方面的迅速发展，世界上从事各类经济活动的210多个国家和地区已在全球范围内被空前紧密地联系在一起，并且随着科技革命的不断深入，这种趋势日趋强化 ；第二，随着战后世界各国社会生产力的普遍提高以及整个世界经济的高速增长，全球范围内的国际分工体系亦得到进一步发展和完善。影响各国经济发展的新的世界市场机制已经形成并日益发挥出它的强大作用；第三，世界不同类型国家间的多种经济联系与合作正以前所未有的规模和速度向前发展。信息技术传播速度加快和范围的扩展将进一步把世界主要国家的经济、金融、贸易、生产组成一个完整的网络。任何国家的经济都不可能同世界经济相隔绝，更不可能不受其影响，诸如美国的股市暴跌和美元贬值，日本的巨额盈余，第三世界的债务危机等这些全球性的问题均需各国的共同关心和全力解决。正如美国未来学家约翰·奈斯比特在《大趋势》中所说的：“过去的时代已经结束……我们现在必须适应在一个各国相互依存的世界中生活……不管我们是否赞同这些新的趋向，我们必须作出反应，我们正从一个孤立的，实质上是自给自足的国家经济变成相互依存的世界经济中的一部分。”

很明显，当今世界任何国家都不可能脱离世界经济的这种整体化进程而获得孤立的发展，现代化发展的世界一体性特征决定，每一个希望踏上现代化之路的国家都必须投身于全球经济发展的整体中去，这就要求把对外开放作为基本国策。在开放的局面下，西方国家的政治、经济、技术、文化信息会借助现代化的传播手段大量涌入，对发展中国家构成强大的示范压力，我们面临新的挑战。

如何对待中国传统文化是当时学术界争论最激烈的问题，概括起来有以下几点认识。

第一，中国文化赞美论。西方文化是向前看的，它以个人为本位，追求物质利益，因此崇尚科学和民主；中国文化是注重人与人之间的关系，注重现实社会问题。在进入后工业社会的西方，面临着环境污染、核战争、家庭解体等严重的社会问题，迫感“天人合一”“中庸和谐”“厚德载物”是可以挽救西方的灵丹妙药。从历史发展来看，中国传统道德规范中互以对方为重的思想是未来世界的前途，必将取代个人本位、自我中心思想。西方社会是物质支配人的社会，它最终必将被人支配物的社会所取代，所以中国文化尊重自然，推崇伦理和实践，应该为西方人效法。

第二，中国传统文化的复兴论。中国应致力于自身文化的复兴，未来的中国不应效法西方，因为世界前途必然是中国文化的复兴。梁漱溟先生认为东西方文化各有优点，西方文化重视人征服自然，发展出高度的科学技术。中国文化注重的是人与人的关系问题，是一种人伦至上主义，就是互以对方为重，要求每个人都认清自己的义务，讲“礼让”。这与西方个人本位、自我中心的传统完全不同。他指出，在资本主义社会之后，必然是一个礼让的社会，即不以物质利益为重，而且完善地解决了人与人之间如何相安共处，如何彼此相互尊重问题的社会，这种社会就是社会主义社会、共产主义社会，所以世界的未来必然就是中国文化的复兴。

第三，中国传统文化的批判论。中国传统的以大一统为宗旨的和谐型文化产生于农业文明时代的专制主义中央集权制，它所保护的正是它所从中产生出来的那个集权的隶属型社会结构。它的基本要求就是通过内部因素和谐机制的建立来为大一统服务。中国传统文化强调共性至上的群体原则，在历史上对于社会稳定和民族融合起过积极作用，但由于它否定了人的个性的价值和权利，所以它对于人的发展来说是压抑型的。在今天，它对于现代化事业十分有害。

中国文化赞美论和复兴论片面夸大了理想化的中国文化的积极意义，忽视了其消极意义以及积极意义发生作用的现实可能性。中国文化批判论指出了传统思想意识的弊端，对我们认清其危害有很大意义。然而它仍没有指出中国文化的根本出路。

20 世纪 90 年代到 21 世纪，作为两个世纪的交汇点是抉择的年代。中国文化的根本出路，应该是中西文化交流基础上的有机融合。

文化融合过程中的关键问题有两个，一是寻找中西文化的最佳“熔点”，二是寻求文化交流的手段和途径。学术界普遍采取的方法是寻找中西文化的差异点，而差异点本身似乎就是“熔点”。比如西方文化强调个性，而中国文化强调集体意识、抑制个人的权利和利益，那么可以设想在强调集体意识的中国文化时注入一些崇尚个性的因素，就可以造出一种新的价值观念，它兼顾了双方的优点而汰去了各自的缺点。然而问题并不那么简单，文化心理的变革是一个复杂的过程。谁能保证人为地“融合”在一起的两种文化的基因会按照设计者的意愿发展而不会走向相反、造成两者劣点的结合和保留而恰恰汰去各自的优点？问题的关键不仅在于寻找中西文化的“熔点”，更重要的是寻求文化融合的有效手段和途径。看来简单相加是不行的，它有赖于融合双方各种力量的转化，有赖于我们在更大程度上把握这种融合的规律和它的客观进程，有赖于我们实际所采取的社会政策和指导原则。

任何一个国家都不会、也不可能彻底抛弃传统文化。文化交融的过程说穿了就是如何更有效地利用传统，在其中注入现代化的外来因素，造成主体文化的渐变，马克思主义在中国的传播和扎根就是最光辉的典范。马克思主义作为一种外来文化，它之所以能够在指导我国的社会变革和社会改造中发挥巨大作用，很重要的一点，就是我们党能够及时提出把“马克思主义的普遍真理同中国革命的具体实践相结合”的原则，使马克思主义完成了中国化的过程。这一伟大的成功经验对于我们今天仍有不可忽视的指导意义。从某种意义上讲，马克思主义普遍真理同中国革命具体实践相结合的过程，也是一种外来文化与本国传统的合理融合。这种合理融合的关键是正确的融合手段与途径，中国共产党为此付出了整整一代人的努力，在新的外来文化的冲击下，如何确立这种手段与途径是历史赋予我们的责任，理应责无旁贷。

中国文化在现代变迁过程中将仍然是一个有自我价值能力的价值体系。它在对与现代化社会不相适应的旧的文化特质淘汰、扬弃的同时，也在吸收、整合一些适合现化社会的新的文化特质。但是这一过程并不是传统文化与西方文化的简单杂糅、拼凑，而是深厚的民族文化结构在新的文化积累中的创新。这种文化的有机融合，不能脱离传统文化积累所形成的遗传趋势，中国对外开放，是中国传统文化价值体系的自我开放，它对任何外来文化价值的吸取、融合都是根据自我内在需要进行的。中国传统文化作为文化变迁的价值母体，将把各种文化的精髓含化在母体中，在新的综合中完成中国文化的时代创新。

中国现代化进程的双重压力及两难选择

在全球现代化的进程中，发展中国家纷纷沿袭欧美经典式道路，力图寻求自身从传统社会向现代社会迈进的最佳途径。但是，以工业化为主要标志的现代化并不是发展中国家文化演进的自然结果，而是在西方资本主义文明强行切入后习他人之长以图自强的应变措施。因此这些国家的现代化建设往往从经济领域率先突进，但因文化滞后，其发展屡屡受挫。中国改革开放步入现代化进程的快车道，始终面临着内部传统文化与外部文化冲击的双重压力，形成了经济、政治、意识形态等一系列发展的两难选择。现代化是社会各种因素全面协调的进步。中国现代化的思路是：借助传统势能启动现代化，利用传统走出传统。

● 现代化进程中的双重压力

对中国传统文化的归纳与概括可以得出这样的结论：中国文化衍生发展于一种独特的地理区域之内，几乎完全隔绝的地理环境造成了完备的文化隔离机制，使中国农业文化沿着一条相对独立的轨迹运行。如果这种隔离状态永久保持下去的话，中国农业文化会发展成另外一种迥异于西方文化的高度发达的文明。以工业化为主要标志的西方式的现代化不是中国文化发展的必然逻辑，而是西方文化强行切入后为保持种族延续而被迫采取的应变措施。这种措施是被动的，却也是唯一正确的，因为西方现代文明的率先崛起使中国文化不可能再按自身的内部规定性而孤立发展。然而由于这种应变选择带有急迫性，使它的先驱们来不及也不可能对他们引进西方文明所做的一切努力进行通盘的、长远的设计与思考。很少有人能够意识到用一种截然不同的文化去改造另一种具有悠久历史的文明，迫使后者转轨按照前者的方式发展并且后来居上是一种极其艰难的选择。以至于在一个半世纪后的今天，当我们回头去观看先驱们的努力成效时不难发现，尽管中国的现代化事业取得了长足的进步，但仍未能真正实现现代化，应该审视并正确评价传统文化在今天现实的存留度。

实现现代化所必须具备的两个最重要的条件是：现实社会整合所必需的制度文明和完成现代化的主体人（包括具有现代素质的人的个体和现代化事业所必须依附的人的群体——组织载体）都距西方式现代化的要求相去甚远，这一切构成了中国现代化事业的内部文化制约。与此同时在开放的局面下，西方先进的现代化国家的政治、经济、技术、文化信息，特别是其生活方式和消费水平会借助现代化的传播手段而大量涌入，对发展中国家构成强大的示范压力。在现代化建设过程中，迫切要求较快地提高生活水平、向西方现代国家的消费方式看齐的过高预期及这种预期的无法满足，会使社会产生剧烈的动荡，这一切构成了对现代化的后来者的外部制约。它与传统文化内部制约因素，一起构成对后发国家从事现代化建设的双重压力。如果双重压力同步“生辉”，发生“谐振”的话，任何一个国家都难以在这种同步振荡的情况下确保本民族的一体性，以防止自己社会的解体。这就是中国现代化建设进程中所面临的处境。正确认识这种处境，并在今后的发展中有效地分解各种压力以免其共振，是我们必须承担的、艰巨的任务。

● 双重压力下的两难选择

在纷繁复杂、变幻莫测的社会环境中保持正确的方位感是十分重要的。与先进入现代化行列的国家不同，现代化的后来者面临着一些特殊的困难：他们可以借鉴已现代化国家的发展模式，但又很容易受这些模式的束缚；它们被迫同已经现代化的国家竞争，因而必须处理纷繁复杂的国际关系；它们必须依靠现有的传统的力量对社会进行大规模的协调和控制，但这种协调和控制的深层基础，却由于与现代化格格不入而很可能被现代化的进程所破坏。因此，必须强调协调由传统向现代转变过程中传统因素与现代因素此消彼长的均衡关系，即正确调控处于历史发展进程中的社会机体中所含传统因素的质与量，以及这种质与量的状况发生改变的速度与强度。

西方式的现代化不是中国传统文化发展的必然规定，中国文化内部，不存在西方式"现代化"的基因。因此，中国的现代化只能是一种基因移植的过程，它需要通过一代又一代的文化遗传与变异，制造出一种不同于西方但优于西方、不同于中国传统而胜过传统的文化胚胎，它将兼收二者的长处而汰去各自的劣质，这如同实验室中的遗传工程一样，需要一代一代的培育，这将是一个漫长的过程，我们不喜欢漫长，但不得不做如此选择，古代先贤说过，欲速则不达。

在这个漫长的演变过程中，社会机体内传统与现代化两种因素必然同时存在，会给现代化的操作者造成一系列两难抉择。

在经济领域的两难选择表现为独具特色的中国式的"二元错位"。后发国家存在着明显的"二元结构"。一方面，为了尽快摆脱国外的压力和威胁，跻身现代强国之列，必须急速推进现代化；另一方面，整个庞大的社会躯体却根本不可能从整体上推动其向现代化的转轨。其结果只能是选择或造就少数部门向现代化的优先转化，使得这些国家少数甚至可以与世界上最先进国家并驾齐驱的先进部门（常常是工业部门，特别是国外投资的工业部门）与大量落后的传统部门同时并存。“二元结构”为这些后发国家提供了某种意义上的经济优势，如它具有大量的、充足的、廉价的劳动力供给，可以使后发国家的产业在国际竞争中以其低劳动力成本而获利。这类国家的发展战略应该是不断扩大先进部门的比重，吸纳传统部门的低价劳动力，直到完全吸纳尽为止。这时先进的现代工业部门所占的比重已占绝对优势，即已实现了从传统向现代化的转变。但中国却失去了典型的“二元结构”特征及由此带来的“二元优势”。新中国成立后，中国的工业化建设取得了长足的发展，然而这种发展是以农民的“贡赋”为资金积累基础的。其具体措施就是通过“统购统销”制由国家低价统购农民的农副产品再以低价销往城市，作为工业原料和企业职工生活消费资料，以此保证原料和工资两方面的低成本，进而获取高额工业利润，用于工业化特别是重工业建设的投资。因此工业化是以牺牲农业发展为代价的，而城市又受苏联式计划经济体制的影响很深。因此可以说中国的“二元结构”已经形成了世界上独一无二的“二元错位”局面：在技术上，城市拥有最先进的技术手段和设备，它代表着现代化的发展方向，但在制度上，它受旧体制的影响、束缚很深。在体制方面，农村是先进的，然而在技术方面却又十分落后。“二元错位”局面给我们带来了一种两难选择，到底是依托农村还是城市作为改革、开放和现代化发展的增长极？如果选择前者，将会造成资源的浪费；如果选择后者，那么现代化建成之日就是体制病蔓延全国之时。世界各国没有任何经验可供借鉴。

在意识形态领域也存在着两难选择。现代化具有全球发展的特性，它要求具有广泛的国际合作、相互协调，一体化发展的意识，以及由此而来的思想意识的相互认同，并接受和价值观的彼此融合和一致化。但对后发国家来说，这意味着民族意识的淡化和随之而来的民族凝聚力的丧失，进而造成整个民族崩溃的可怕后果。因此后发国家的政府往往不得不极力宣扬本民族的传统文化以加强民族意识。困难的是：加强国际合作、世界一体化意识代表着现代化的方向，但可能造成本民族在外来思想的冲击下而解体，褒扬传统文化和民族意识能够强化民族的内聚力和向心力，却与现代化进程背道而驰。

在两难选择面前，不存在利弊相较取其轻重的问题，任何一种简单的二择一行为都会给社会带来难以承受的震荡，我们需要的是艺术地调控社会机体内传统与现代化两种不同因素相互制衡 相互转化的关系，使其在内平衡的条件下发生此消彼长的转化。社会的演变和发展有两种方式，一是剧烈的革命，二是改良渐进。在世界各国现代化进程中两种先例都曾出现，分析其利弊得失，不难得出有益的启示。

破解中国现代化进程制约因素的文化方略

现代化是一场全面深刻的社会大变革。中国在从传统社会向现代社会迈进的艰难征途中，经过四十多年的改革开放，在中央政府计划分配资源，转变到市场配置资源起决定性作用的变革中，中国经济快速发展已经成为世界第二大经济体。中央集权传统的组织资源起到了决定性的作用。面对新的世界格局，中国再度启动了全面深化改革的方略，继续破解现代化进程中经济、政治、意识形态的制约因素，比较借鉴世界各国现代化发展历程中成功和失利的经验教训，以期再度深化中国现代进程的求解程序，积累能量、蓄势待发，在新的发展阶段再度借助传统走出传统，可以成为战略思考的文化方略。最终通过组织创新、制度创新，把中国建设成为民主法制的现代文明强国。

● 现代化进程的经验借鉴

传统社会向现代社会的演变和发展有两种方式，一是剧烈的革命，二是改良渐进。在世界各国现代化进程中两种先例都曾出现过。

英国从传统社会到现代社会的转变是通过不断的改良逐渐完成的。英国的“光荣革命”确立了君主立宪政体。英国的经验表明，在社会变革的过程中存在着这样的可能：权力结构可以在不改变政权形式的前提下加以改变，政治制度的变革也未必必须以流血为代价。现代化可以借助传统的躯壳得以萌生并取得发展，这样甚至还可以使现代化由于更接近民众心灵深处的文化积淀而易于得到认同，也可以使社会免遭动荡和破坏。

法国是欧洲专制主义的典型，封建王权势力强大，共和制度的建立经过反复街垒、巷战，一系列革命、共和、复辟、再革命的反复动荡，付出了血流成河的代价。法国的经验表明：暴力革命可以推翻旧制度，却未必能建立新制度，即使建立起新制度，也是很难稳固的、彻底的。因为人们心灵深处的传统思想与现代思想冲突不可能靠暴力革命加以解决，因此必然出现剧烈的反复与动荡，国家必须对这种反复与动荡支付极其昂贵的代价。对于许多国家来说，这种代价往往是支付不起的。

菲律宾与韩国在第二次世界大战结束后，在美国的支持下推行民主政治，开始了向现代社会的迈进。两国均通过专制独裁的手段，希望快速发展经济，由于并不具备民主、法制的基础，出现了社会腐败滋生，经济状况一片混乱，人民生活难以为继，社会出现动乱。像埃及、阿根廷、墨西哥、智利等许多发展中国家，也大都经历了这种民主—政变—独裁—民主的循环。这说明，在缺乏民主传统的国家，专制是保持社会整合力的强有力的武器，利用传统手段推行现代化有时是很明智的措施，但是专制毕竟不是现代化的内容，民主政治则是现代化的必然要求，它迟早要成为现实。因为这是现代化的进一步发展的必然趋势，也是世界经济一体化的必然要求。

日本是最早建成现代化的亚洲国家。日本的现代化不同于欧洲国家，它是一种“东方式的资本主义”。造成这种特色的根本原因在于日本的现代化充分利用了本民族传统文化中有利于现代化萌生、发展的因素，而不是割裂传统。日本的经验表明，根据西方现代国家成功经验归纳出的现代化准则，其实质固然具有普遍意义，但其形式特别是实现这些准则的途径却可以千姿百态。随着现代社会的发展，世界文化会越来越趋于一体化，但一体化并不是抹去民族特色，相反却是使民族特色进一步得到加强。

同世界上所有国家已经完成或正在进行的努力一样，中华民族也正面临着传统社会向现代社会的根本转变，考虑到中国目前遇到的内外文化变革与冲击的双重压力、参考国外成功的经验与失败的教训，可以就解决中国现代化出路问题提出新的文化方略：即改革、渐进、借助传统推进现代化。

● 现代化进程的求解程序

解决现代化进程中的文化冲突可以有两条途径，一是革命，一是改良。前者能够强有力地扫清一切阻碍文化变革的保守力量特别是顽固的保守力量，但它至少有两种弊端，一是给社会带来相对而言较大的动荡和破坏；二是它虽然能够破除旧制度，却不一定能够建立新制度，尤其是当社会上旧文化的积淀较深，缺乏新制度建立的深层文化基础时更是如此。改良是以较缓和的形式解决文化冲突，表面看来这种解决往往不彻底，并且带有较多的旧文化的痕迹，但是由于这种变革不但可以避免与传统文化发生过于激烈的摩擦，而且能够使新制度更易于得到人们的认同，同时尽量减少社会的动荡。当然改良道路能否成功，依赖于一些先决条件，如先进文化具有较强的优势，统治者较为开明，等等。鸦片战争以来，中国现代化的先驱者们曾反复进行过改良的尝试和努力，然而旧势力过于强大，他们不但远非开明，而且相当顽固，不肯作任何让步，于是人民不得不依赖革命暴力将其摧毁。随着革命的胜利，人们已越来越相信革命的力量，以至于新中国成立后一直以各种“急风暴雨”式的政治革命，推进现代化建设。可是革命并不能解决文化深层构造问题，也不能解决中国所面临现代化不可缺少的组织资源十分薄弱的问题，因此现代化事业屡屡受挫。由此看来，改革的道路是唯一符合国情的道路，因为目前的中国不但有改革的必要，也具备各项改革条件：人民对于现代化的目标具有明确统一的认识，政府与人民的利益是完全一致的。因此自上而下的改革是正确的选择。

改革的同时必须强调渐进，因为中国的现代化受到一系列慢变因素的制约：作为现代化的主体，人的素质相对较差。现代社会的思想意识，从事商品经济的能力等都必须经过长期的培训。旧的传统文化在心灵深处的积淀的破除，甚至需要一代代人的不懈努力；作为现代化的载体，组织资源十分薄弱，需要长期的培养、扶持才能正常发育；城乡隔绝的局面造成了不同的利益集团，尽管他们都迫切希望现代化事业取得顺利的进展，但在改革中对切身利益的触及必然遇到顽强的抵制。在这种情况下，任何过激的改革行为，对任何一方利益的忽视都难免引发社会的动荡。改革只能是在对各种利益的均衡协调中缓慢地发生此长彼消的变化。所有这一切，都决定了中国的现代化是一场渐进的、慢变的过程。

由于西方式的现代化不是中国社会自身发展的必然逻辑，而是西方资本主义文化强行切入后被迫接受挑战的结果，因此中国社会“现代化”的因素较为薄弱，而传统文化的势能十分强大。在现代化进程中，对传统文化的彻底摧毁，或者是不可能的，或者是传统的力量崩溃后由于缺乏现代化的替代因素而造成社会的解体。因此借助传统的势能推进现代化，就是一种十分明智的选择。

明确了上述指导原则，就不难设计出关于中国文化出路的求解程序，这种设计必须从物质文化、制度文化和精神文化三方面全方位入手。

在经济领域中，要进一步深化体制改革，探索如何从机制上入手，快速调动经营主体的生产积极性和工作的责任感。中国改革开放形成了国有企业、外资企业、民营企业三个市场经济发展的主体。现代化在经济领域需要探索确定由谁承担主导市场配置资源的角色。国有企业主导资源产业、实力雄厚；外资企业管理能力、组织程序、技术基础均好；民营企业机制先进，经济总量覆盖半壁江山，企业家具有勤劳、智慧、不断创新的能力；如果三者结合，按行业相互参股，合作经营，发挥各主体的优势，共同承担行业主导市场配置资源的责任，形成混和所有制的组合，可以成为市场经济发展整合资源的平台和创新的组织载体。通过组织创新、制度创新的探索，发挥企业家精神，这一文化创新、机制创新产生的新能量，必将推动中国经济再度进入快速发展的轨道。

在社会结构方面，强大的中央集权和庞大的血缘家族被行政机构纵向贯通的“两点一线”式结构，在中国具有顽强的生命力。此一方面要加以利用，另一方面必须采取有力措施促使“第三类组织”，即企业组织、自治组织的发育、壮大。这些措施应包括以大规模、不间断的社会流动打破血、地缘联系，以“陌生面孔”组织企业，以责、权、利建立内部联系和行为规范，以法规约束组织间的行为关系。总之，政府应按照市场经济运行的法则，加强对各类型经济组织的发育，特别是民营企业进行扶植及保护，逐步铸造出中国现代化发展的新体制力量，组织创新与制度创新是我们的迫切任务。

在意识形态领域，中国历来重视思想意识的作用，政治、社会理想方面的信仰具有极大的能量。中国人高度的历史责任心、义务感和献身牺牲精神以及对真理的执着追求态度都是民族的宝贵遗产。核心内涵应该是“先天下之忧而忧”“天下兴亡，匹夫有责”的义务感，以形成一种“上下一心，官民一体，同心协力，共渡难关”的民族意识。这当然比其他方面的任务要艰巨得多，但这是一个无法绕过的难关，世界上每一个能够在逆境中崛起的民族，都有过这种经历，如战后的德国、日本等。

中国文化是世界最具特色的文化类型之一，她具有顽强的生命力，几千年来，她的发展从来没有中断过，并且对周边民族产生着巨大的影响。现在，中华民族面临着从传统社会向现代社会根本转变的历史性变革时期，由于现代化不是中国文化自身发展的必然规定，而是与中国文化异质的西方文化的产物，这就对中国传统文化构成了挑

战，中国文化需要与西方文化相融合。因此，未来文化的出路，应该是在人类命运共同体的理念引领下，中国文化与世界文化沟通形成共同发展的轨道，彼此吸收、融合，形成全新的一体化的世界文化。一体化意味着在新的高度上的同质化和多元化，它不但不会取消民族文化的特色，而且会使这种特色得到进一步的加强，这是一个民族之所以应该存在的理由。

西方国家经济区域一体化的价值准则

20 世纪 90 年代，美苏两国建立在“地缘政治”基础上，以意识形态领域对抗为主的“冷战”体制坍塌后，国家民族利益为核心内容的“地缘经济”利益已成为国际关系的新准则。全球经济区域一体化、集团化超常发展，使各国的相互依存程度日趋强化。区域性国家利益集团的形成，无疑将大大加强成员国之间的经济往来，客观上必然会产生对非成员国的排斥作用。为此，中国应积极参与国际经济竞争，尽快选择区域发展的“进击地”，开展跨国经营。

● 国际关系发展中的价值取向

二次世界大战结束后，世界安全时局从热战状态转入以美国为首的“北大西洋公约组织”和以苏联为首的“华沙条约组织”两大军事集团对峙、抗争的“冷战”阶段。双方将东西方政治格局的分水岭定格在“地缘政治”的基础上，并呈现出意识形态领域中的高强度对抗。中国在两种政治力量的挤压下，一度曾被排挤在“国际政治舞台”之外。20 世纪 60 年代，中苏意识形态领域论战开启，双方关系随着边界冲突彻底恶化。从“远交近攻”的地缘政治的基本观点出发，中苏关系恶化，中美关系即应解冻。但直到 20 世纪 70 年代中美

“乒乓外交”方才揭开两国关系和解序幕。意识形态是否趋同成为当时评判国家间关系好坏的主要标准。

时至20世纪90年代，世界政治格局发生重大变化。东欧各国及苏联变革性的内部震荡，导致两大军事集团长期对峙的“冷战”状态瓦解，各国急需在裂变与重组的国际格局中发现自身的最佳位置。随着冷战结构的解体，在对外政策方面，意识形态争执弱化引发的真空正在由其他因素来填补，当问题不再是要在两种社会制度中做出世界性的选择时，各自的特殊利益就强烈地凸现出来。生存环境与繁荣发展的条件是一个国家民族的根本利益，在未来的国家关系中以国家安全利益、经济利益、地区性利益构成的所谓国家民族利益将更多地取代以前的意识形态的对峙，而占据主导地位。全球势力范围和战略格局可能会按“国家利益”重新排列组合。

在两极对峙“冷战”结构中，由于结构单一，为维持稳定状态所需要支付的“交易费用”相对较少。而在多种力量“相互平行”运转的多极体制中则相反。多极易致多变，世界政治关系中不安全因素与日俱增。海湾危机是超级大国世界管控能力下降，地区势力崛起推行霸权主义的突出事例。在这次事件中，过去长期在“中东危机”中顽固发挥作用的“冷战”规则及其深刻的意识形态对立，似乎消失殆尽了，国家民族利益成为各国解决海湾危机的主导动机。

在经济上，美国的国家利益是要求确保自由企业制度和自由贸易原则，同时在全球范围内确保美国及其盟国得到一定经济活动所需足够的有保证的资源供应。中东是连接欧亚非三大洲的纽带。中东石油是美国和西方工业运转的生命线，是所需能源的最重要产地，其在全球战略地位的重要性不言而喻，美国决不会放弃对这一地区的控制。战后40多年来，美国一直通过北大西洋公约组织和美日安全条约实施对盟国的管理。由于东欧剧变和华约集团的名存实亡，以美国为首的北约军事集团失去了对手，集团存在的基础发生动摇。既然美国的敌人消失了，美国唯一要担心的就是他的朋友了。过去克里姆林宫的威胁促使美国及其盟国去解决或排除它们的问题，现在没有这种威胁了，美国与其盟国正进入一个关系紧张的时代。

由于西欧将建立统一的货币和统一的防务政策，以及大幅度裁军取得突破性进展等原因，美国正逐步丧失对其西方富有国家政治、经济和军事上的领导权和在欧洲存在的现实依据。欧洲共同体与美国是互为对立的贸易集团，而不是可能与之共同建立更加稳定的世界秩序的伙伴。两德的统一又加速了进程的发展速度，日本作为全球性经济大国对其“二流强国”的政治从属地位早已心怀不满，持续性的日美贸易摩擦就是对美国全球霸权地位的初始反映，最近日本参议院通过了向海外派兵的法案，更是日本谋求政治大国甚至军事大国的表现。但是，海湾危机为美国提供了一个实现既定目标的机会，通过控制世界主要能源产地以确保美国在欧洲仍旧行使一定发言权的战略地位，同时在资源上控制并建立遏制日本向政治大国、军事大国迈进的“进击地”。为此美国迅速调整其海外战略格局，实现从欧洲向海湾地区的战略大搬移。奠定在能源经济基础上的区域性战略调整，同时也再次反映了美国传统的国家安全利益。正如曾任总统国家安全事务助理的布热津斯基毫不隐讳地指出：“谁控制了欧亚大陆，谁就能运掌全球。因此美国必然把大洋彼岸的阵地（包括西欧、远东、南亚）视为美国的防御前线，从而避免从美国本土进行防御。”

中国是一个在处理国际事务中发挥重要作用的政治大国，也是世界唯一具有 14 亿人口的巨大市场。目前苏联已解体，但继承苏联地位的俄罗斯联邦却拥有苏联 1/2 以上的人口、3/4 以上的领土、全苏工业产值的 2/3 和 30% 的军工产品，它不但拥有巨大的潜力，而且仍是第二核大国。经过长期动荡总会逐渐稳定下来，还可能在不断分化组合中最后同一些独立共和国结成新的国家集团，其力量和作用决不能忽视。新联盟的壮大无疑将会危及美国的全球利益，因此美国决不可能对他们采取真诚援助的态度。一个对美持友好态度，相对强大的中国将对新联盟起钳制作用。因此，无论从地缘政治还是从经济利益的角度出发，发展同中国的经贸及政治关系，都是符合美国的切身利益的。所以布什及其政府不论出于什么目的，都很重视保持同中国的关系。

目前，世界国际关系格局正处于分化和重组之中，世界各国无不把国家民族利益置于对外交往的首要地位。而建立在“地缘政治”基础之上的国家经济利益必将成为未来国际关系的基本准则，在这方面我们急待观念更新。

● 国际间区域经济圈的合作和发展

世界经济进入20世纪90年代，主宰国际形势变化格局的大国之间的关系，已愈来愈从奠定在意识形态强度对抗基础的政治、军事上的抗争让位于经济领域的竞争与合作。而国际经济中的竞争也已开始从单一的国家利益主体转向多国联合利益主体之间进行。当今世界建立在“地缘政治”基础上的全球经济区域一体化集团的发展速度明显加快，已形成1.5万亿美元的国际投资，3万亿—4万亿美元的国际出口贸易，以及几十万亿美元的国际资金交易。国际贸易的超速增长和生产要素的大规模的高速的国际流动，使得谋求国际间的经济合作已成为各国发展的内在要求。

全球经济区域一体化突出体现在以国家关系为基础的地域集团蓬勃发展。当前，新近成立或正在酝酿成立和重新振兴的经济集团已多达20余个。其中最引人注目的是新近组建中的美加墨自由贸易区、即将建成的欧洲统一市场和正在酝酿中的亚太经济合作圈。其他中小国家和发展中国家也纷纷成立或重振旧有的经济集团，其中比较有代表性的有：东盟自由贸易区、加勒比经济共同体、拉美经济集团、阿拉伯合作委员会，等等。这些经济集团大都以统一内部市场、取消关税壁垒，协调成员国贸易政策等手段促进成员国生产的发展、技术交流、情报沟通、贸易往来和开拓商品销售市场。

欧洲经济共同体的12个成员国将建立经济一体化和货币一体化

的统一市场，实现其成员之间商品、人员、劳务和资金的自由流通。欧共体的统一市场将给欧洲带来巨大的经济利益，对外贸易将占世界贸易总额的1/3，在80年代后期，已经有大约1/3的有碍于共同体统一市场形成的规章制度被废除。从英国到意大利，欧洲的一些公司已经在试图放弃他们各自为战的作法，而致力于寻求一个统一的市场。1993年后，这些国家将打破国界实现政治一体化和组建“欧洲大联邦”宏伟计划。统一市场的形成是世界经济走向区域一体化的标志，它代表着世界经济从单一国家利益主体竞争，向多国联合利益主体竞争的方向发展。

美国等经济大国已感到了极大压力，逼使他们从“地缘经济”出发考虑本地区经济合作，加紧进行美加墨自由贸易区的建立，以抗衡欧洲大市场的形成。美国和加拿大双方贸易额目前居世界首位，现在由于美加自由贸易协定的实施，估计到1993年加拿大一方贸易额就将增加生产10%以上，增加向美国出口额10亿美元以上。墨西哥被吸收参加之后，作为国际贸易一极的北美自由区实力将更雄厚。

欧洲经济共同体和美加墨自由贸易区的快速推进，对促进亚太地区的合作构成了明显的外部压力。一个新的经济、政治中心即将在亚洲和太平洋盆地孕育而生。不少人士预言“21世纪将是太平洋的世纪”。亚太地区和世界其他地区发展相比较具有最为广泛的发展基础。它是中、日、美三大国利益的交汇点。

这里既有取得巨大成就被誉为亚洲“四小龙”的中国台湾、韩国、新加坡、中国香港，又有正向工业化迈进的东盟“四小龙”的印尼、马来西亚、菲律宾、泰国。既包括经济繁荣的工业国澳大利亚和新西兰，也包括广义范围的美国太平洋诸洲。这些条件的最佳组合加上人口超过30亿的巨大市场吸引力，促进它成为世界变化最大，经济增长最快，交通运输最活跃的发展中心。

日本为谋求与美国分享世界领导权，建立日美欧共同管理世界经济体制，决定以东亚为重点，在推进区域合作过程中力图建立自己的

“势力范围”，以期应付北美自由贸易区、欧洲统一市场的挑战并与之抗衡。

亚太地区无论从经济上还是从政治上对美国都是至关重要的，1988 年美国在亚太地区的直接投资已超过 440 亿美元，占美国海外投资总额的 14%，1987 年美国与东亚国家和地区的贸易额比欧共体国家的贸易额多 54.4%，日本有将近 1/3 的出口产品销往美国，亚洲四小龙的出口产品也大约有 30% 输往美国。尽管日美两国是一种同盟关系，但美国出于自身全球发展战略的考虑，不会轻易让日本独占东亚魁首的，因为美国在东亚地区的贸易是入超，而日本在这一地区是出超，双方的经济利益在这一地区碰撞摩擦得非常厉害，过去，这种利益冲突大都是以日本的某种让步或者以日美间政治协调得以暂时缓解。进入 90 年代，随着美国经济的衰落和地域集团的形成美日关系已日趋难以协调。更深层次的原因是，日本是一个人口众多资源极度贫乏的“经济大国”，如果将自身“世界加工厂”智能、技术优势与东亚地区丰富的经济战略资源的天然优势有机结合起来，必然加速其从经济大国向政治军事大国迈进的步伐。如果美国把东亚这块战略要地拱手相让，就等于它在二战中以及以后 40 多年通过控制资源抑制日本势力膨胀的战略设计统统化为泡影。

中国作为 10 亿人口的大国，国民生产总值居世界第 3 位，综合国力居第 6 位，我们应当清醒地意识到自己对世界和平与发展所负的责任。我们应该积极地建立和维护有利于我国的国际政治、经济环境和周边环境，主动地对地区的形势施加影响，树立一流强国意识，为经济的振兴发展准备“桥头堡”和“进击出发阵地”。

（本文写于 20 世纪 90 年代）

国际经济竞争区域进击地的选择

20世纪90年代，在全球经济一体化发展的进程中，区域性国家利益集团的形成，无疑将大大加强成员国之间的经济往来，发达国家之间存在着一种战略上的默契，即维持乃至强化历史上形成的不合理的国际经济格局，它客观上必然会产生对非成员国的排斥作用。为此，中国应树立一流强国战略意识，积极参与国际经济竞争，尽快选择区域发展的“进击地”，在经营主体准备上形成了大型企业集团化，企业集团国际化的构想，即迅速组建一批大型企业集团，由国家队率先开展跨国经营。

● 国际经济竞争中的“进击地”

在世界经济的重新组合中，欧洲经济共同体、北美自由贸易区和亚太经济区三大不同形式的经济集团正在形成，为了联合自强，发展中国家近年来也纷纷建立各种经济共同体和一体化组织，亚太国家和地区内通过几年双边和多边合作的实践，也使进行区域合作的愿望进一步增强。有关国家的政府或民间机构已提出了多种区域和次区域合作的设想，除了已有的东盟和南亚区域合作联盟等次区域合作组织外，本世纪内也还可能建立起一些新的次区域合作组织。如目前在亚太地区呼声较高的是要求建立东北亚地区经济市场，东北亚经济主要指苏联远东地区，中国东北地区以及日本和朝鲜半岛。东北亚经济区拥有苏联丰富的自然资源，中国丰富的劳动力资源和日本、韩国的资金技术。区域合作的内容将由以贸易和投资带动的生产合作，进一步扩大到科技、基础设施，尤其是交通运输、能源开发与环保，人口控制与人力资源开发等领域。集团化有助于区域内经济贸易的发展，但对外部实行不同程度的保护，而且主要集团又都在少数西方大国分别控制之下，因此对发展中国家也可能挑战大于机会。但是集团化既已成为世界经济发展中不可阻挡的潮流，各国只能采取积极态度争取在其中的有利地位，避免受制于人，更不能被排斥在有关区域集团之外。

从亚太地区的经济发展趋势看，第一个高潮是日本经济在 20 世纪 60 年代的高速发展；第二个高潮是 20 世纪 70 年代韩国、中国香港、中国台湾、新加坡经济的崛起，而正在兴起的第三个高潮将包括中国在内的亚太地区。中国是亚太地区的一个大国，拥有较为丰富的自然资源和劳动力资源，巨大的市场潜力可以给亚太各国带来经济利益。目前，日本及亚洲“四小龙”因内部生产成本普遍上升，急需向外寻找投资场所，中国应抓住时机，使自己对亚太的经济政策更具灵活性，更具吸引力，制定出切实的外贸、产业政策，参与这种新的国际分工，进一步加强同这些国家地区的合作关系，逐步提高中国在亚太地区的地位和作用。

中国在地理环境上处于亚太地区，在文化渊源上与东亚、东南亚有着长期交互影响的历史，其文化传统与价值取向都十分接近或相像。东亚、东南亚地区在历史上长期接受中国文化的辐射，儒教文化占据核心地位。进入近代工业文明以来，它们相继落伍（日本除外），沦为西方列强的殖民地或半殖民地，被迫接受欧美文化的影响。第二次世界大战后，他们利用冷战的国际环境以及朝鲜战争、越南战争的有利局势，大量吸引欧美文化与本身所固有的儒教传统相结合，形成所谓“新儒教”文化圈，并在经济发展方面取得举世公认的成就。

中国在亚太地区发展的实施步骤：首先应加速中华民族的统一步伐，中国一旦实现统一，台湾的技术，香港的资金、信息与大陆的完整工业体系及强大的科技力量，以及较低廉的劳动力结合起来，这一切将构成中国在东亚地区不可忽视的优势地位。台湾经济发展正面临区域内贸易保护主义的强大压力，同时又遇到亚洲低工资国家在传统轻工业品市场上的激烈竞争，如不开辟新市场，其经济增长将日益艰难。大陆和台湾之间经济上具有强有力的互补性，尽快打开直接贸易和投资的渠道，联合发展的潜力是巨大的。港澳即将回归祖国，这样就为内地与港澳进一步密切经济合作创造了有利的条件。从现在起，中国应有意识地将大陆、港澳、台湾三者作为一个整体来考虑，更积极地推进三者之间的经济分工合作。

第二，加强与东盟各国的经济合作。进入 20 世纪 80 年代以后，东盟各国的经济也出现了迅速增长的势头。1980—1987 年，经济年均增长率高达 6.6%，近几年它们利用亚太地区产业结构调整之机，大量吸收外资，使经济增长进一步加快。1989 年，国民经济增长率，泰国 10.8%，马来西亚 7.8%，印度尼西亚 6.5%，其中泰国、马来西亚发展尤为突出，正在加速向新兴工业化国家行列前进。东南亚国家人口众多，商品需求结构与中国互相适应，是亚洲市场中尚待开发的处女地。进入 20 世纪 80 年代后，除新加坡外的东盟五国的经济也出现了迅速增长的势头。近几年，它们利用亚太地区产业结构调整之机，大量吸收外资，使经济增长进一步加快。海外华人在区域内各国人数众多，泰国 5000 万人口，华人占 10%，其中相当一批具有高知识、高智能结构，居于所在国家的中产阶级或更高地位。他们发挥了中华民族的勤劳勇敢和聪明才智，在海外建功立业，取得了举世瞩目的成就，得到国际社会的高度评价，为中国经济向此区域发展建立了桥梁和通道。因此，抓紧东南亚市场的开发，抓紧和这些文化共通的国家的经贸往来，扩展华人经济圈的区域合作范围，将是明智的选择。

第三，拓展向太平洋西海岸发展的桥头堡。美国政府与墨西哥政府正在加紧美墨自由贸易区的筹建工作。从发展趋势看，美墨自由贸易区的建立可能对东南亚和中国经济发展产生影响。据调查，墨西哥劳动力价格低廉，资本成本低。土地和设备便宜；与美国交界，公路运输条件优越，运输费用低廉，从墨西哥进货到洛杉矶的运输费用是从韩国或日本进货运输费用的 1/4。1984—1989 年，美国在墨西哥直接投资高达 318 亿美元。美墨自由贸易区建立后，美国会把其在日本、中国、东南亚等亚洲国家的大量直接投资转移到墨西哥。美墨自由协定既可以为墨西哥创造大量就业机会，带动当地的经济繁荣，又能够降低美国在亚洲各国产成品运输成本。目前日本等经济发达国家早已瞄准墨西哥，通过直接投资，扩大其产成品在美国的市场份额。美墨自由贸易区很可能成为太平洋区域经济发展的一个“热点”。我们应注意研究美墨自由贸易区可能对中国大陆经济和东南亚经济产生的影响。创造条件，有选择地用一定直接投资带动间接投资在墨西哥设厂，这样可以避开贸易壁垒，扩大出口，又可促进技术发展，在新一轮的国际市场竞争中占领滩头阵地，掌握主动权。

● 参与国际竞争的主体力量

全球经济区域一体化的趋势，最终是由跨国公司的跨国经营活动发挥实际作用的。据不完全统计：国际直接投资的 90%，国际技术转让的 30%，世界生产量的 40%，国际贸易的 25% 以上都在跨国公司的有效控制中。目前，世界上的跨国公司总量已达 1.4 万家，子公司达 11 万家，其中 90% 以上属于发达国家。跨国公司的流动资金已超过所有西方国家官方外汇储备总额，几百家最大的跨国公司实际上控制着西方工业生产的 2/3 左右。跨国兼并的联合方式几乎与日俱增，直接影响着国际经济的发展进程，跨国公司已成为当代国际经济和国际贸易中最为活跃最有影响的经济力量。发达国家的任何一种经济波动和不景气都可以通过国际贸易和跨国公司的活动，成功地转移给发展中国家，使这些国家蒙受巨大经济损失。总之区域经济一体化、集团化的客观现实仍旧是一个以西方发达国家为主导，以不合理的国际分工为基础的世界经济格局，70%左右发展中国家甚至有被“逐出”真正积极参与国际交流的危险，它正成为发展中国家自身经济发展的严重障碍。要战胜这一挑战，发展中国家必须做出极大的努力。

面对纷纭变化的世界经济格局，中国必须坚持对外开放政策，投身于世界经济发展的洪流之中，确立自己在世界经济中的有利位置。互相依存的发展格局，为我们发展外向型经济，参与国际市场竞争，开展跨国经营，并不失时机地组建具有中国特色的跨国公司无疑是一次良好的契机，同时也面临着严峻的挑战。

中国政府洞悉世情，对全球经济整体化发展进行了冷峻的分析，并立足国情、结合中国经济发展的客观需求提出了组建一批大型企业集团，使之成为参与国际竞争的“国家队”的战略设想，这是一个非常英明的战略决策。中国经济要走向世界，首先要集中国家的经济实力迅速扶植一批企业集团，利用其雄厚的人力、物力和财务资源，率先进入国际市场。

中国经济应顺应全球经济整体化进程，加速进入国际经济轨迹，以借助国际经济势能加速国内经济的发展，跳出经济发展内循环的运行轨道，寻找能够与国际市场规范对接的捷径。欲达此目的，造就一批了解世界经济局势和国际市场，具有丰富的理论知识和外向型实践经验的企业家就成了当务之急。

中国企业集团的国际化，首先应是企业家的国际化。如想使中国企业集团逐步跨出国界走向海外，就必须创造条件使中国企业家有机会了解海外环境。因此中国企业国际化发展进程，应是企业家在与对方频繁的接触中熟知所在国国情的过程，同时就商业机会而言，稍纵即逝，流动速率加大，自然机会选择增多。从这个意义上看，我们设想应该有目的有对象地增强中国企业集团接触海外市场环境的频率。

目前，中国企业集团国际化发展同时具备明显的优势和劣势，前者在于我国劳动力资源丰富，生产成本较低，后者在于缺乏国际市场信息和销售渠道。因此，企业集团应主动到发达国家区域经济圈和自由贸易区内开展经营活动，因为经济圈内的国家在区域进行的联合最终是要向取消关税，甚至向货币一体的经济一体化方向发展。因此打入一个成员国，就意味着进入整个大市场，可以享受到区域内成员国之间无进口关税等一系列优惠待遇。

企业集团向海外发展最有利的战略选择，应该把企业集团产品设计部门和产品销售部门直接建在海外，这样可以迅速根据国际市场的需求就地设计新产品，利用国内的劳动力优势组织低成本生产，然后利用建立在海外的销售部门出口产品。这种“前店后厂”的模式对于提高企业的国际运作效率具有十分重要的意义。20 世纪 60 年代的日本，20 世纪 70 年代的中国台湾、韩国、新加坡的外向型经济发展都是采用这种模式。

中国国际化发展的战略选择，需要有一个设计实施的发展过程，但是，全球经济区域一体化、集团化的快速发展，促使我们应该尽快将国别经济纳入到世界经济发展的洪流中去，舍此，别无他途。总之，我们应当清醒地意识到自己对世界和平与发展所负的责任。我们应该积极地建立和维护有利于我国的国际政治、经济环境和周边环境，主动地对地区形势施加影响，树立一流强国的意识，为经济的振兴发展准备“桥头堡”和“进击出发阵地”。

（本文写于 20 世纪 90 年代）

《在民族灵魂的深处》的历史思考

中国经济体制改革于20世纪70年代末期率先在农村兴起，在那个充满理想主义色彩的时代，一批有志向的中青年自发成立了中国农村发展问题研究组，积极参与了农村改革的调查研究和方案设计工作。他们向政府有关部门提交的家庭联产承包的经营模式、粮食购销体制改革、组织创新制度建设等关系民生问题的研究报告，许多研究成果被政府有关部门采纳，并引起了中央领导的关注和支持。国务院农村发展研究中心所属的发展问题研究所，是20世纪80年代政府在农口成立的一家政策研究机构，它主要职能是对中国农村改革的中长期发展战略和短期政策进行研究，现在叫智库。

改革是社会矛盾日趋严重，日子过不下去的被动选择。面对百废待兴临近崩溃的农村出现的经济危机，自发组织起来的中国农民创造了包产到户土地承包的经营模式。中国农民在20世纪70年代末自下而上的创举，使自己拥有了独立的财产权力和发展商品经济具备的身份自由，蓄之既久，其发必速，农村改革的两大法宝使压抑已久的生产力得到空前的释放。随后在政府自上而下的推动下，中国踏上了经济体制改革发展市场经济的富民强国之路。在那充满家国情怀理想主义色彩的时代，我非常有幸在研究所成立之初，就从北京师范学院历史系调到发展所担任所务秘书，主要从事科研联络工作。

在联系《走向未来丛书》工作中，我参加过许多学术研讨会，同时参与了为研究所学术骨干评定高级职称的工作，开始对传统文化在中国现代化进程中制约因素的问题进行了思考。1988 年，我与高亚彪合作撰写了《在民族灵魂的深处》一书。

●《在民族灵魂的深处》的构想

思想解放是改革开放的前奏，20 世纪 80 年代发展研究所和一批理论界的学者共同组织出版了《走向未来丛书》。当时拟定出版 100 本，通过对自然科学与社会科学结合为主的新兴学科成果和方法论的介绍，使广大青年从整个人类文明曲折发展和更迭中，理解中华民族的伟大贡献和历史地位，科学地认识世界发展的趋势，激发对祖国、对民族的热爱和责任感，积极投身于改革开放建设社会主义现代化的事业中。在参加“中国经济体制改革研讨会”期间，我有幸认识了金观涛、李泽厚、甘阳、刘东等一批优秀的哲学历史文化界的知名学者，记述了研讨会的成果，撰写了中国现代化进程中对封建主义批判的观点综述。

在所领导的直接指挥下，为研究骨干进行高级职称的评选工作。我邀请了时任国务院农村发展研究中心杜润生主任、中国社会科学院刘国光副院长、国家计委政策研究室桂世镛主任、中国社会科学院经济所董辅礽所长、北京大学厉以宁教授等专家组成学术评审委员会，对邓英淘、周其仁、罗小朋的副研究员资格进行了学术评审。邓英淘所著的《新发展方式与中国的未来》，从中国经济体制的内部制约因素、国际化发展的外部环境、中国应选择新的发展方式三个方面探索了现代化的出路。周其仁主笔的《改革面临制度创新》，对包产到户 8 年之后，中国农村改革面临新的困境，提出解决深层次的矛盾需要组织创新和制度创新。罗小朋设计了加大市场化手段对农村投资体制改革的方案，最终在中国农村信托投资公司新机制中得以实现。三位学长的学术研究成果获得学术委员会的高度评价。

我在科研联络工作中，形成了对解析当时中国改革困境的一些判断：中国的现代化进程会遇到传统文化的阻力，应该把传统看成是一种资源，如中央集权制政体的组织资源、农村形成以家庭为主体，血地缘、亲友情为纽带的社会细胞。通过对传统资源有效的整合扬弃，可以使整个民族的组织化程度得以强化提升，我们应该有效地借助传统资源启动现代化，利用传统走出传统。在改革发展中进行民主与法制建设，不断进行有效的组织创新和制度创新，夯实现代化发展的社会基础。

●《在民族灵魂的深处》的思考

1988年，我撰写了《在民族灵魂的深处》一书。从中国文化发展史和中西文化比较的角度揭示了中国传统文化的特质及其成因。对世界农耕文化、航海文化、游牧文化的起源、演化的历史进行了系统的梳理，在此基础上，运用比较文化学关于人类文明隔离、交流、冲突、融合的原理，对世界各主要文化进行了探寻其兴衰的比较研究。

以工业化为主要标志的现代化并不是发展中国家文化演进的自然结果，而是在西方资本主义文明强行切入后习他人之长以图自强的应变措施。一些国家的现代化建设往往从经济领域率先突进，但因文化滞后，其发展屡屡受挫。现代化是社会各种因素全面协调的进步。中国文化内部，不存在西方式“现代化”的基因。在经世致用理念的指导下，我又从传统文化与现代化的角度分析了中国现代化进程的制约因素及求解程序，提出了借助传统势能启动现代化，利用传统走出传统的观点。在文化学研究领域具有一定的影响，成为当年团中央向全国青年推荐的社科类书目。

中国传统文化的核心是：儒、道、佛三位一体、互为支撑，形成鼎足而立的格局。儒家是中国传统的政治文化，倡导“先天下之忧而忧”，“达则兼济天下”，是积极入世的此岸学说；佛教历经艰辛万难，

以大爱无疆、积德行善的追求在中国落地生根，是人生未来的彼岸学说；道家倡导无为而治，为入世失意的灵魂提供暂时的精神安慰。它们是传统中国社会发展稳定的思想基础。

中国传统农耕文化为后人留下了社会、国家治理的两大文化遗产。第一，农耕文明在治理水源、抵御游牧民族入侵、传统社会周期震荡的历史发展进程中，形成了强大的中央集权制，这一优秀的组织资源经过不断的扬弃，面对新冠疫情给人类带来的灾难，中国政府举国之力，迅速控制住局面，取得阶段性胜利。第二，传统社会是以血缘关系为生活纽带，形成了以家庭为主体的社会最基层的组织单位。它信奉家国同构、君父合一、尽孝尽忠的义务本位制。这种强调个人对社会价值的集体主义精神，在抗击疫情的过程中，老百姓一切行动听指挥，形成上下一心、官民一体、心无旁骛、与政府一致的精神理念，是国家稳定的社会基础。

《在民族灵魂的深处》一书，在研究中国传统文化优秀思想，传承中央集权制、义务本位制两大优质组织资源的同时，也对中国传统社会文化的糟粕进行了批判。中国传统社会极盛而衰，当世界上出现更高一级的资本主义文明时，清王朝的统治者采取了闭关锁国的政策，拒绝变更传统体制，顽固地拒绝学习西方国家的先进技术，走工业化发展的道路。历史上形成了中国人要面子、外面人要里子的朝贡制度。清王朝是通过各地诸侯、外国首领来朝拜，获得中央天子的尊严，朝贡表面上是四方属国向中央进贡土特产品，实际上中央向各地赠送的东西已远远超过他们所呈上贡品的价值。清王朝是以朝贡制度确立天朝大国榜样的力量，并与周边藩属国家进行国际交往的。科学技术的普遍使用带来的是标准一致的结果，如果与其他国家不分上下，天朝大国断难接受。面对西方文明的挑战，清王朝的悲剧与近代中国落伍的深层根源是文化的失败。

在全球经济相互依存的格局下，中国步入世界经济一体化的发展轨道。美国作为世界头号强国，日本作为当时世界第二大经济体，对中国的发展予以了支持。通过对日本“东方式资本主义”、美国个人主义文化价值观演化的历史研究，将两国现代化发展进程中物质文明、制度文明、精神文明的成就进行了总结。通过对美日两个民族的优秀文化进行提炼，以此为中国现代化提供观念更新的文化借鉴。

新冠疫情已经形成全球性的灾难，各国面对挑战，应该相互团结、互惠互利，以人类命运共同体的价值观，携手抗击疫情，尽早走出困境。由于文化的差异，判断事物的标准不同，各国已经付出惨重的代价。我已近耳顺之年，回顾历史，发现《在民族灵魂的深处》一书，已被百度文库推荐为研究生参考书目。作为世界上唯一从未中断过的文明古国，中国有着强势的文化传统和遗产，令世界上许多民族羡慕。传统资源能量巨大且已融入民族灵魂的深处，一旦加以有序整合，可以推进现代化事业的快速发展。再度翻阅，感觉 30 多年前的一些思考仍有现实意义，特将此书向读者推荐，与大家共同感受传统文化的力量。

第五部分

民族兴衰与文明出路

西方经典发展方式是以大量耗费人类不可再生资源，保证高消费的生活方式为目的。世界多数发展中国家与西方少数发达国家，对现存的人类不可再生资源的管控、分配存在着难以调和的矛盾冲突。西方发达国家共同价值观，决定了在国际间重大问题上基本一致行动的行为方式，那就是弱肉强食的丛林原则。

百年未有之大变局核心是中国的崛起与美国衰落形成的文明冲突。中国信奉天人合一、天下主义的传统文化，创新出人类命运共同体的价值观。美国仍旧推崇个人主义普世价值与美国优先的霸权主义。原有国际秩序已经不能适应全球化的发展进程。中国传统文化超越国家民族的思维框架将为文明发展提供出路。

东西方文化原生态：英雄本色与义务本位

著名哲学家梁漱溟先生，将世界文化划分为西方、中国、印度三种类型，它们在世界各大文化演进中最具特色。希腊民族追求美的个体形式，印度民族追求美的永恒形式，中华民族追求美的历史形式。美在比较中产生，它的最高境界就是简单，因为真实。

● 东西方文化的审美趣味

希腊人重视生活对个人的价值，他们仰慕美丽的肉体、英雄的性格与现实的欢乐，健美的赫克利斯与阿基琉斯是他们的代表。印度人重视生命对永恒的价值，仰慕消极的永生、倡导自制、自苦与自我牺牲。那位坐在菩提树下苦苦思索“把我从死亡引到不死吧”的乔达摩·悉达多是他们的代表。中国人重视个人对社会：包括家庭、亲友、国家和历史的价值。他们仰慕安邦定国、名垂青史，以丰功伟业为后人称颂，“完璧归赵”中的蔺相如与“赵氏孤儿”中的英雄主角程婴是他们的代表。

希腊人在英雄事业、商业活动、探索自然奥秘与个人冒险中表现出最大的热情与勇敢；印度民族的优秀儿女用博大精深的智慧思索过无数有情的人生，以千万计献身于永生的追求；中华民族的优秀儿女

则以千万计杀身成仁、舍生取义，涌现出许多惊天地、泣鬼神的壮烈篇章。三大文化具有如此显著的差异，在漫长的历史进程中，这种差异引导各民族的历史走上不同的发展轨道。

由于地理环境不同、生存条件各异，造成了各民族文化的差别。由心理构成和行为构成所体现的这种民族文化的差别，经过千百年漫长的历史进程，已经根深蒂固地融汇在本民族每个成员的血液里。一个人的言行无论有意或者无意总会打上民族的烙印，并且由于民族文化特别是其深层心理构造具有相对的历史稳定性，它曾经并且正在继续潜移默化地影响着民族的过去、现在和未来。例如，具有 4000 年文明史的印度民族曾经在百余年的岁月里彻底沦为殖民地，这不能不说与其追求彼岸世界的探索、仰慕消极的永生的“梦幻式”心理构成密切相关；而注重现实的人际关系、推崇“身份制”人伦原则的“仁”的观念，毫无疑问对形成并维系宗法一体化统治结构，致使中国传统社会长期延续起着巨大的作用。

● 印度人的永生梦幻

印度作为佛教的诞生地，其自然条件以及由此而形成的社会心理状况和政治制度各具特色。南亚次大陆地处热带，属于热带雨林气候。这里气候湿热、雨量充沛、树木茂密、植物繁多。优越的自然条件决定了古代印度人从事采集业和分散的种植业即可维持生活，因此这里没有产生大一统中央集权的自然机制。事实上印度历史上小国分治的时间比统一的时候要长久得多。优雅的热带风光，便利的生存条件，旖旎的自然环境使印度人生活在梦幻般的世界里。印度人有热衷于苦思冥想的习惯，他们总是沉醉在对虚幻的人生哲理的苦苦探索之中，创造出许许多多有关生存意义的博大精深的思想体系。他们重视生命对永恒的价值，倡导自治、自苦与自我牺牲。佛教产生于这样的社会环境之中，必然带有虚幻色彩。佛教认为：整个世界和全部人生都是无边的苦海，人要以今世的忍耐苦修断绝造成这些痛苦的根源，从而超脱生死轮回，达到无苦虚幻的“涅槃”——佛教的最高理想境界。

自《梨俱吠陀》时代至今3000多年以来，印度民族的统一是来自共同的宗教信仰，而不是来自国家意识或民族意识的领悟。古代印度人从来就没有培育一种统一的国家意识和民族意识。亚历山大大帝入侵印度期间，只受到若干土侯的反抗，并没有遭到整个民族的抵抗。进行一场捍卫自己国家与民族的战争，这在当时的印度显然不曾有过。孔雀王朝的阿育王甚至在成功地把整个国家置于自己的控制下以后，却仍把自己作为摩揭陀的地方国王来指导和统治印度其他地方和其他民族。历史上建立统一的孔雀王朝、贵霜帝国、莫卧儿王朝，直至沦为大英帝国的殖民地均是外力的作用。没有从内部形成真正强大统一的现代民族国家。印度人缺乏察觉客观世界的秩序观念，没有充分意识到现实与理想之间，或者事实与假定乃至空想之间的区别。正如罗曼·罗兰所言：“如果人类最初时代就珍藏的理想梦境，有朝一日能在地球某地实现，那地方就是印度。”

美源于对不同生活方式的比较，印度人的永生梦幻与希腊人的英雄本色和中国人的义务本位形成巨大反差。地中海流域是欧洲文明的摇篮，这里孕育出了世界上最早的航海文化。在与海上风浪搏斗和个体经商的过程中，西方民族形成了自己独具特色的人格理想。而中国传统农耕文明是以土地为根基，以血缘关系为生活纽带，它把家庭结构外推到国家，把父子关系外推到君臣，形成家国同构、君父合一的社会结构。通过希腊民族对个性发展的崇拜与中华民族义务本位原生态文明对比的评述，可以在对当下人类文明困境思考中，有豁然开朗、雨后彩虹、旭日东升的奇妙感觉。

● 希腊人的英雄本色

自古以来，航海贸易就在西方的经济生活中起着直接作用。以航海经商为主的生存方式决定了在欧洲民族的人格理想中对人的个性的崇拜占有首屈一指的地位，这是因为海上贸易需要三个必要前提：明确的独立财产权力和绝对的身份自由；在商业活动中交易双方确立平等的人际关系；最大程度地发挥主体的能动性和个人的独创精神。

正是因为上述三方面的原因，西方民族非常崇尚人的个性。这种思想得到了德谟克利特“原子论”的证明。德谟克利特认为世上万物都是由原子组成的，每个原子都是宇宙的缩影，都有自己存在的价值，人也同样如此。每个人都有自己独立存在的意义，包括生存的自然价值，如身体的健美和生活在人群中的社会价值，即公民的权利。古希腊人对个性的崇尚表现在推崇个人建树、追求个人享受以及将个人权利看得高于一切。在古希腊的神话中充满了个人建功立业的故事，这些故事的主角被尊为“巨人”或“半神”。他们是神与人结合生下的后代，有着健美的体魄、非常的力量，为人类立下了不朽的功绩，其中有建立十二项英雄业绩、参加过阿耳戈英雄觅取金羊毛的远征、杀死巨人安泰俄斯、解救被绑在高加索山上的普罗米修斯的伟大英雄赫拉克勒斯；有足智多谋远征重洋、克服重重艰难险阻、在海上漂泊数十年最后终于安全抵返故土的奥德修斯……在这些英雄人物身上寄托着古希腊人的审美理想，他们是理想人格的化身。在欧洲文艺史上，不论是古希腊神话中的英雄，还是文艺复兴时的巨人，甚至万马齐喑的中世纪疏财仗义的游侠骑士，每个时代都不乏建功立业的豪杰。

追求个人享受，满足人的欲望，在古希腊人看来也是天经地义的。希腊人是“幸运”的民族，他们生活的场所属于海洋性气候，一年四季温和宜人，无酷热与严寒。爱琴海很少狂风巨浪，海天一色、风景优美。这里物产虽不很丰富，但足以维持生存，希腊人只要稍事渔猎就可以弥补谷物生产的不足，而无须烈日寒冬辛勤耕种。因此他们性情乐观生活浪漫，追求现实生活中的种种享乐，比如经常沐浴，参加裸体运动会等。

崇尚个性必然强调个人的权利。海上生活使希腊人形成了独立不羁和追求自由的个性。在同海上风浪搏斗的过程中，勇敢的希腊人充分感到了自己的力量，他们的成功凭借的是自己的勇敢、智慧经验和技术而无须仰仗他人，因此古希腊人不像农耕社会中的中国人那样强调人际关系和人伦原则，不会形成中国式的基于宗法制之上的身份制度以及由此带来的义务本位思想。与中国人不同的是西方人把争取个人的权利作为处理人际关系和人与社会关系的基本准则，而不是像中国人那样强调个人对他人、对社会的义务奉献，把个人权利看作是义务的派生物。在中国，个人权利特别是个人享受的权利从来没能占有一席之地，不但平民出身的阿Q如此，就连帝王也不敢公然宣称个人欲望的合理性。这与欧洲形成了鲜明的对照。中世纪扶困济贫的骑士们有着伟大的正义感和政治抱负。但他们在社会上建功立业时却必须找一个心爱的贵妇人，将自己的所作所为称之为对女主人的爱恋，使对社会的义务以个人权利的形式表现出来。伟大的堂吉诃德为了施展自己的理想，甚至不得不为自己幻想出一个美丽的贵妇人，其实他所谓的爱恋对象不过是又粗又笨又脏的挤奶村女。尽管如此，如果在这些作品中失去了这些女主人公的话，就将黯然失色，读者甚至会怀疑这描写的是不是欧洲人。

● 希腊人的求“真”务“实”

对知识的追求和崇拜是西方人格理想的又一个显著特征。航海贸易为主的生存方式决定了古希腊人必须对海上瞬息万变的自然现象和地理环境，以及征服自然所必需的科学和技术水平有尽可能多的了解和把握，因此知识和技术在他们心目中占有极高的地位。古希腊人的经验告诉他们，光凭人的蛮力是无法征服大海和海战、商业竞争中的对手的，只有掌握了知识、技术，只有智慧才能给他们带来成功。这一点在古希腊神话中有许多明显的例证：猎取“金羊毛”的耶松靠的是他的情人女巫美狄亚的巫术（希腊人认为这也是技术的一种）才取得了成功；希腊联军 10 年苦战未能攻克特洛伊坚固的城防，但施用了“木马藏兵计”后一夜之间达到了目的，这些都可以说是智慧——知识和技术的胜利。所以古希腊哲人有“爱智”的训戒，近代西方有“知识就是力量”的口号。与中国人不同的是，古希腊人并不十分看重道德的力量，更不会在人与人之间伦理关系的原则上倾注全部理性。他们征服自然和社会靠的是知识和技术带来的力量，而不是像中国人那样强调道德感化的作用，希腊人对于“善”与“恶”的问题并没有多大的兴趣，他们崇拜的是强大而不是高尚，奥林匹斯诸神是古希腊尊崇的偶像，这些神具有与人类同样复杂的性格和人类的七情六欲。他们之中的任何一位都很难用“善”或“恶”来加以概括，他们之所以令人倾倒，就在于他们与人类的不同之处，具有非常的能力和力量。

古代西方人与中国人最大的区别也许就在于他们的生产方式和生活方式使他们必须面对自然，通过自身的努力主动改造自然，使之与人类的生活相适应，而不是通过改变自身使之被动地适应自然，这造就了西方民族“外向型”的性格。他们极力探求自然界的奥秘，把“真”而不是“善”看得高于一切，并由探索自然推及到探索生活、社会及人生的意义。

古希腊哲学的众多流派就是以世界的本原和人生的意义为共同主题的。美国哲学史家梯利说：“希腊哲学从探求客观世界的本质开始，它最初主要是对外在的自然感兴趣（自然哲学），逐步地转向内部，转向人类本身而有人本主义性质。”所以古希腊哲人强调“思想是最大的优点；智慧就在于说出真理。”“古往今来人们开始哲理探索，都应起于对自然万物的惊异”。因此西方不但注重自然科学，而且自然科学和社会科学互相渗透，共同发展。西方人在探索“真理”方面表现出极大的热情和特有的执着，并且不断努力，推陈出新，标新立异，从不满足，也绝不会止步或暂停。在西方思想史上，各种学说和理想，包括人生理想和社会理想层出不穷，与中国思想史上小康、大同的社会理想，形成了鲜明的对照。古希腊时期各种哲学流派灿若群星，唯物与唯心的激烈论争在人类智慧之树上开出了一簇簇鲜艳的花朵，虽然其中有许多是“不结果实的智慧之花”，但同样给希腊哲学的百花园中增添了诱人的芬芳。柏拉图的理想国尽管虚幻，但毕竟在人类思想史上写下了光辉的一页。在基督教统治的中世纪，西方曾一度陷入思想桎梏的黑暗之中，然而一旦马丁·路德的宗教改革把《圣经》的解释权从教会手中解放出来，各种哲学思想便再度大量出现。文艺复兴运动呼唤人的解放，揭开了资本主义文明的序幕。古典哲学、政治经济学和空想社会主义的蓬勃发展为马克思主义的出现奠定了基础。进入 20 世纪以来，现代科学技术日新月异、飞速发展，各种哲学思想也以前所未有的速度纷纷涌现。如存在主义、逻辑实证主义、批判理性主义、新托马斯主义，等等。西方的社会理想一方面越来越趋于多元化，另一方面各种理想之间又不断发生冲突，相互否定，交叉乃至融合。伴随着对自然界的不断探索，西方民族对于新的人生理想和社会理想的追求也是孜孜不倦、永无穷尽的。

● 东西文化原生态的魅力

极力向外探求使西方人产生了一种与中华民族截然不同的心理效应，这就是严格地划分物我及物物的界限。人与自然、社会与个人、自我与他人，物质与精神、灵与肉，等等，在西方人看来都是相互对立的，它们之间有着明显、准确的概念界定。西方建筑特别是教堂，立体空间延伸的特色就是为了拉开人与天的距离。西方的审美趣味往往是追求多样性、差异性、独特性和对立性。在他们的思想领域缺少中国式的“和谐”精神。这势必使西方人的心理倾向上很容易产生严重的不平衡和大倾斜现象。它所造成的社会效应是，一方面可以激发民族的扩张力、创造热情和冒险精神，给社会带来巨大的物质财富；另一方面由于在一个单项目标上的无尽追求，结果导致物欲主义、享受主义。人与人感情上缺少共鸣，自我与外界的一切“人”和“事”以及“物”都处于对立状态，造成精神功能的严重失调。当代社会强大的经济信息流、政治信息流、文化信息流已经主宰了人的精神世界，核威胁、环境污染、天灾疫情等外部力量造成了人们心理上的极度恐慌。而西方人排解苦闷和焦虑的方式却是“宣泄于外”，他们只能通过与客体的对立和冲突使内心的情绪达到缓解，这就致使一些人不得不以正反馈的形式追求超强刺激，使其痛点的神经在外来强刺激中相对麻木，其结果是外来刺激和达到自我缓解的阈值交替上升，不断提高，抽大麻、同性恋、性解放、裸体运动、集体自杀、社会校园枪击案等系列社会问题的出现就是这种情况的具体表现。同时也会致使另一批人以负反馈的形式逃避社会，呼吁回归自然，他们在小片天地里过原始的野人生活，反对现代文明，在大自然中求心理安宁。

通过比较可以发现，西方民族的人格理想与中华民族相比具有极大的差异，西方人强调个人的独立人格、尊重个性、勇于探索，追求多样性与矛盾性。西方民族的理想人格不是中国式乐天知命、谦恭待人、稳健温和、含蓄不露、严于律己、宽于待人、胸怀坦荡的“谦谦君子”，而是古代神话中追求个人欲望的神祗，是荷马史诗里远征重洋的英雄，是古希腊罗马共和国里伸张独立意志的公民，是把毕生精力倾注于实验室里显微镜旁的科学家。

中华民族的理想人格则强调集体义务和献身，重视个人修养与道德完善，追求平衡、统一和谐。它使得中国人对自然界和社会具有极强的适应能力。一方面它要求每个中国人勇于进取，积极入世，当然不是为证明自我的价值，而是要对他人、家族、集体和民族尽献自己的义务；另一方面当人生遭遇挫折时，又为他们提供了一条排解痛苦的独特的心灵解脱的道路。因为中国人的心理能量很强，老庄哲学与儒学的巧妙互补使他们总是能够顺利地把痛苦内化，积沉到心灵深处，通过感情与理智的一系列内在变化使痛苦得到化解，并在此过程中进一步提高自我的道德修养，当然也正因为如此，道家哲学并不能真正给中国人设计出足以使他们彻底摆脱世俗的乐园。如果说儒家哲学是中华民族传统思想的正面体现的话，那么，在某种意义上可以说道家哲学不过是同样的民族精神的扭曲的反映。宗法条件下造就的“天人合一”“道器不离”的恢宏气概使中国人无法自发地产生一条通往彼岸的道路。春秋战国之际基本趋于成形的中国式的人格理想使中国人的意识形态领域中留下一片处女地，这就为外来文化的进入提供了一个空缺，关于对彼岸世界追求、信仰的印度佛教开始传入中国。

灾难面前东西方文化的差异

西方文化以古希腊文明为最初代表。地中海流域作为欧洲文明的摇篮，这里孕育着世界上最早的航海文化。在海上贸易的商业活动中希腊人建立了财产权利、身份自由、平等竞争、讲求实效、个人奋斗的个人主义价值观。在西方基督教世界宗教思想领域里，经过历史的冲刷锤炼，在美国又经历了对北美大陆开发的艰辛历程及 200 多年建国历史的锻造，最终铸成了西方国家的普世价值。面对新冠肺炎疫情灾难的攻击，西方普世价值观呈现出衰落的状态。

● 西方国家的普世价值

美国倡导奉行的普世价值观包括民主选举、三权分立、民主自由、平等竞争的个人主义价值观，是西方社会共同信奉的生活理念，它成为社会、国家治理体系的制度基础，是西方文化牢不可破的基石。

西方社会经济发展模式是以大量耗费人类不可再生资源，保证他们高质量、高消费的生活方式为目的。中国为主的发展中国家在现代化进程中，已经形成追求现代化的大多数与西方已经实现现代化的少数，对现存的人类不可再生资源的管控、分配存在着不可调和的矛盾冲突。西方发达国家共同信奉的普世价值观，决定了他们在国际间重大问题上基本一致行动的行为方式。

欧美现代化经典式发展道路的初始条件是人均资源占有量相对过剩，因为西方各国现代化高耗能生活方式的实现，这一初始条件已不复存在。因此发展中国家也不具备欧美文化的核心，即个人主义赖以生存的土壤。因为资源充裕才可能机会众多，无止境的收益，每个人的个人利益的总和就等于社会利益。而人口众多、资源稀缺的国度里，个人的过度收益，往往就是对其他人生存条件的剥夺。

西方这个倡导普选、三权分立、一度先进的民主制度，在社会和国家治理体系中也存在着许多弊端。美国的两党对立、权力过度集中在少数寡头势力手中、民主制度的软弱、社会贫富悬殊、对外的军事霸权主义、财富在国家的过度消费及种族冲突等难以调节的社会矛盾，不断揭示出西方个人主义普世价值治理国家的弊病。

● 西方社会信奉的“丛林法则”

西方个人主义是社会达尔文主义的实践，为了共同的信仰、共同发展的利益，它们信奉“物竞天择、适者生存”“弱肉强食”的丛林法则。在全球经济一体化发展进程中，发达国家之间存在着一种战略上的默契，即维持乃至强化历史上形成的不合理的国际经济格局。这是它们共同的根本利益，因为这样最有利于保持它们的优势地位。尽管在这些发达国家之间有时存在着激烈的冲突和争夺，但在经济利益这一根本点上，它们并无二致，会联手与发展中国家作战的。特别是区域性国家利益集团的形成，无疑将大大加强成员国之间的经济往来，客观上必然会产生对非成员国的排斥作用。发达国家绝大多数政治家、企业家他们的基本哲学是十分明确的：那就是弱肉强食。

● 新冠疫情对西方文化的考量

新冠疫情对人类的攻击，是全球发生的公共卫生事件。特别是美国要率先承担起团结抗击疫情的大国责任，与各国之间平等相处、相互尊重，扶危济困。我认为无论从江湖道义，还是从现代国际关系发展的理念，当老大的遇到困难就应该科学分析预测在前，危机大难临头勇于担当。用老百姓的话就是当老大的，遇事要有主意、出现问题敢于承担负责，还必须公平公正处事。二战后的美国政府和人民曾有过这样的行为风采。

新冠疫情初始，美国政府认为不过是普通流感，误判的结果是失去了抗疫窗口期的最佳时机，美国人信奉的价值观在抗击疫情中，使一人一样的个人主义的行为方式充分显现，连戴口罩防预疫情传播的常识竟不能得以贯彻执行。因为个人主义价值观的主流文化，在危及生命的灾难面前，应不受任何道德约束，这就是西方文化的力量。

面对迅速扩散蔓延的疫情，受松散的联邦体制、个人主义价值观的文化特色的制约，没能有效组织起高效率的工作程序，在商人逐利价值观的驱使下，政府多次提出要求企业尽快复工，金钱大于生命种种抗疫安排，是造成美国抗疫不利至今没能走出困境的原因。总之，资本主义是资本控制着国家政权，在历史的发展中，资本为少数人的利益服务，逐渐丧失社会发展公平公正的原则。反观，社会主义是政权控制资本，执政党始终代表广大人民群众的利益，追求并实施社会发展的公平与公正。中国以举国之力抗击疫情，百姓与政府同心同德、积极配合所体现的东方集权体制与义务本位的文化特色，可供美国借鉴。

● 中国抗击疫情的文化力量

面对疫情，中国政府以人民生命为重。从历史上看，中国在灾情、疫情及战争等重大危机面前，具有举国体制快速反应的组织能力。中国历史上是一个多灾多难但又极富生命力的民族。我们的民族具有迅速调动整合社会资源的能力，即举国之力抗击灾难。新中国成立后，我们消灭了霍乱、天花、麻疹、鼠疫、结核病等疫情。毛泽东主席作七律《送瘟神》，消灭了血吸虫病害对中国人民生命的剥夺。2003 年，中国抗击非典取得了举世瞩目的成功。

纵观人类疫情发生的历史，这次席卷全球的新冠疫情是自 1918 年西班牙大流感以来，传播速度最快、感染范围最广、防疫难度最大的突发性公共卫生事件。习近平主席亲力亲为、亲自指导部署、统揽全局，抗击疫情的指挥体系高效运转。国务院建立联防联控机制每天向全国通报抗击疫情的重大情况。在中央坚持人民生命至上，全面动员、全民参战、全国一盘棋的统一指挥下，迅速控制住了疫情，取得了阶段性的胜利。

义务本位是以血地缘、亲友情为生活纽带形成的家庭、家族社会组织尊奉的道德伦理，它传承着中国老百姓对家庭尽孝、对国家尽忠的集体主义价值观念。在国难面前，14 亿中国人都是抗击疫情的参与者。中国没有出现像美国那种情况。大家把国事当家事对待，坚守在自己家中，自觉地服从政府的指挥和管理。一切行动听指挥的集体主义行为是中国迅速控制疫情的社会基础。

美国一度竟然把抗击疫情的科学做法政治化，不戴口罩竟然成了政治正确。中国人崇尚的是科学和客观规律，道德观是人本主义和天人合一，在灾难的关键时刻充分体现集体主义和对弱者的救助。中国 5000 年的传统文化培养塑造了一个坚强、厚道的民族灵魂。

在百年不遇的新冠疫情抗击中，中国不仅率先控制住疫情，而且加强了对 150 个疫情严重国家的支援。同时为世界卫生组织提供了 20 亿美元的抗疫资金援助。为保持全球产业链、供应链和价值链的稳定，发挥着一个负责任大国在抗击疫情中承担的国际义务。

中国政府举国体制的动员能力及社会的自组织能力，是抗击并最终战胜灾害、疫情及战争的伟大力量。而中国共产党为人民服务、追求社会公平正义的初衷，又使他面对曲折，具有极强的纠错能力。这些中国文化的优秀特质，美国面对大难时可以思考借鉴。

● 对全球化的文化思考

新冠疫情给人类带来的灾难，面对重重难解的新的社会矛盾，世界各国均面临各自社会和国家治理结构的调整和相互借鉴。人类命运共同体的价值观为世界文明的出路指明方向。在国家治理结构上，西方国家可以借鉴相对集权管理国家的中国传统文化观；中国在惠民生、脱贫致富发展经济的道路上，也应不断注入民主制度的文化内涵。

美国作为国际经济规则的主要制定者、世界头号强国，应该接受人类社会发展命运共同体的理念，再度开放胸怀、开阔视野、承担责任，与中国及世界各国团结一致，战胜人类面临的疫情灾难，走出困境，浴火重生。

中国文化博大精深，中华民族信奉中庸和谐、厚德载物、和平发展。所以，对大国关系的发展重构不必斤斤计较，应换位思考面对客观现实。中国人民爱好和平，退一步海阔天空，崇尚互惠互利、和平发展、有舍有得、吃亏是福的理念。中国文化能有此丰富的内涵，我们也相信美国人民的智慧。双方要超越国家、民族、意识形态的界限，站在各国互联互通、休戚与共、全人类高度，推动构建人类命运共同体，共同建设好我们赖以生存的地球家园。世界各国大多数人民生活水平的提高、生活的美好幸福，才是世界稳定发展再度繁荣的基础。

日本“大国意识”追求的囚徒困境

日本作为现在世界第三大经济体，谋取世界政治大国的设想、行动、手段一直在持续进行，希望能够成为联合国安理会常任理事国，在固定日美安保同盟的前提下，企图逐步实现世界军事大国的战略构想。由于发动第二次世界大战对世界人民的历史负债，日本要想从经济大国迈向政治大国，必须要过美、俄、中三国的关口障碍。

● 日本谋取政治大国的路线图

第二次世界大战日本一败涂地。战争末期，日本本土遭到美国空军“地毯式”的狂轰滥炸。广岛、长崎之灾，国土几乎成为一片废墟，以至于站在首相官邸的高岗上可以望到东京湾。战后的日本苍凉凋蔽，美国士兵手中的两三包香烟便可换来一切东西，从祖传珍宝到女人。人们预言：“日本经济的前景是退回到自给自足小国地位。”然而，日本列岛上发生的事实却大出人们的意料之外，战后日本趁朝鲜、越南战争“特需繁荣”之机，迅速完成医治创伤的工作，经济纳入正常的运行轨道。在与国内人力资源相结合的经济发展战略思想的指导下，经过短短二十年的努力日本完成了现代化的进程，发展速度迅猛异常，大有取代美之问鼎世界头号经济强国之势。

在经济上美国的国家利益是要求确保自由企业制度和自由贸易原则的通行，同时在全球范围内确保美国及其盟国得到经济活动所需足够有保证的资源供应。中东是联结欧亚非三大洲的纽带。中东石油是美国和西方工业运转的生命线，是所需能源的产地，其在全球战略地位的重要性不言而喻，美国绝不会放弃对这一地区的控制。战后40多年来，美国一直通过北大西洋公约组织和美日安全条约实施对盟国的管理。

日本经济实力的强大加强了其向政治大国迈进的步伐，日本从三木内阁时代起提出的环太平洋合作设想，就暗含在亚太区域，特别是东亚地区加重政治分量的意图。作为经济上的超级大国，日本正在寻找自己的所谓“政治个性”。在新的“全球伙伴关系”中不会完全听命于美国。日本最终目的是要在军事上完全摆脱美国的控制。要成为政治大国，首先要在一定区域范围内控制资源，建立巩固的势力范围。

日本为谋求与美国分享世界领导权，建立日美欧共同管理世界的

经济体制，决定以东亚为重点，在推进区域合作过程中力图建立自己的“势力范围”，以期应付北美自由贸易区、欧洲统一市场的挑战并与之抗衡。在东亚经济圈中日本所起的作用是：依靠本国雄厚的经济实力，以增加直接投资和扩大开放国内市场，来进一步加深与亚洲“四小龙”和东盟国家的经济关系。通过开放市场、降低关税，增加进口这些国家和地区的加工工业产品，改善贸易不均衡。扩大直接投资，促进产业结构的调整，逐步把生产据点转移到亚洲“四小龙”和东盟国家。同时进行大规模的技术转让和提供政府开发经济援助，从而逐步形成一个拥有 3.5 亿人口，经济联系紧密，产业分工合作的经济圈。因此，所谓“东亚经济圈”构想是日本力图挟经济优势，通过贸易、投资和援助三位一体的战略把亚洲“四小龙”和东盟国家纳入其经济势力范围，从而巩固自己在亚太地区的经济地位，最终自然形成以日本为主导的亚太经济合作体系。

亚太地区无论从经济上还是从政治上对美国都是至关重要的，20 世纪 80 年代美国在亚太地区的直接投资已超过 440 亿美元，美国与东亚国家和地区的贸易额比欧共体国家的贸易额多 50% 以上，日本有将近 1/3 的出口产品销往美国，亚洲“四小龙”的出口产品也大约有 30% 输往美国。尽管日美两国是一种同盟关系，但美国出于自身全球发展战略的考虑，是不会轻易让日本独占东亚魁首的，因为美国在东亚地区的贸易是入超，而日本在这一地区是出超，双方的经济利益在这一地区碰撞摩擦得非常厉害。过去，这种利益冲突大都是以日本的某种让步或者以日美间政治协调得以暂时的缓解。进入 20 世纪 90 年代，随着美国经济的衰落和地域集团的形成已日趋难以协调。更深层次的原因是，日本是一个人口众多资源极度贫乏的“经济大国”，如果将自身“世界加工厂”智能、技术优势与东亚地区丰富的经济战略资源的天然优势有机结合起来，必然加速其从经济大国向政治、军事大国迈进的步伐。如果美国把东亚这块战略要地拱手相让，就等于它在二战中以及以后 40 多年通过控制资源抑制日本势力膨胀的战略设计统统化为泡影。

● 美、俄、中三国关口的障碍

日本作为全球性经济大国对其“二流强国”的政治从属地位早以心怀不满，持续性的日美贸易摩擦就是对美国全球霸主地位的初始挑战。日本参议院通过了向海外派兵的法案，就是日本启动谋求政治大国甚至军事大国的表现。面临守成大国与新兴崛起强国的矛盾，美国借助海湾战争和“广场协议”，从军事、经济两个方面遏制了日本迈向政治大国的进程。

海湾危机为美国提供了一个实现既定目标的机会，通过控制世界主要能源产地以确保美国在欧洲仍旧行使一定的发言权的战略地位，同时在资源上控制并建立遏制日本向政治大国、军事大国迈进的“进击地”。为此，美国迅速调整其海外战略格局，实现从欧洲向海湾地区的战略大搬移，奠定在能源经济基础上的区域战略调整，同时也再次反映了美国传统的国家安全利益。正如布热津斯基毫不隐讳地指出：“谁控制了欧亚大陆，谁就能运掌全球。因此美国必然把大洋彼岸的阵地（包括西欧、远东、南亚）视为美国的防御前线，从而避免从美国本土进行防御。”

20 世纪 80 年代以前，美国及西方国家与日本积累了大量贸易逆差，希望通过日元升值，减少对日贸易的逆差，双方签署了“广场协议”。世界各国游资借日元升值之机，大量涌入日本。日本没有与时俱进发展高端制造业和高科技产业，而是让游资大量涌入房地产业，从而推高了日本房价的泡沫。由于日元的升值，不仅影响到了日本的出口，还吹大了日本国内的资产泡沫，最终导致日本资产泡沫破裂、经济步入长期衰退。美国在货币领域内不断敲打日本，看似日益高涨的国内保护主义的压力，核心目的是要终结日本战后借美苏冷战，长期享受“搭便车”的红利。日本是一个仰仗美国提供安全保障的“附庸国”。战后日本经济的高速增长，既搭乘了美国安全保护伞的便车，又规避了“大国兴衰的陷阱”，也就不得不把调整国际收入的部分主动权交予了美国。

日本迈向政治大国的目标是追求加入联合国安理会常任理事国。俄罗斯继承了前苏联二战胜利的政治遗产，占有原日本北方四岛领土，并拥有主权，双方至今存有领土之争；中国抗日战争付出了三千万军民的生命，最终取得世界反法西斯战争的胜利，战后日本历届政府大多不能正视历史，面向未来，给予中国人民世代和平友好的国家承诺和保证。这都是日本不可能成为政治大国的现实制约因素。

一般观点将战后日本经济高速发展的原因归结为美国的扶植、朝鲜、越南战争的“特需繁荣”及日本未经本土决战的打击。以此推论，发生在那个太平洋岛国的“经济奇迹”只是特定历史时期、特殊国际环境中偶然的产物，我认为失之偏颇了。

“合金文化”是日本社会发展成功的奥秘。险恶的地理环境和生存条件，造就了日本民族视野向外，极力吸收外来文化并加以改造利用的文化传统。它使日本成为一个具有强烈集团意识和多重信仰、多样化思维方式的通权达变，没有绝对真理的民族，正是这种具有合金特质的文化模式使日本能够顺利实现“汉化”“西欧化”及战后的“民主化”等一系列社会变革，奠定了日本经济快速发展的奇迹。战后日本从一个遭到沉重打击的战败国一举成为世界经济强国，实现了近百年来靠军事扩张用战争都没有到达赶超欧美的目标。其高速发展的经济奇迹，源于优先发展重化工业、贸易立国、高积累及科技立国等一系列经济发展战略的科学制定及有效实施。日本的经济奇迹是其文化的成功。

中国古代文明未中断的文化力量

在人类社会历史发展的进程中，四大文明古国的古埃及、古巴比伦、古印度，在外族入侵和内部纷争中，其文明发展或中断或消失化为历史的尘迹，唯有悠久的中华文明绵延不断。探寻其原因，以汉族为主体单一民族的农耕文化形成的社会稳定状态，大一统中央集权制与强调个人对社会价值的义务本位制，汇同天下主义“协和万邦”追求和平发展的文化理念及古代社会周期震荡的自我修复机制，共同形成了古代中国文明从未中断的坚强基石和文化力量。

● 文明间的冲突与同化融合

在中国历史上，中原王朝屡屡被来自北方边境的游牧民族征服。但是，无论游牧文化向南渗透得多么遥远，不管他们的军事力量有多么强大，结果终归导致了入侵者的中国化。这是因为在 50 多个民族中，汉族始终占据主导地位。少数民族的人数加起来也占不到古代中国社会总人口的百分之十。汉族以黄河流域和长江流域冲积地带为基础，较早地形成了以种植农业为主的统一的生产、生活方式。统一的人种、统一的语言、统一的生活方式，必须形成稳固的大一统中央集权制的社会组织和社会意识形态。这种强大的一体化社会结构具有抗拒外来入侵的坚实基础，外部文明很难影响中原王朝的社会结构，除非它带来更先进的生产技术和手段，以及建立在此基础上的社会政治制度。相继征服过汉族的那些鲜卑人、契丹人、女真人、蒙古人和满洲人，与被征服者相比，均处于文明较低的历史阶段，往往落后于整整一个社会形态。马克思指出："依据历史的永恒规律，野蛮的征服者自己总是被那些受他们征服的民族的较高文明所征服。"游牧民族在进到中原地区以后，所碰到的都是高于他们本民族的生产方式，因而他们不能不服从"历史的永恒规律"，而让原来的生产方式维持下去。

北魏孝文帝率领鲜卑族入主中原后，没有废除农田、恢复牧场，用自己熟悉的游牧文明进行统治，对汉族人也没有进行杀戮或者将他们沦为奴隶为自己提供劳役。他迅速将原鲜卑族的首都从山西大同迁到农耕文明的中心地区河南洛阳。他推出一系列的汉化政策：废除鲜卑语，要求所有的官员都要学习汉语；不准鲜卑人穿本民族的服装，要求一律穿戴汉服；在农业上实行《均田法》等农耕文明的法律；鼓励鲜卑族的贵族努力和汉族人通婚，造成血缘相同。他曾讲过：我们

在军事上是胜利者，但是在文化上我们是汉文化的学生。北魏孝文帝命令鲜卑人学汉人语言，看起来是鲜卑统治者自愿的，实际上是由于生活方式的改变迫使他们不得不如此，因为当时的鲜卑人已经由游牧生活转向定居的农耕生活，而鲜卑语可能没有足够的农业方面的词汇。当然，要在文明世界中保存落后的东西是不可能的，当他们步入黄河流域的农业文化区，用列宁的话说："走出这一个碾碎民族差别的大磨坊"，民族差别还是被碾成粉碎，进而实现民族融合。

在民族冲突与民族融合的过程中，鲜卑族虽然丢掉了自己的语言、服装及游牧民族逐水草而居的生活习惯，但是"天苍苍野茫茫"马背民族的雄风气概，通过民族通婚将北方少数民族充满阳刚之气强悍的性格力量，注入到农耕文明的血脉中，新产生的文化基因填充了诸子百家太过斯文、封闭畅想的思想观念，平衡了中华文明的缺陷。唐朝之前的隋炀帝、唐太宗李世民，他们有一半的鲜卑族的血统，通婚政策造就了新一代身体强壮、受到良好教育、具有雄才大略的统治者。北魏孝文帝的汉化改革迎来了一个自信稳健、海纳百川的大唐盛世。

●"协和万邦"的文化底蕴

古代中国人的天下观是倡导天下一家，所要实现的价值追求是"协和万邦"的天下秩序。它体现了在高度发达的农业文明熏陶下的中国人，对自己的先进文化充满了自信和自豪感。

古代中国早期社会形态由许多大大小小的部落、村镇、城邦构成，呈现出天下万邦的格局。《尚书·尧典》讲，尧帝"克明俊德，以亲九族。九族即睦，平章百姓。百姓昭明，协和万邦"。它要求在社会管理上要弘扬大德，以家族的和睦推行社会的和睦，进而达到各个邦国和睦相处。历代王朝追求安宁稳定的周边环境，以达四海平、天下定。故"布思信，怀远人"，以协和的理念和政策处理周边事务。"协和万邦"就成为中国古代对外交往所秉持的基本原则理念。

《道德经》讲："万物负阴而抱阳，冲气以为和。"任何事物都有阴阳两个方面，对立双方相反相成，相互融通，从而达成某种平衡和谐。这种生态包括自然生态、政治生态、社会生态、文化生态以及外交生态。“和”还是一种思考问题的方法。《论语·子路》“君子和而不同，小人同而不和”，讲的是要允许有不同意见、不同个性的对立面存在，既要保持自己的个性，又要容纳与自己意见不同的人。正是基于“协和万邦”的治国理念，中国古代社会各族群既能保持多元化的特征，又团结形成了一个统一的整体。

春秋以后“华夷互化”，秦始皇统一中国后，建立的36郡之内大体无民族区别。魏晋以来，儒、道、佛融合，体现了中华文化极强的凝聚力。孟子指出：“天时不如地利 ，地利不如人和”；荀子提出：“万物各得其和以生”；董仲舒称：“德莫大于和——和者，天之功也，举天地之道而美于和”。“和为贵”逐渐成为人们广泛运用于社会活动领域中的重要准则。中华文化在民族融合中博采众长，从而具有强大的生命力，成为世界古代文明中唯一未中断的文明形态。

● 古代王朝的自我修复功能

在反抗游牧民族的长期斗争中，中原的农耕社会产生了一种独特的防御机制，我们不妨形象地称其为“长城效应”，即像修筑长城那样，调动全部国力抵御外部入侵。因此，成倍地加重了人民的经济负担，惊人地加速了小农的破产，从而完全破坏了传统社会正常进程所必需的社会内部平衡，激化了内部矛盾。比如，对匈奴作战，“少发则不中以更适，多发则民不堪其役。役烦则力罢，用多则财乏。二者不息，则民遗怨。此秦所以失民心，陨社稷也”。对外战争的沉重负担加速阶级矛盾的激化，战争愈多，战费愈大；战费愈大，剥削愈重；剥削愈重，农民愈苦；农民愈苦，起义愈多，这样形成了一个二千多年的恶性循环。所以中国农民的负担一直是沉重的，一旦义旗高举，就一呼百应，同仇敌忾。一地起义，八方响应，犹如干柴烈火，一触即发，最后汇成一股较大规模和较长时间的革命洪流。面对游牧民族的入侵，农民战争是要改朝换代的。

● 义务本位重视个人对社会的价值

农耕生产方式奠定了中国传统文化的核心，义务本位制的雏形。建立在农耕生产方式基础上的儒家学说，作为一种伦理型的政治文化，以其丰富的内涵确立了它在中国传统文化中的主导地位。儒家政治理想是建立“君臣、父子”的统治秩序，并以道德的力量去规范所有人的行为，使其自觉地遵守、维护这一秩序。“家国同构、君父合一”是传统社会宗法制的文化特色。为此，系统地设计了修身、齐家、治国、平天下的人生理想。忠孝节义乃人生义务，纲常伦理是最高准则。它是农耕为主的生产方式及以其为基础的血缘宗法制度的产物。儒家思想中的忠孝观念适应了宗法社会推崇绝对权威和血缘纽带的传统心理，其人生理想与政治理想相辅相成有机地融为一体。义务本位制的核心是注重人与人之间的关系，强调个人对社会的价值。儒家推崇的义务本位制具有显著的二重性特征，它既可以升华为对祖国、对人民、对历史的自觉的责任感，也可以扭曲为对君主的愚忠愚孝。因此它是中华民族最可宝贵的精神食粮与最可怕的思想鸦片的合成剂。

中华民族是世界上最有义务感的民族，“国家兴亡，匹夫有责”“先天下之忧而忧，后天下之乐而乐”，表现出中华民族最优秀的心理素质。历史上每当民族遇到灾难的关键时刻，面对危机，国家能够很快形成一种“上下一心，官民一体，同心协力，不计代价，共渡难关”的局面，这种思想的强韧性贯穿于传统社会，在世界上是独一无二的。汉民族的农耕文明，同化包容了外来文明的冲击，义务本位制与中央集权制，汇同天下主义“协和万邦”的文化底蕴及传统社会的自我修复能力，使古老的中国文明在历史进程中没被中断，这些中华传统文化的历史遗产，为人类社会文明共同体理念的发展，将会做出新的时代贡献。

中国文化更新历史进程的方法及途径

著名历史学家汤恩比指出：起源、生长、兴盛、衰落是世界上任何文化不可避免的演进节拍。在文化衰落的背后，既隐伏着湮灭的恶运，又孕育着新生的良机。新生，不是通过人为的努力或社会环境的改变，使旧的文化体系在衰落之后重新复苏甚至进一步“复兴”，它只能通过文化更新的途径来实现。所谓文化更新，就是适应社会经济状况的急剧变化，变旧形态的文化为新形态的文化，而对外来文化的借鉴、吸收、融合、消化是其主要手段。因此文化更新的过程也就是文化重组的过程。当然，在新文化体系中必然保留许多旧文化的因素，至于保留多少，保留哪些以及如何保留，一方面取决于新旧文化的性质，另一方面取决于全民的智慧及对新文化的共识，而这正是一种文化体系能否获得新生的关键。

●“合金文化”与“文化合金”的外部受容

从文化传播学的角度，可以将人类文化区分为内源主体型文化和外部受容型文化。前者的特点是产生的历史久远，并且在形成及演进的过程中，主要依靠自身的演化发育完善成为高度发达的文化。在历史上作为高强度文化，它具有强大的对外辐射力量。而外部受容型文化，则由于自身种属不具鲜明特征，在区域范围内相对于内源主体型文化呈后进性，因此表现出明显的受容性，对外界文化有相当大的包容力。

文化地理学的基本原理指出，任何一种生产方式的产生是以人对自然的支配为前提。日本是一个孤悬在太平洋上的岛国，四面环海，国土狭小，资源贫乏。穷困艰险、孤立无援的地理环境使得这个岛国上的居民为了维持生存求得发展，必须视野向外齐心同力地吸收外来营养，于是形成了门户开放引进文明的民族心理。日本文化具备外部受容型文化的典型特征。

日本经济迅速发展的基本原因在于民族文化的作用。险恶的生存条件造就了日本民族视野向外、极力吸收外来营养并加以改造利用的文化传统，这使日本成为一个具有强烈集团意识和多样化思维方式的通权达变、没有绝对真理的民族。正是这种具有合金特质的文化模式使日本能够顺利实现“汉化”“西欧化”及战后“民主化”等一系列社会变革。

如果说外部受容型文化最典型的特征在于其开放性，即勇于吸收多种外来文化的话，那么其最宝贵的精髓则是善于吸收各种外来文化，即在接受多种外来文化过程中的选择、过滤及重新组合功能。从传播学视角观察，讯息从讯源出发以后要经历各种障碍或讯息处理器才能到达收讯处。每一个讯息处理器都如同一个过滤板，以不同的规格要求，对讯息进行阻挡、过滤、筛选，其结果使源发讯息在到达接受地时发生衰减、型变与被选择。与此同时，不同讯息源的讯息在经过同一个讯息处理器的过程中会被重新组合，产生组合意义。这是“合金文化”赖以产生的核心机制。

哥伦布发现美洲大陆，这片沃野千里尚待开发的辽阔大地像磁石一般吸引着欧洲各国的芸芸众生。他们为了获得更大的经济机会离开家乡，这种动机往往由于宗教自由的向往和逃避政治压迫的决心而变得更加强烈，新大陆的特殊生存环境及以多民族移民这种独特社会群体构成的美国社会，表现出极其鲜明的文化特性。

人类文明迄今较为辉煌的物化成果之一，在欧洲文化区向北美大陆文化平移过程中铸造而成。广阔无垠的北美大陆上诱人的发展前景和险峻的自然环境像一个巨大的熔炉，将来自世界各地每个移民身上所携带的优秀品质融为一体并汰去各种有害的杂质，文化合金铸造而成的个人主义价值体系使北美大陆在不到三百年的时间里成为举世瞩目的高度现代化的美国。随着不断更新的工业文明成果的连续性输入，与个人主义价值体系相适应的以耗费大量不可再生资源为特征的经典式发展道路，在对人类资源过度开发的背后已降下极限的帷幕。

美国是移民组成的国家，美国文化是由各个民族的优秀品质融合而成的文化合金。它与日本式合金文化的最大区别在于，日本文化是由文化主体不断地对各种外来文化进行改造性地吸收从而丰富主体。而美国文化则是由各种文化凝合而成的一种全新的文化类型。任何一个移民所带来的本民族文化，都有视为被这个移民用来在新大陆上同其他移民竞争机会的合理性。这是由北美大陆原来的文化真空状态所决定的。文化合金的优势不仅在于其合金特质，而在于其竞争机制及由此而来的竞争效益。因此其核心是个人主义。个人主义的新文化体系所包含的平等、自由、民主、竞争，进取的精神使美国没有停留在 1607 年那块詹姆斯敦殖民地，而是一直向新的“边疆”及“领域”进取。

北美大陆机会众多，人均财富占有丰富的表面现象与个人主义的价值取向相互促进。加之工业文明发起的率先地位，使美国走上了以占有全人类不可再生资源（因而机会进一步增多）为特征的经典式发展道路（工业现代化）。由于对人类资源的过度开发，所产生的诸如生态失衡、环境污染等问题已危及人类的生存。“罗马俱乐部”的研究者所采取“极限”的概念，说明维持人类生存的资源，尤其是能源耗尽，人类文明也即将走到尽头。创造人类最为发达物质文明的美国，也给人类未来的发展带来严重的灾难。

通过对日、美文化产生以及发展过程的分析可以看出，外部受容型文化因自身发育较迟和相对不完善，造成对外来文化具有很强的吸收力和消化力，在文化更新的道路上迈出比内源主体型文化更轻捷的步伐。日本合金文化与美国文化合金的演进速度之快，充分说明了外部受容型文化的生命力。

● 中国文化更新的基本路向

当近代工业革命的浪潮席卷全球之际，世界历史曾出现过的欧洲文化区、儒教文化区、印度文化区、阿拉伯文化区已纷纷发生衰落、裂变与重组，形成苏联东欧、欧美大西洋与亚洲太平洋三大文化区。它们从原有的四大文化区脱胎而来，改变原有的性质，或已更新为清一色的工业文化区，或正向此方向发展。

中国作为历史上农耕文化的发源地，它凭借自身文化发源早、力度强的优势，通过强大的文化辐射对周边文化进行整合，从而形成了历史上以中国为中心的东亚文化区。内源主体型文化发育完善的古老单质的纯种性特征，使它具有对外来文化强大的同化力与抗拒力。强烈的“自我中心”心态与对外“辐射心态”，在一定条件下给自身的文化更新带来了阻力，这是中国近代没有步入工业文明行列的深层原因。因此，正确认识自身文化在人类文化进程中的历史方位，自觉、主动地实现由内源主体型文化向外部受容型文化换位，对中国文化能否获得新生具有至关重要的意义。

在全民族对此问题具有明确共识的基础上，可以审时度势，进而分析在受容外部文化过程中，对各种外来文化的取舍问题。透视全球文化的区域布局可以清楚地看到，中国作为外部受容型文化，将受到苏联东欧、欧美以及太平洋三方面的文化辐射。

苏联革命的成功使俄罗斯文化发生质的变化，其强有力的辐射力度形成了苏联文化圈。经过第二次世界大战，东欧诸国连成一体被纳入苏联东欧文化区内。苏联是亚欧大陆文化的“枢纽”地区，中国地处亚欧大陆的边缘地区，自然成为苏联大陆文化的外部文化区，同时接受其文化辐射。新中国成立初期面临险恶的国际环境特别是西方国家的封锁，以及已经崩溃的国民经济，中国经济建设急需集中统一凝聚国力。因此我们借鉴了苏东社会主义集中统一的计划经济模式，在30年的时间里完成了国家工业化的进程。然而外部受容型文化的首要特征即在于引进吸收多种外来文化，单一类型的苏东文化的辐射，使中国在强调计划经济的同时染上了苏东式的体制病。目前的苏东文化区正处于裂变与重新组合之中，对中国文化的辐射作用正在逐渐弱化。

产生过《独立宣言》的美国文化，它通过对世界先进文化的改制更新与兼容并包独创了别具一格的文化特质，其文化辐射区域包括：大西洋西岸的加拿大、墨西哥、南美洲各国，包括大西洋东岸的欧洲近海各国、地中海沿岸及非洲部分地区。在这辽阔区域中，由于文化中心是美国，而其文化的传统胚胎是欧洲文化，故而称为欧美大西洋文化区。中国10年的改革开放由于注入了其中的先进部分，加速了中国现代化的进程。但欧美经典式发展道路的初始条件人均资源占有量相对过剩已不复存在，因此中国不具备欧美文化的核心，个人主义赖以生存的土壤。因为资源充裕才可能机会众多，无止境的收益，每个人的个人利益的总和就等于社会利益。而人口众多、资源稀缺的国度里，个人的过度收益，往往就是对其他人生存条件的剥夺。无限制的“公平竞争”，必然造成残酷的搏杀，以不那么“公平”的方式竞争。因此借助人际关系的力量，特别以群体协调的手段去抑制过度竞争，进行相对合理（绝对合理是不存在的，而且合理与否的判断标准应该首先包括基础条件）的资源分配，成为中国文化的传统核心。这种传统固然有其不适应现代化的缺陷，但也具有历史的和现实的合理性与必然性。结论是中国不可能以欧美文化为主要的受容楷模。

亚太文化区泛指环太平洋沿岸以及亚洲的新兴工业国家和地区。这些国家和地区的共同特点是在弘扬传统文化的基础上，广泛吸收各种外来文化，特别是欧美文化。以其中最为典型的东亚及东南亚文化区为例，这些地区在历史上长期接受中国文化的辐射，儒教文化占据核心地位。进入近代工业文明以来，它们相继落伍（日本除外），沦为西方列强的殖民地或半殖民地，被迫接受欧美文化的影响。第二次世界大战后，它们利用冷战的国际环境以及朝鲜战争、越南战争的有利局势，大量吸收欧美文化，与本身所固有的儒教传统相结合，形成所谓“新儒教”文化圈（当然，“新儒教”的起源可以上溯至二十世纪二三十年代，但其真正发挥作用是在战后），在工业化发展方面取得了举世公认的成就。中国由于地处“新儒教”文化区的外缘，加之该区域发展较快，近来已越来越多地受到这些国家和地区的文化影响，甚至有强烈的文化冲击流。

从对苏东、欧美、亚太三大文化区类型的特征，与中国文化的历史渊源，以及当前的国际关系动态三个方面考虑，可以清晰地分析出今后中国文化出路的基本走向以及我们应相应采取的方针。

首先，苏东文化与欧美文化尽管在意识形态和政治、经济体制方面存在着巨大差异甚至尖锐对立，但在发展方式上并无二致，都是采用耗费大量不可再生资源的“经典式发展道路”。随着大批发达工业国家诞生，“经典式发展道路”的初始条件已不复存在，对于人口众多、资源稀缺的中国来说，这种发展方式就更加不可能效仿。目前，苏东文化区正处于裂变与重组之中，欧美模式也在资源危机的威胁下日益走向发展极限。因此，当中国文化对外开放，吸收外来文化的同时，如果选择苏东或欧美模式为主要借鉴对象将是不明智的。

其次，中国在地理环境上处于亚太地区，在文化渊源上与东亚、东南亚有着长期交互影响的历史，与其文化传统及价值取向都十分接近或相像。因此接受这些地区的文化影响所引起的震荡和心理排异强度相对要小得多。在发展方式上这些国家和地区虽然也没有完全跳出“经典方式”的窠臼，但它们的“后发”特性使他们已经对“经典方式”的某些问题引起重视并加以避免。而这些国家和地区的文化体系中所保留甚至强化的集团意识及其与现代竞争的有机融合，对中国的文化更新则具有重要的借鉴价值。

最后，战后40年国际关系几经波动，从紧张到缓和循环往复，从70年代后期开始，国际关系发生重组，于对立的东西方两大阵营之外并立出新兴的东亚与东南亚后发工业文明，而且其在国际关系中的地位仍正在呈不断上升之趋势。无论距现实的差距有多么遥远，也不论关于“亚洲共同体”“东亚经济圈”和“华人经济圈”等设想之间的争论多么尖锐对立，该地区的主要国家都已经意识到了这个问题的重要性，并已在行为方面转向自觉。中国作为地区性大国，必须首先在该文化区发挥较大的作用。与这些国家进行人力资源、资金、技术、市场等方面的广泛置换，对中国现代化具有十分重要的意义，而且这种置换具有明显的互利性。日美贸易摩擦以及西方国家对该地区经济影响力的相对薄弱，为中国发挥更大的作用提供了良好的契机。

本文运用文化传播学的理论，通过对日美文化演化历史的剖析，充分说明了外部受容型文化的生命力。当中国文化拓展其开放度的时候，应该自觉地实现由内源型主体文化向外部受容型文化的过渡，在选择受容的目标时，应优先考虑文化传统及发展方式更接近中国的东亚及东南亚文明。加快与这些区域国家资金、技术、市场及资源等方面的广泛置换，学习他们受容外来文化同时保证传统文化主体地位的方法，这对中国现代化发展意义重大，也许这才是宝贵的文化财富。

这是我在20世纪90年代的思考，时至今日，在相互依存的世界经济格局出现逆全球化的发展状态下，目前中国与美国的贸易总值是1.3万亿美元，与欧盟的贸易总值是1.6万亿美元，而与东盟的贸易总值为1.7万亿美元，东盟超过美国、欧盟成为中国第一大贸易伙伴。中国在地理环境上处于亚太地区，在文化渊源上与东亚、东南亚有着长期交互影响的历史，与其文化传统及价值取向都十分接近或相像。在历史上这些地区长期与中国文化互融互通，形成的儒家文化圈具有文化认同感。双方的共同合作，为中国在20世纪成为在亚太地区有发言权的大国奠定了国际基础，同时也在为中国成为世界第二大经济体，成为和平崛起的强国，贡献着文化合作的力量。

《智者同行》：民族复兴与文明出路贡献文化力量

美国学者福山认为，最后的历史是自由民主的历史，在自由民主阶段，人类获得了平等的认可，历史也就终结了，普世价值是人类文明的归宿。中国的和平崛起告诉这位学者，历史不会终结在西方普世价值的文明中。

“问渠那得清如许？为有源头活水来。”中华优秀传统文化传承发展体系的建构与完善，如何从传统文化中汲取新的力量？我经过数十年的思考，以历史的眼光、全球化的视野，对中华民族伟大复兴与人类文明的出路进行有益的探索。用《智者同行》一书，回应了这一时代的发展课题。中宣部学习强国读书平台将它列为党建学习图书。经博士团推荐，长安街读书会也将本书列为党建学习书目。

● 西方文明的衰落

西方文化以古希腊文明为最初代表。地中海区域作为欧洲文明的摇篮，这里孕育了世界上最早的航海文化。希腊航海文化创建了个人主义价值观，美国人继承了欧洲文化，并创建了更为完善的西方个人主义价值体系。美国是一个有文化渊源、历史悠久的民族。

二战后，美国推动创建联合国、世界贸易组织、世界银行、国际货币基金组织等一系列国际组织，制定国际规则，管控治理全球事务，向世界展现了一个繁荣昌盛的美国。美国的发展走过了充满活力的青春期，度过了繁荣昌盛的中年期，现在正逐渐步入衰退的晚年。

西方现代化的伟大成果之一是经济的高速发展，然而这些伟大的成果实际上是付出众多牺牲而获得的。首先，它是以侵掠后发国家大量资源，造成第三世界大多数牺牲为其资本积累的主要条件；其次，它是以大量消耗人类不可再生资源使自然界遭受重大破坏为其发展的前提；再次，获得先进物质成果的西方国家，人们的精神被严重地侵损。在物质等荣华的影子背后，实际上还存在许多非人道的因素，而人类社会的未来，要求世界各民族必须凝聚一种以奉献为主体的义务价值观。中国文化的历史遗产必将为人类文明做出应有的贡献。

● 民族复兴的文化底蕴

中华民族伟大复兴就是要把国家建设成为经济、政治、军事、科技、文化强国。“天行健，君子以自强不息”，是中华民族积极进取的

民族性格。中国现代化进程奋发努力的动因来自过去百年的屈辱历史，也来自过去几千年中华文明的积累。汉唐之际社会生产力大幅度提升，农业生产居世界先进水平，中国传统社会高度发展并达到顶峰。汉王朝开疆拓土、武功赫赫；唐王朝对外开放、海纳百川。一个在历史上真正拥有过支配地位的国家，它一定具有伟大的历史，汉唐盛世雄风就是中华民族伟大复兴的文化基因。

中国传统文化的价值观与西方民族的文化观差异很大。纵观世界历史，西方曾产生了罗马帝国、亚历山大帝国、拜占庭帝国、奥斯曼帝国、大英帝国等，他们各个纵横世界，无比强悍，但多数是昙花一现，极盛而衰后很难再度崛起。近代的大英帝国，曾经的日不落帝国，现在日益衰弱，已经被自己曾经的殖民地印度赶超了。古代东方几千年出现的秦、汉、唐、元、明、清几乎所有强大的帝国，都来自中国。

从古代社会向近代社会过渡的过程中，从农业社会向工业化过渡的过程中，一大批传统帝国衰落、新兴帝国崛起。因为错过了这个机会以后，西方列强已经基本上把世界瓜分完毕了。还没有成为强国的国家，在发展中后来居上，能够打破这种强弱状态，到目前为止再次成为强国的也只有中国。西方传统文化信奉弱肉强食的丛林法则，推崇决战决胜，强调英雄壮举，中国传统理念，推崇和平发展，强调谋定而动，耐心累积发现优势。古代中国衰弱后，会不断地重新崛起和复兴。近代一百多年的衰弱，经以毛泽东为领袖的一代共产党人的努力，到现在新的时代又重新复兴，这在世界范围是独一无二的创举。

中国历史是一个文明发展的历史，文明发展没有出现过断层，国家兴衰只不过像是一个人在一生中常会出现跌宕起伏的挫折而已。无论前方有怎么样的艰难险阻，中华民族伟大复兴的脚步绝不会停止，任何国家都不能阻挡中华民族伟大复兴的进程。

●民族复兴的文化力量

中国传统文化在人类社会的演进中具有无与伦比的伟大的统一能力。她曾在人类文明史上创造过举世公认的古代文明。面对近代西方文明的冲击，它以坚韧的文化底蕴顽强地抵御这种不平等的强制性文化输入，并保持着民族的完整性。共和国诞生后，面临险恶的国际环境和已经崩溃的国民经济，中央政府利用传统的组织资源凝聚国力，在几十年的时间内完成了国家工业化的进程。在改革开放现代化进程中，我们仍然借助传统集权制的力量，自上而下地推动着中国的改革大业。正如著名历史学家汤因比所讲："就中国人来说，数千年来，比世界任何民族都成功地把几亿民众，从政治、文化上团结起来，他们向世界显示了这种政治、文化上的统一本领，具有无与伦比的成功经验，这样的统一正是今天世界的绝对要求。"

日本学者吉泽五郎在《未来属于中国》一书中提出，在对美国和西方国家失望后，汤因比把目光投向了中国。他认为，中国人聪明、勤奋，如果能克服发展过程中的民粹主义和过度工业化问题，中国将成为人类未来的希望。20 世纪 70 年代的汤因比有过明确的预见，即世界的主导权将从西方文明向非西方文明转移，特别是在以中国为核心的东亚握有解决未来的钥匙。

天人合一、中庸之道、厚德载物，是中国传统文化倡导的自然哲学观。天人合一讲人与自然相互依存、友好为伴；中庸之道讲不偏不倚，是化解人与人之间矛盾的有效方法；厚德载物是指具有道德高尚的人格，方能承载社会重任。道法自然的理念是化解东西方文化冲突的良药。

新冠肺炎疫情已经形成全球性的灾难，各国均面对挑战。由于文化价值观的差异，思考判断事物的标准不同，各国已经付出了惨重的代价。面对新冠肺炎疫情在全球肆虐的灾难现状，西方文明呈现出衰落的趋势，在世界相互依存的发展格局下，我们应以人类命运共同体的创新理念为引领，对人类文明的出路进行有益的探索并贡献出文化的力量。由经济日报出版社出版的《智者同行》一书，记录了我对这一重大历史问题的现实思考。

汉唐雄风是中华民族复兴的文化基因

“天行健，君子以自强不息”是中华民族积极进取的民族性格。汉唐之际社会生产力大幅度提高，农业生产居世界先进水平，中国传统社会高度发展并达到顶峰。汉王朝开疆拓土、武功赫赫；唐王朝对外开放、海纳百川。在民族交流与融合发展的过程中，一个在历史上真正拥有过支配地位的国家，它一定具有伟大的历史，大一统汉唐盛世雄风就是中华民族伟大复兴的历史基因。

● 汉王朝武功赫赫

汉朝初年，尽管民生凋敝，但贯穿于汉王朝的仍是开疆拓土的赫赫武功。汉武帝时期，卫青、霍去病的大军迫使匈奴和亲称臣，东汉窦宪把北匈奴逐到中亚，其间就体现出一种刚健之气。“秦时明月汉时关，万里长征人未还。但使龙城飞将在，不教胡马度阴山”。唐朝边塞诗的宏伟之作，生动地刻画了这幅游牧文化和农耕文化长期争夺的壮丽画面。汉王朝面对周边游牧民族对中原农耕民族的冲击，气势雄伟、耗资巨大的万里长城，作为人类历史上最大的防御工程，历代王朝集中了全部的人力、物力、财力，由历朝筑建连接而成。它集中完成了凝聚农耕社会的历史使命，其特质延续着中国传统社会的强大生命力，这笔丰富的历史遗产传承着我们中华民族凝聚力和伟大的统一力。

● 唐王朝海纳百川

唐代历史揭开了中国古代最为灿烂夺目的篇章。在普遍实行均田制的基础上，经济强盛的唐王朝国内安定统一，对外开疆拓土，军威四震：大破突厥、战败吐蕃，招安回纥的“天可汗”，蓬勃向上的阳刚之气冲洒天地间，甚至文人也以出入边塞，习武知兵为时尚，一种为国立功的荣誉感和英雄主义思想弥漫在社会氛围中。重新辟通的“丝绸之路”引进了异国的礼俗、服装、音乐、美术以至各种宗教。享用“胡酒、胡服、胡乐”是盛极一时的长安风尚。这是空前的古今中外的大交流、大融合。一种无所畏惧、无所顾忌地引进、吸收的恢宏气度表现出唐王朝对自身文化的充分自信。总之，蓬蓬勃勃的向上进取精神和吞吐百家、兼收并蓄的君子风度成为盛唐之际，中华民族上升时期民族精神的主导倾向。

● 逆势进取的文化精神

中国自古以来就是一个依托大陆的自主性的农业国家。西北地区是立国的基础及发展命运前途的“心脏地带”。历史上北宋以汴京为都，南宋偏居临安，元明清三朝定都北京，而西汉、唐朝将国都置于长安。历史上凡是定都长安的王朝都展现出一种逆势进取的国家精神。

西北地区主要包括西藏、新疆、甘肃、宁夏、陕西、内蒙古、山西。西北地域辽阔、民族众多、气候苦寒、土壤贫瘠、水资源匮乏、交通不便，发展经济的制约因素众多。西北地区作为中国的“心脏地带”，历史不同朝代不断受到北方游牧民族的攻击，长安古城成为汉唐时期农耕文明与游牧文明冲突的战略分水岭。

如果就自然条件而论，长安实非汉唐两代王朝定都之首选。因为当时战乱不断，关中地区的经济能力不足以供养国都，因此需要利用漕运从中国的东部地区输送粮食等项物资，劳费开支极大。秦汉以来中国的经济文化中心在中原地区，洛阳、开封都是人才荟萃的润土宝地，要将中原大地的精英输送苦寒之地非属易事。东汉定都洛阳有利于维护东汉的统一稳定，北宋则更显疲软不堪、心态已输，因无力对抗北方游牧民族攻击，而造成王朝屡遭攻陷的颓势。

从历史上王朝建国立都的规模来看，西汉和盛唐是中国历史上最为恢弘磅礴的朝代，整个国家的内在精神充满了坚韧不拔和积极进取的大国气质。它是将王朝的政治命运直接面对苦寒贫瘠的自然条件和北方外敌的军事威胁之下，整个王朝如同处在一种动态的危机之中，由此激发了一个民族在奋斗中求生存积极进取的尚武精神。

● 西北是民族复兴的精神富矿

历史上中国东南地区气候温暖湿润，物产富饶、经济繁荣，促使人力物质资源自然从西北向东南倾斜。东南地区在经济繁荣的同时也产生过一系列社会隐患，人口过度增长突破了当地农业生产能力所能承载的数量，由此江浙地区产生了大量无地流民，贫富差距日益悬殊，社会矛盾激化。过度的富庶和安逸是对一个民族精神气质的侵蚀和消磨，尤其是当中国的首都地处“六朝金粉”的金陵或临安时，中国自然不复有汉唐时期磅礴恢弘的精神气质。

人类文明追根朔源，分为农耕文化、游牧文化、航海文化（商业文化）三大类型。游牧民族诞生于草原高寒地带，逐水草而居，需要不断流动扩张，因幼年时期不断对航海文化和农耕文化强行攻击，精力超前耗尽，已被先进文化同化为历史的烟迹。航海文化繁盛于海洋与近海各岛屿，在与海上风浪搏击中追逐商业利益最大化，并富于冒险精神，在近代获取工业文明的物化成果后，开始在掠夺中完成了资本的原始积累。然而人类的生存空间和生活资源是有限度的，一旦到达扩张和征服的极限，就会面临衰落和死亡。农耕文化是在自给自足的自然经济中，勤劳耕作、安土重迁，守望相助，不相争夺，农耕文明使人安足稳定并对土地充满热爱，追求“天人合一”、人与自然和谐相处的理想境界。中华农业文明不是对现代资本主义商业文明的补充调和，而是一种从源头就与之完全不同的文明类型。

西北的贫瘠闭塞和始终存在的民族问题，不利于中国的国家统一和国家安全，它会使中国始终面临分裂和解体的危险。中国历史上立国规模与民族精神呈现出顺势进取和逆势退缩两种状态，它同中国的地理环境又极为紧密联系。

在今天中国和平崛起的发展进程中，随着西北地区交通建设和勘探资源的不断发展，其丰富的森林、农牧资源、矿藏资源和大量的荒漠的土地，将会通过从大西南引雅鲁藏布江的水源，调入大西北举国之力建设的“南水北调”工程，使农业立国，再造“天下粮仓”的民族复兴的夙愿，在西部大开发中得以实现。中国历史文化的新生，一定要到自身文明的内部去寻找。

中国农耕文化产生在高寒苦瘠的辽阔西北地区，艰苦的生活条件塑造了中国人的进取精神，而辽阔的西北土地使得中华文明具有强大的拓展性，大西北的地理空间特征让中国完全可以摆脱航行文化大量消费和掠夺人类不可再生资源的商业发展模式。在农耕文明长期发展愿景的激励下，在自身的历史文化脉络中兼收并蓄，走向民族复兴、探寻文明出路的中国时刻。

● 民族复兴的文化力量

五千年来中国文化虽然经历了盛衰变迁，但始终延续不绝，说明中国文化自身必然有其超越于时间框架之上的传统优势。经济可以改变的是一个国家的面貌，而文化精神则可以铸造一个民族的风骨。以史为镜知兴衰，一个在世界上真正拥有支配地位的国家，它一定具有伟大的历史，汉唐盛世雄风就是中华民族伟大复兴的文化基因。

中国传统农耕文化为我们后人留下治理社会、国家的三大文化遗产。第一，农耕文明在治理水源、抵御游牧民族入侵、传统社会的周期震荡的历史发展进程中，形成了强大的中央集权制政体。面对朝鲜战争的立国之战、新中国成立之初的国家工业化、建立强大的国防、兴修大型水利工程、大规模基础设施建设，这一组织资源经过不断的扬弃，形成了办大事的举国体制。特别是面对新冠疫情给人类带来的灾难，中国政府举国之力，迅速控制住局面，取得阶段性胜利。第二，传统社会是以血缘关系为生活纽带，形成了以家庭为主体的社会最基层的组织单位。它信奉家国同构、君父合一、尽孝尽忠的义务本位制。这种强调个人对社会价值的集体主义精神，在抗击疫情的过程中，老百姓一切行动听指挥，把国事当家事办，形成了上下一心、官民一体、心无旁骛、与政府一致的精神理念，是国家稳定的社会基础。第三，农耕文化崇尚和平，倡导为天地立心，为生民立命，为往圣继绝学，为万世开太平的天下主义。人类命运共同体的价值观将是人类文明走出困境，凤凰涅槃、浴火重生的健康之路。

中国致力于传统文化的复兴：义务本位制的核心是注重人与人之间的关系，强调个人对社会的价值；“天人合一”“中庸之道”“厚德载物”，注重人与自然和谐相处，重视面对社会、全球化的矛盾，不以物质利益为重，要完善地解决人与人、国与国之间如何彼此尊重、相安共处、互利共赢、和平发展的文明出路。从历史发展来看，中国传统道德规范中互以对方为重的思想是未来世界的前途，必将取代个人本位、自我中心的思想。西方社会是物质支配人的社会，它最终将被人支配物的社会所取代。中国文化尊重自然、推崇伦理和实践，应该为西方国家效法。

以史为鉴可以知兴衰。一个民族、一个国家乃至个人，如果通过学习历史，不断总结经验吸取教训，就能够对未来的发展进行科学准确的判断和预测。如果培养出这样的思维方式，就可以增强人们解决现实问题的准确性。

组织创新是民族复兴的社会基础

中国传统社会遗传并继承了两种组织资源：一是中央集权的行政官僚体制的正规组织；一是以家族血缘关系为生活纽带的家庭社会组织单位。大一统中央集权建立的官僚体制的组织优势，是能够集中力量办大事；而组织缺陷，则是容易产生官僚主义和贪污腐败，它成为历代王朝兴衰的双刃剑。

汉民族作为中国历史上的国家主体民族，建立的大一统王朝生命周期均不长久，极盛而衰超过60年的王朝如汉朝、唐朝、北宋、明朝等，随后，就开始走向覆灭。在王朝更迭上，虽然存在专制暴政、土地兼并、外族入侵的重要原因，但行政官僚系统的腐败，对上架空皇权，对下欺压百姓，最后导致民不聊生、官逼民反，才是导致王朝衰亡的根本原因。

毛泽东曾讲："治国就是治吏。"能否治理好官僚行政系统的腐败，是国家治理的核心问题。毛泽东认为执政党要始终代表人民的利益，让人民来监督政府，走民主发展的道路，是解决王朝兴衰历史周期律的根本。大力进行反对腐败和官僚体制的特权，促进社会公平，防止阶层固化，要营造出一个公平、公正的社会环境，使老百姓安居乐业，防止出现社会动荡，这对改革两千年秦王朝的官僚体制是密切相关的。对传统组织资源的不断扬弃，在民主法治理念的指导下，通过组织创新、制度建设是中华民族伟大复兴的社会基础。

● 官僚体制组织的历史缺陷

公元前221年，秦灭六国，天下归一。春秋战国以来的诸侯割据局面彻底结束，在政治上建立起中央集权君主专制制度。秦王朝通过中央集权的郡、县体制，将中央政府有效管辖的疆域范围远超前代。郡守和县令都是由中央政府直接任命，在郡县制的条件下，产生了一个独立性很强的行政官僚阶层，它们在国家的社会运行和经济活动中，实际处于核心主导地位。在资源分配中起决定作用的始终是官僚政府，自从秦始皇统一中国以来，政治权力控制社会财富这一条基本原则始终没有发生过改变。

行政系统的官僚是由信奉统一国家学说的知识分子儒生担任的。在理论上他们是食国家俸禄的官僚，不得像最高统治者那样随心所欲，谋取私利，但实际上他们手中的权力又使他们完全有可能取得非法利益。

人类的欲望除了控制物质财富以外，对政治权力的欲望同样强烈。普天之下莫非王土，在中央集权制度体系下，君主的统治权是通过庞大的行政官僚体制实现的，他们处在国家资源分配和人员组织的核心位置上。无论是发动战争还是发展经济，都是要通过官僚去执行和落实。当王朝兴盛、法纪严明的时候，他们往往为官清正，忠实地履行自己的使命；而当王权衰微、礼崩乐坏之时，官僚们便巧取豪夺、迅速腐化，形成贫富差距拉大的两极分化，造成农民起义，致使王权的彻底崩溃。

● 新型社会组织资源的凝聚

我国在组织资源方面所接受的历史遗产是一种两极构造：中央集权制的政府和家庭宗族。前者自上而下的启动并推进着改革开放的发展；后者成为“家庭联产承包责任制”农村改革成功的社会细胞。但是两极之间，既缺乏社区或地方自治的传统和经验，也从未出现过以自由市民为主体的城市。中国传统社会极度稀缺的资源，却是市场经济发展应具备的组织资源：即建立在近代资本主义社会发展过程中逐步积累形成的财产权利、契约意识、商业法规、民主法制等市场经济发展的规则及价值体系。由于西方式的现代化不是中国社会自身发展的必然逻辑，而是西方资本主义文化强行切入后被迫接受挑战的结果，因此，中国社会“现代化”的因素较为薄弱，而传统文化的势能十分强大。

中华民族伟大复兴的基础，是调动全体人民积极参与这场伟大的社会变革，40 多年改革开放的成果，使政府和人民的利益高度一致，已经具备了在经济发展领域、城市社区管理、农村社会基层组织建设，进行组织创新的改革试验，探寻符合中国国情的现代化民主和法治的发展道路。

● 经济领域的混合所有制

在经济领域中的改革，我国已经由计划分配社会资源的经济发展模式，演化到由市场决定资源配置的发展阶段。现代化在经济领域需要探索确定由谁承担主导市场配置资源的角色。中国改革开放形成了国有企业、外资企业、民营企业三个市场经济发展的主体。国有企业主导着航空、电讯、基础设施、军工、高科技等国家长远发展及国家安全的产业。其不足是产权为国家所有，机制固化，人力资源创新发展动力不够。外资企业的契约精神、法律责任、管理能力、组织程序已根深叶茂、形成百年老店。如果依靠他们主导市场资源配置，将会使国家逐渐失去经济发展的主导权，又有可能滑入经济殖民地深渊，造成国家分裂解体的灾难性后果。民营企业机制先进，经济总量覆盖半壁江山，企业家具有勤劳、智慧、不断创新的能力，但是大多集中在服务行业，企业规模偏小，如果承担主导市场配置资源的重任，恐怕能力不够，又会出现大规模的寻租行为，造成经济领域的腐败。

整体大于部分之和，综合就是创造。如果三者结合，按行业相互参股，合作经营，发挥各主体的优势，共同承担行业主导市场配置资源的责任。形成混和所有制的组合，可以成为市场经济发展整合资源的平台和创新的组织载体。通过组织创新、制度创新的探索，发挥企业家精神，新机制产生的能量，必将推动中国经济再度进入快速发展的轨道。

● 城市社区自治的推进

我国城区原有的居民住房分配管理体制，是以公房实物分配和物业本单位管理为主。20 世纪 90 年代末国家取消公房分配制度，老百姓开始货币购买商品房，住宅商品货币化的市场改革在全国推广。为了生活的需要，小区居民将一部分公权以货币的形式支付购买了服务，物业管理公司应运而生。房地产开发商在住宅的开发中组建了自己的物业管理公司，政府街道办事处所辖的居民委员会，往往通过物业公司对社区居民进行管理，管理成本低办事效率高。物业公司和分散的居民在社区管理、生活服务上出现矛盾纠纷时，有些基层政府的管理部门一般不大支持业主委员会这一社区业主自治组织的建立。这是造成至今社区管理、物业公司和业主矛盾层出不穷，社会不和谐的根源所在。

改革试验的方向：政府应该积极主动地支持具备条件的社区成立业主委员会，业主委员会通过招投标的方式选择物业公司的服务，物业公司要向业主委员会依法依规公开账目，并对小区业主生活提供优质服务。在开发商控制的物业公司和分散居民大多没有成立业主委员会的当下，不尽职不规范的物业管理与广大业主日常生活的矛盾已愈演愈烈。建议政府管理部门对业主委员会的成立要高度重视，使用强制性制度变迁的手段给予支持。因为社区自治民主程序的训练，培养健康健全的民主意识和自律性行为规范，这一组织创新、制度建设是中国真正成为法治强国的社会基础。

● 在农村创建农民协会

新中国成立初期，我国开始了工业化的发展。工业化需要巨额资金积累，在落后的农业国，积累的主要来源当然只能是“农民的贡赋”。贡赋可以是公开的，如日本明治以后的重租重税；也可以是隐蔽的，如价格剪刀差。中国选择的是后一种形式：采用农产品的国家定价形式，从农民手中低价统购，又对城市居民和工业企业低价统销，用以维持大工业的低工资和低原材料成本，提供不断产生超额工业利润的条件，最后又通过大工业利税上缴，集中起国家工业化的建设基金。而人民公社的“政社合一”的军事制度，在当时曾极大地限制了农民拥有独立的财产权利和发展商品经济进行人员流动的身份自由。他们被牢牢固定在土地上，对国家工业化作出了历史性的贡献。

在中国农村，农民应该有代表自己利益发声的渠道，因为有了言论自由，才有可能有效适时地集中大家的诉求，建立民主通道，作为政府施政的依据。中国是一个农业大国，农村居住着大量人口，农村发展是社会稳定的基础。建议在农村基层村落成立农民协会自治组织，通过普选、互帮互助、合作经营、权益保护，整体提高中国农民的公民意识和公民素质。我们必须重视保护农民的民主权利，进一步提高自组织能力和社会参与能力。因为只有农村社会进步了，农业生产发展了，人民生活才能富足，国家才能太平。

作为承载民主与法制推进中国现代化的载体，现存的组织资源十分薄弱，需要长期的培养、扶持才能正常发育。在社会结构方面，庞大的血缘家族在中国具有顽强的生命力。作为传统的资源一方面要加以利用，另一方面必须采取有力措施促使“第三类组织”，即企业组织、自治组织的发育、壮大。这些措施应包括以大规模、不间断的社会流动打破血缘、地缘联系，以“陌生面孔”组织企业，以责、权、利建立内部联系和行为规范，以法规约束组织间的行为关系。总之，政府应从实际和国情出发，按照市场经济运行的法则，加强对各类新型组织的培育，逐步铸造出中国现代化发展的新体制力量，组织创新与制度创新是我们的迫切任务。

南水北调：传承农耕文明再造天下粮仓

灾情、疫情、战争给人类社会带来的灾难，是对每个国家政府执政能力的重大考量。新冠疫情在全球持续性蔓延与近期俄乌地区的军事冲突，已经造成全球粮食市场波动，对我国的粮食安全敲响了警钟。

基辛格曾讲："谁控制了石油，谁就控制了所有国家；谁掌握了货币发行权，谁就掌握了世界；谁控制了粮食，谁就控制了人类。"中国是世界上最大的粮食生产国和消费国，解决 14 亿人口的吃饭问题不能寄希望于国际市场。粮食安全是要确保所有人在任何时候既能买得到又能买得起所需的基本食品。粮食安全是维护经济发展、社会稳定最重要的压舱石。当今和今后经济较长时期内，切实保障国家粮食安全，不断提高粮食安全保障水平，具有重要的现实意义和战略意义。

● 土地是粮食生产安全的基础

我国是一个人口众多，耕地资源现低于世界平均水平的农业大国。作为不可再生资源的土地是粮食生产的基础，是每个国家国民的生活必需品及生存的基础。要实行最严格的耕地保护制度，严守 18 亿亩耕地红线，全面落实永久基本农田特殊制度。所谓手中有粮，心里不慌，站在粮食稳定发展的基础展望未来，要继续推动和强化“两藏”战略是近期保障国家粮食安全的重要策略。

面对我国粮食有效供给不足，结构性短缺的问题，要通过科学划定粮食生产功能区和大豆等重要农产品生产保护区，实施全国高标准农田建设总体规划，改造中低产田，加快推进“藏粮于地”的举措。“科学技术就是生产力”，一粒种子可以改变一个世界。国家将科技进步作为增加粮食等重要农产品有效供给，提高农产品质量的根本途径，“藏粮于技”也是科技在保障国家粮食安全中的作用要日益加强的举措。要提高科技成果转化应用率，建立起超级稻、矮败小麦、杂交玉米等高效育种体系，基本实现主要粮食作物良种的全覆盖。

从历史上看，灾情、疫情、战争时期，各国必须靠自己的产品经济，生产和储备大量的粮食，才能确保安全渡过难关，否则必将出现社会动乱的灾难。

● 我国耕地不足的现状

中国是一个人口大国，人均耕地不到 1.5 亩，大豆、小麦年度进口量较大，保证粮食供给尚欠缺 4 亿—5 亿亩耕地，才能彻底解决国家粮食安全这一重大民生问题。历史上中国经济中心由北向南转移，就是通过不断开垦土地，解决因人口快速增长而出现的粮食供给不足的民生问题。

我国众多的人口主要集中在东部的深圳、广东、上海、北京等一批发达城市，东部的开发程度已经很高。而西藏、新疆、青海、甘肃、内蒙古等广大的西北地区则人烟稀少。我国地域辽阔，土地资源是有的，只是因为气候干旱缺水而无法开垦出农业用地。西北、华北地区预估有 20 亿亩土地荒置，只要有水，绝大多数土地是可以改造成农用耕地，通过开垦可以增加 20 亿亩左右的耕地。

在我国的人地矛盾中，实际上土地是有的，主要问题是缺水。特别是水资源在地区间分布极不均衡，西南地区河流众多，水资源丰富，从西南诸河调水补充西北、华北地区水资源的不足，合理分配水资源在各地区间的分布，不仅是十分必要，而且是完全有可能的。

从雅鲁藏布江调水，再造一个中国，将会支撑一个多数人的现代化，普通老百姓的现代化。只要少数发达国家把持大部分油气资源，这个国际大环境不改变，中华民族要想现代化，西部调水这件事，就一定会有人做！这是已故著名经济学家邓英淘先生，穷尽一生的思想结晶。

● 南水北调再造一个中国

从人类文明发展的历史看，文明古国的起源大多选择了临海傍河优越的地理环境。古希腊文明诞生于美丽的地中海，底格里斯和幼发拉底两河流域丰富的自然资源孕育出古巴比伦文明，恒河、印度河培育了古印度文明，长江、黄河的乳汁养育了中华文明。中华农耕文明源于黄河流域，水利是农业的命脉，治理水源、修建大规模的水利灌溉系统就成为农耕民族生存的首要前提。

大禹治水作为农耕文明的真实写照为百姓所敬仰；李冰父子巧夺

天工修建都江堰，灌溉面积从解放初期的200万亩，扩展到今天的近2000万亩土地，哺育了成都平原2000年，世代恩泽百姓；贯穿中国南北的大运河，历经几代王朝的修建，最终联通，南粮北运、发展经济，造福民生。

南水北调东线和中线工程的实现，使北方地区日益枯竭的地下水位得到提升，北京、天津及许多城市居民饮用水供给充足，沿线地区的生态环境得到改善。南水给古老的京杭大运河补充了水源，大运河及北方众多常年断流的河湖水流通畅，再现生机。兴修水利调配水资源，初始投资很大，看似兴师动众，但水利工程可以永续利用，都江堰、灵渠、大运河等许多古代水利设施，作为历代传承的资源，不仅现在还在使用，而且通过不断改进拓展它的经济功能和文化价值，兴修水利的千秋大业必将恩荫子孙后代。

中国每年都有从喜马拉雅山脉冰雪融化的水资源，通过雅鲁藏布江流出国境，进入印度的恒河汇入大海。我国地形呈西南高西北低的走势，西南区域水资源集中丰富，而西北地区则地广人稀，水资源短缺，土地极为干旱。如果以举国之力启动南水北调的大西线工程，通过兴建大规模的水利灌溉工程，从地势高的大西南引雅鲁藏布江之水，调入地势低平的西北地区，可以彻底解决西北干旱缺水的民生问题。

西线南水北调如能实现，仅新疆就可以开垦新增6亿亩耕地，彻底解决中国粮食安全问题。如果水利工程修至内蒙古、华北地区，再可增加10亿亩耕地，能够有效吸收和容纳新增5亿左右的人口及近3亿劳动力，使其有事可做，有业可就，可以大大拓展中华民族未来生存和发展的空间。西部开发，拓展了我国这个世界上独一无二的经济主体的战略纵深，使之可以放手发展，无后顾之忧。我们可以在文明冲突的全球经济的战国时代，牢牢地站稳脚跟，发展不再受制于他人，民族复兴始终立于不败之地。

在大规模修建水利灌溉工程中，可以在风能、太阳能、水能聚集发电技术上进行创新突破。风能、水能、太阳能属于永续能源，均可以永续利用。我们与俄罗斯相互支撑的战略合作及对南海石油的开采，可以彻底摆脱对国际石油的依赖，就可以全部依靠国内的基础力量，通过内循环的发展途径，彻底解决中国现代化面临的能源不足的问题。中国现代化的基石就稳固了，中国现代化进程不可阻挡。

● 历史经验的借鉴

水是农业的命脉，是人类生存发展不可缺乏的重要资源。中国北方缺水，尤其是西北非常缺水，在国土资源分布上几大沙漠、荒漠、戈壁都集中在西北，丝绸之路上的明星城市“楼兰”早就淹没在沙堆中，化为历史的陈迹；民族复兴西北经济是关键，而源头缺水就成为发展的瓶颈。

美国的北水南调工程始于 1933 年，至今仍然在改建和扩建中，它直接改变了加州中央谷地南部的整体状况，西部的西雅图、旧金山到洛杉矶一带的农业、工业和城市的发展繁荣，就是从调了 200 亿立方米的水发展起来的。现在美国最大的经济体和粮仓就是加利福尼亚州。

我国已完成的“南水北调”东线和中线，把长江、汉江水引入了北方。但是，西线更为浩大的调水方案尚未启动。在传统农业社会发展的进程中，我们具有大规模兴建水利工程农耕文明优质组织资源的历史传承。中华文明源于黄河流域，水利是农业的命脉，治理水源、修建大规模的水利灌溉系统就成为农耕民族生存的首要前提。在生产力水平极其低下的情况下，个体无法兴办水利工程，无法分配水利资源，需要组织起来依靠大规模的体力协作才能达到预期的目的，需要有集合单个盲目意志的统一意志。就是说，人们为了生存需要统一个人的意志，服从统一的领导。因此集体意识得到根深蒂固的加强。伴随对水源的治理和分配，大一统的中央集权制的国家诞生了，这一历史性的组织资源作为中国传统文化的精髓被农耕文化世代传承下来。新中国成立至今，政府修建红旗渠、丹江口水电站，修筑三峡大坝、南水北调等造福民生的伟大工程，均体现了举国体制办大事社会主义制度的优越性。从目前国家的财力、技术、工程能力，已经具备了条件。就是把西藏东部的水调往西北和北方，再造一条黄河。我们有这样大面积国土的回旋余地，完全有能力解决耕地资源短缺的问题。

兴修水利是农业的命脉支撑，水的问题是中华民族无数社会精英的事业追求，也是历代王者至重至伟的千秋大业。它始终传承着农耕文明的文化底蕴。早在土地革命时期毛泽东就曾发出“水利是农业的命脉”的伟大号召，深刻阐明水利在农业生产中的重要地位。新中国成立之初，国家百废待举、百业待兴。毛泽东在黄河边说：“南方水多，北方水少，借一点也是可以的。”国以农为本，民以食为天，粮食安全是治国安邦的大计。新中国成立以来，党和政府始终把解决人民的吃饭问题作为治国安邦的头等大事。

南水北调工程是实现我国水资源优化配置、促进经济社会可持续发展、保障和改善民生的重大战略性基础设施。南水北调工程功在当代，利在千秋。要做好后续工程筹划，使之不断造福民族、造福人民。面对百年未有之大变局，在粮食供给方面，在倡导全社会节约粮食备荒的同时，要加快国家开垦荒地的战略部署。只有强化经济发展的内循环，彻底解决粮食供给不足的民生问题，才能够保持经济的可持续性发展，它是保持社会稳定民族复兴的基础。

不谋百年者，不足以谋一时；不谋全球者，不足以谋一国。南水北调工程应该上升为国家战略，作为国策研究实施。励精图治，举全国之力，以愚公移山、修筑长城的民族精神，逢山开路、遇水搭桥，宏伟壮观的引水工程将为我们子孙后代美好生活开创太平盛世，南水北调宏伟蓝图将为中国未来发展续出历史绝学。它是中华民族和平崛起，真正实现民族伟大复兴的康庄大道。

“天人合一”：奠定绿色发展的文明理念

西方现代化的经典发展方式，在工业化开启至今近三百年的时间里，为人类创造出丰硕的物质文明。但它是一种以大量耗费人类不可再生资源为前提的“高消费、高耗能、高污染”的生产和生活方式。

全球工业化发展进程的二氧化碳排放，不断对我们赖以生存的地球进行着破坏性的摧毁。演化中不断提升的温室效应，造成了人类社会许多物种的消亡；几十年未遇的大规模的洪涝灾害开始频繁出现；污染的雾霾天气对人体健康的侵害一度成为常态；冰山融化在有限的时间内使海平面抬升，它将会造成众多城市的消失。

随着人口的增长，地球内早已不堪重负，所谓西方现代化经典的发展方式，伴随增长的极限走向穷途。控制碳排放已成为世界各国必须在发展中解决的现实问题。“天人合一”倡导人与自然相互依存、和谐共生，成为绿色新发展方式的文化理念，绿水青山才是赢得未来的金山银山。

● 新发展方式的文化理念

中国传统社会以农业立国，我们的祖先兴修水利、在有限的土地上精耕细作，生产丰富的农产品养活了不断增长的自然人口。勤劳智慧的农耕民族尊奉着人与自然相互依存、和谐共生、“天人合一”的价值观。汉民族生活的中原地区稳定的生产、生活方式同化了历史上不断入侵的游牧民族。如果没有近代西方工业文明的冲击，中国传统农耕社会会按照自己的路径发展，今天的中国可能就没有工业化进程中的环境污染，呈现在人们生活中的是一个蓝天白云、青山绿水，自给自足、物产丰富的农业大国图景。历史虽不能假设，但经验可以借鉴。

在世界经济相互依存的进程中，中国经济得到了快速的发展。但是，人们在不断追求舒适生活方式的欲望驱使下，也没有避免西方国家经典发展方式的弊端。以中国为代表的发展中国家和西方发达国家，其现状都是要面对资源不足、环境污染、发展不平衡、局部战争冲突及核威胁的恐惧等人类社会存在的共同问题。

西方现代化的“能源”和“环境”危机堵塞了人类文明发展的通道，这个无法解开的死结促使我们反思，为什么要继续选择这样的“现代化”？我们这个民族历经百难终于顿悟猛醒，我们应该转向对绿水青山为标志的、可持续发展的新发展方式的探索和追求，中国开启了这一划时代的伟大转折。

● 园林绿化的文化启示

在国土上永续性植树造林，特别是在人口密度大的城市开展持续性植树造林，可以逐步把二氧化碳吸收掉，降低温室效应对城市的污染，不断提高人民生活健康水平。近年来，许多大城市一窝蜂地兴建了大批郊野公园，植树造林绿化的质量比较差，却又均冠名森林公园，反映出要一夜之间变更山河的急躁心态。我们应以水滴石穿、铁杵成针的大国工匠精神，效仿先人历代修缮园林的认真态度，搞好城市绿化，将当下绿色文明的建设成果世代传承。

我们的先人以勤劳智慧的理念在古都北京设计了颐和园、北海、景山公园等皇家园林，经过千锤百炼、鬼斧神工的历久修缮，形成了园林园艺化精湛的盆景效果。这批丰富的物质文化遗产，在历史发展的进程中愉悦着人的心情，给老百姓的生活带来无穷尽的欢乐。

北京近十年修建了许多所谓的郊野森林公园，可能受经费所限，公园绿化大多选择了一批速成的品质较低的树种，企图通过密集种植短期内形成绿化效果。奥林匹克国家森林公园，国家虽然投入巨资建设，但为了达到给奥运会配套服务的目的，也使用了建设郊野公园密集种植的绿化手段。

土地是有自己生存密码的，树木要想健康成长，必须遵循天人合一的自然规律。奥森公园是亚洲最大的人造公园，面积有十个北海公园大，水面达到昆明湖的一半。它位于故宫、景山中轴线龙脉北部，上风上水，位置极具皇家园林的气场风范。数十年后，应该可以比肩美国纽约的中央公园。如何早日去掉郊野公园的弊端，现在应该开始对园林的绿化进行修缮。

奥森公园是北京最大的绿肺氧吧，可以将密集种植的树木开始逐步调整、移植一下各类树木的种植间距，让树木充分吸收养分，健康生活，再待十年，大树繁茂，空气清新，将为区域生态环境的改善，人民生活质量的提升，贡献青山绿水的生态力量。

北京的公园大多围绕挖湖堆山开展园林绿化。山不在高有仙则名，水不在深有龙则灵，对奥森公园的龙形水系的水源、河床、护坡绿化要不断修缮，要不断提高水泊的清洁度和沿岸景色的观赏度，使湖光山色逐渐呈现出中国古代园林盆景化的魅力仙姿。

北京园林绿化可以选择银杏、国槐、白蜡、梧桐、雪松等令人赏心悦目的景观树种，同时配以挺拔茁壮的经济型树种，可以大面积种植穿天杨；由于北京水资源短缺，气候干燥，土壤含碱性高，绿草死亡率高，更换成本大，可以广泛选用耐旱、速成、成本低廉的大叶草种植。植树造林应遵从道法自然、天人合一的科学理念。空中的飞鸟展翅翱翔，水中的鱼儿婀娜多姿，色彩斑斓！公园传出的红歌慷慨嘹亮，退休老人在此享受没有污染的空气及和煦的阳光，健身并健康快乐地度过晚年的幸福时光。

山林清泉、绿草河边、清风两袖、寄情山水，这是步入老龄阶段应有的生活状态和审美意识。美好的环境需要人们共同爱护，社会进步如同大树人生、文明积累。如果把奥森公园的发展，建设成为民族生态文明素质不断提高的一块飞地，和人民生活健康快乐的一片阳光热土，它的绿化修缮，将为北京大批郊野公园的提升产生示范效应。这座公园必将记载传承着生态文明的历史文化。

● 绿色发展是地球存在的基石

绿色发展是继农业社会、工业社会和服务经济社会之后，人类最高的经济活动形态，它是一个历史发展的必然进程。虽然“高消费、高耗能、高污染”的经典发展方式已尽途穷，但更为严重的是，持续的环境污染已给人们日常生活和生命健康带来巨大的威胁，它同人类与自然界相互依存、和谐相处，形成的“生命共同体”的理念是相悖的。

中国处在工业化的上升时期，必然伴随着大量的碳排放，而降低碳排放就等于降低经济发展的速度。国内空气污染一度造成雾霾常态给人们身心健康带来的损害，就是发展付出的代价。我们为发展还付出了资源、环境、社会公平、道德伦理等诸多方面的代价。

碳中和就是我们自己国家工业和居民生活排出去的碳，都要自己吸收掉。为了达标就要搞清洁能源、绿色工业，降低碳排放。绿色发展的重点之一就是要植树造林，把二氧化碳吸收掉，开展生态文明建设，实现人与自然的和谐共生。“天人合一”，强调的是人与自然和谐共生，它是保证金山银山与绿水青山同在的文化理念。

德国哲学家黑格尔曾讲过：人类唯一能从历史中吸取的教训就是，人类从来都不会从历史中吸取教训。他的告诫听着尖刻刺耳，确需警钟长鸣！我们不要幻想自己有驾驭大自然的能力，人类不要畅想征服地球，因为人类不可能征服地球，我们唯一能做的就是爱护她，万物共存，人类更需要的是善良。“天人合一”的哲学理念，是中国传统文化为探寻人类文明出路贡献的文化力量。

“天下主义”：解析百年未有之大变局

亨廷顿在《文明的冲突》一书中曾预言：“冷战后的世界格局其决定因素表现为八大文明：即中华文明、日本文明、印度文明、伊斯兰文明、西方文明、东正教文明、拉美文明，还有可能存在的非洲文明。世界冲突的基本根源不再是意识形态，而是各文明之间的差异。在文明多元化的世界里，任何国家之间的关系都没有美国与中国之间关系那样至关重要”。的确，当今世界正处于百年未有之大变局，其核心是中国的崛起与世界头号强国美国衰落的凸显。东西方文化的差异，造成文明的冲突存在着给人类发展带来难以预测的灾难，中国传统文化中的“天下观”的理念或许是能够超越民族国家矛盾之争，成为解开文明冲突，“为人类万世开太平”的钥匙。

● 经典发展方式的末途

二战后美国迅速崛起，成为世界头号强国。美国率先发起组建联合国等系列国际组织，制定了治理全球秩序和经济发展的规则，为世界经济发展做出了贡献。中国借助国际势能，在 WTO 框架内成为“世界加工厂”，通过勤劳智慧的努力奋斗使经济得到长足的发展。

煤炭、石油、天燃气这些地下贮藏的不可再生资源，是工业化的

核心动力，也是近代资本主义文明发展的基础。这些有机物在地下经受化学和物理变化的打磨，历经漫长的地质年代的锻造，才能够形成服务人类社会发展的资源。

不可再生资源生长在世界不同国家和地区，在地域分布上很不均匀，必须集中规模化开採，才能够形成生产能力。由于不可再生资源只能一次性利用，用一点少一点，它相对世界各国人口的快速增长，面对人类百年周期短暂的生命时间尺度的考量，必然会成为快速被消耗的稀缺资源。少数西方发达国家在资源使用和控制上，不仅要斤斤计较讨价还价，而且还不断动用政治、科技、金融及军事手段拼命争夺。近代工业的发展，西方列强几乎所有的矛盾纠纷引发的发战争，特别是两次世界大战的爆发，看似是地缘政治形成的战略安全及国内经济危机的引发，而背后隐藏着的都是对分布不均匀的能源矿产紧密联系的经济需求。

美国为首的西方国家经济发展模式存在的弊端是：它们现已形成的高消费、高耗能、高质量的生活方式，是以大量耗费人类不可再生资源为前提条件的，由于人类可利用的不可再生资源需上亿年以上的生成时间，远远长于人类的生命周期，所以，增长的极限这一不可持续的发展模式已降下帷幕。因为少数已经完成现代化的西方国家，与多数正在进行现代化的发展中国家，围绕着全球资源的分配和管控已经出现了无法调和的矛盾。

早在 2010 年，美国总统奥巴马曾公开宣布：如果超过 10 亿的中国居民过上和澳大利亚、美国人现在同样的生活方式，那么，我们所有人都将处于非常悲惨的境遇。很简单，这个地球根本无法承受。如果多数国家的现代化，也走西方经典式的发展道路，地下贮藏的资源根本无法支撑人类的生存和发展，现有资源消耗殆尽，国家之间争夺资源的战争将会把地球彻底毁灭。

● 恐怖威胁下的均衡

人类诞生之初就存在着善恶两种天性，西方国家在信仰自由、民主、平等、博爱的普世价值观的同时，也在社会达尔文主义的驱动下，通过海外殖民扩张，用残酷的战争手段，剥夺别国的财富，实现了资本的原始积累。迄今为止，仍然凭借强大的军事实力、先进的科技手段、金融资本的优势及国际话语权控制着全球资源市场。

第二次世界大战后期，美国准备对日本本土进行攻击，考虑到日军的顽强抵抗，将会使美军付出近百万士兵的生命，如此大的代价是美国所承担不起的。为此，美国动用了核武器对日本进行打击，在广岛、长崎投下了两枚原子弹，加上苏联红军对中国东北日军的攻击，迫使天皇向同盟国宣布无条件投降。原子弹的使用缩短了战争的进程。

朝鲜战争美军在中国人民志愿军顽强抵抗不断反击下，军事上已成颓势，渐渐失去对战场的控制权。为了扭转日益形成的战争败局，美国总统杜鲁门计划在朝鲜战场上对中国军队使用原子弹，如果使用了核武器，朝鲜半岛将不复存在。但考虑到苏联的因素可能引发第三次世界大战的严重后果及朝鲜多山地形的实际使用效果，加之盟国的反对，美国最终还是选择了放弃。二战结束至今，世界虽有局部战争，但因主要大国拥有核武器，均有将地球摧毁的能力，所以在核恐怖的笼罩下，世界局势基本趋于稳定。二战后至今没有再发生世界大战，人类拥有 70 多年的和平环境，是核武器存在造成的均衡。

“不识庐山真面目，只缘身在此山中。”荀子主张“性恶说”，认为人的本性是“好利”“疾恶”和“耳目之欲”；马基雅维利认为人类本性就是“追逐利益”“逃避危难”“忘恩负义”。人性调和说包括人性无善无恶和人性有善有恶。告子认为人的本性无善无恶，“必待矫揉而后成”，强调人性的可塑性。我们应该清楚地认识到，在人性欲望的底层有暴力和残忍侵掠的基因存在，为了满足并实现自己的贪欲，这种可怕的人性底层的恶劣将会在无节制中不断膨胀。特别是随着人口的不断增长，在维持人类生存和发展的资源锐减的压力下，是会构建成人类未来的毁灭性前景。美国在建国 200 多年的历史中，发动了约 280 次战争，直到原子弹研制出来后，战争的次数看似减少了，但是人类面临毁灭的帷幕已经拉开。

在苏联解体、冷战结束后新的国际关系的格局下，美国完全可以依靠自己在军事、经济、政治上一家独大的绝对优势，抛弃弱肉强食的丛林规则，禁止试验、快速削减并最终销毁所有的核武器，使美国有可能再度辉煌、引领世界发展潮流，成为人类历史上最伟大的民族。但是，美国的政治制度、民族意识中的极度优越感，和历史文化资源的缺陷，使它没有做出这一伟大的抉择，自己再次身不由己地走向社会达尔文主义新帝国的深渊。随着科技水平的不断提升，美国作为全球头号军事强国，反而更加缺乏安全感，不断扩大军费开支，把自己战略安全半径扩展到世界各地。如果按这样的逻辑延展，地球上没有一个国家是安全的，这是美国文化的失败。

● 普世价值无法引领

从传统地缘政治的角度看，谁控制了欧亚大陆这一板块，谁就真正控制了世界。美国全球霸权的战略布局是通过大西洋进入欧洲；再通过太平洋进入亚洲。在实现称霸世界的进程中，遇到了俄罗斯和中国两个具有文明底蕴且独立自主大国的屏障，本质上分析，不仅仅是出于政治制度和意识形态差异的考量，双方矛盾的核心是文明的冲突。

美国要用普世价值一统人类社会文明发展的进程，通过弱肉强食的丛林手段肢解俄罗斯、中国，使原有的民族国家支离破碎，从而完成其控制欧亚大陆称霸世界的企图。

黑格尔讲：人类需要被人的欲望的推动下，历史不断进化。美国学者福山认为：最后的历史是自由民主的历史，在自由民主阶段，人类获得了平等的认可，历史也就终结了。然而中国的崛起告诉这位学者，历史不会终结在西方普世价值的文明中。新冠肺炎疫情将美国拖入灾难的深渊。

美国的普世价值观：民主选举，三权分立及自由、平等、人权、竞争的个人主义价值观已经开始衰落。美国制造业空心化造成国内大量劳动力失业；长期对外战争大量军费支出消耗了国力；政府举债、国民负债消费的高质量的生活方式掏空了国家财政；由于两党长期对峙，美国的社会资源及财富控制在军工复合体和石油大亨少数寡头手中，两极分化的社会矛盾对立日趋严重，已无法领导世界发展。新冠肺炎疫情的攻击，彻底暴露其治理体系的种种弊病。

美国面对难以克服的国内矛盾似束手无策，不断将各个时段出现的内部危机向外转嫁，美国没有团结各国一致抗击疫情，放弃了世界大国应有的责任。在其社会、国家治理体系出现问题时，为转移国内矛盾再度攻击中国。在文化价值观方面形成了大国间的严重对立。大国竞争成为历史给人类提出的一个必须作答的题目。美国哈佛大学艾利森表述：美中两个大国已陷入“修昔底德陷阱”，我们能否彻底走出这一历史性的发展规律？

世界现已呈现出美国、中国、欧盟、俄罗斯多极化发展的格局，美国还未能清楚地认识到，中俄战略合作是能够支撑住世界和平发展的格局。美国为什么不想把我们当成朋友，却为什么要把我们当作敌人呢？如果仍然是继工业革命之后，西方航海文化崇尚侵掠别国资源，实现全球霸权价值观的驱使，那么俄罗斯、中国两个独立自主的大国就是他们遏制的对象。我们不想因对抗引起战争，我们希望互谅妥协中获得和平，但是，这一切不是我们单方面努力就可以达到的。

中美关系面临挫折和困难也使世界深感焦虑。许多国家领导人及学界表达了对中美关系修好的真知灼见。

新加坡总理李显龙表示，各国必须承认中国将继续发展壮大，对此进行阻止既不明智也不可能。中美冲突对世界来说是一场灾难，发展建设性关系至关重要。在中美之间选边站队，我们承受不起。

联合国秘书长古特雷斯表示，如果两个最大的经济体分别在诸多领域施加影响，进行零和博弈，世界将有“一分为二”的风险。重建中美关系有助于应对疫苗接种、气候变化以及其他全球性挑战。

爱尔兰前总统玛丽·罗宾逊表示，全球对话与合作前所未有地重要，而中美之间的良好关系是最重要的。世界需要中国与美国共同努力，为世界可持续发展繁荣搭建强有力的框架。

日本前首相鸠山由纪夫认为，美国和中国之间有竞争不要紧，但不应将民主当作外交工具，美日印澳构建排他性包围圈会激化中美矛盾，损害世界的安定和繁荣。美国应用行动坚持“一个中国”政策，与中国建立超越价值观差异的共存之道。

美国耶鲁大学高级研究员、诺贝尔经济学奖获得者斯蒂芬·罗奇表示，中美都需要稳定安全的经济增长新引擎，解决当前中美矛盾，没有捷径可走，但我们可以从小处着手，展现化解而不是升级矛盾的决心，让中美关系的氛围从疑虑回归互信。

1984 年，美国前总统里根在复旦大学就东西方文化差异的演讲，现在看依然很有实践意义。他认为中美存在的矛盾既不能忽视，也不能过分夸大，要以朋友相处的方式相互理解，化解矛盾。他认为：很多东西自然而然地把我们分隔开来，它是时间和空间、不同的语言、不同的价值观、不同的文化和历史，根本上不同的政治制度。不承认这些差异是愚蠢的。但是让我们暂时将分歧搁置一旁，来寻找我们的共同点，我们通常能达成共识。即使没有能达成共识，我们也增进了相互的了解，并且我们学会了从对方立场上看世界。老一辈政治家的看法极具历史感，富有哲学高度。

国际舆论场上，这些客观而理性的声音直言不讳、令人警醒。在世界看来中美两国发展不是非此即彼的关系，完全可以相互借力、相互成就；世界期待良性竞争、友好合作的中美关系。

在人类历史上，还没有出现过两个超级大国和平共处的局面，不管是崛起的中国，还是仍然强盛的美国，建立一个共治的新的国际秩序既无先例可循，也缺乏经验。只能寄希望双方的智慧、勇气和克制。中美的差距越小，前路的挑战就越大。

● 民族复兴的战略应对

美国开始在国际贸易、科技领域、地缘政治等方面对中国进行全面遏制。在当前多极化的世界格局下，我们应该未雨绸缪，有所作为。

中国是全球工业化大国，具有制造业中、低端上下游全产业链的生产能力。但同时也是一个贫油的发展中国家，石油需求的60%依赖进口，如果海上通道被封锁，经济发展就会出现瓶颈。中国要确保在能源供应上的安全，我国油气资源30%是从俄罗斯进口，在能源供应安全上我们首选俄罗斯、备选伊朗加强石油的战略储备。目前南海、东海已经勘探出贮量丰富的油气资源，要加大对海洋油气资源开发的科研投入，尽快实现开采。

加快与东南亚、东亚各国的合作。中国在地理环境上处于亚太地区，在文化渊源上与东亚、东南亚有着长期交互影响的历史，与其文化传统及价值取向都十分接近或相像。在历史上这些地区长期与中国文化互融互通，形成的儒家文化圈具有文化认同感。目前中国与美国的贸易总值是1.3万亿美元，与欧盟的贸易总值是1.6万亿美元，而与东盟的贸易总值为1.7万亿美元，超过美国、欧盟，成为了中国第一大贸易伙伴。它一方面说明特朗普的贸易战有效果，另一方面说明中国面对全球市场，回旋余地也很大。2010 年，中国东盟自由贸易区已经启动，中日韩 FIA 谈判正在推进，中国同欧盟、俄罗斯、海湾国家、中亚国家、金砖五国正在商讨建立的自由贸易区，都是新的国家对外发展战略的部署和修定。

中美两国贸易是用美元结算，而美元霸权自定规则，限制中国向资源产业和高科技领域进行投资，只能低息购买美国国债，服从美国在全球的产业布局，中国不愿再受束缚，美国就重返亚太、兵抵南海、推出印太战略，并搞乱香港、协防台湾，遏制中国就范。欧中经贸关系是世界上规模最大、最具活力的经贸关系之一，近期欧盟已是中国最大的贸易伙伴。双方贸易和投资具有高度的互补性，已成为推动双方经济发展和科技创新的重要引擎。如果中国被排除在美元结算体系之外，被美国冻结资产等可能性出现，我们应以此推动官方加快推进数字货币、人民币的国际化。

在多极化的世界格局中，面对美国咄咄逼人的霸权主义行径，我们既要不断优化国际环境、有所作为，寻求文化认同感的国家民族开展互惠互利的合作；也要冷静应对，积极开展兴修水利、开垦荒地、精耕细作、保护地球，再造天下粮仓的长期工作。谋定而动，不拿国运赌未来，做好自己能力范围的事情。

● 天下主义的价值观

今天人类的生存命运正面临着重大危局，如何消除分立的国家集团竞争，建立去强权、非暴力有序发展的新局面，必须要有彻底超越民族国家的思维层面，重塑全球化的天下观，缔造人类命运共同体，才能保证文明的永续发展和繁荣。

中国传统社会农业立国，兴修水利、对土地精耕细作，丰富的农业产出养育了勤劳智慧的农耕民族。汉民族生活的中原地区稳定的生产、生活方式同化了历史上不断入侵的游牧民族。如果没有近代西方工业文明的攻击，中国传统社会会按照自己的路径发展，今天的中国可能是一个没有工业化进程中的环境污染，呈现在人们生活中的是一个蓝天白云、青山绿水，自给自足、物产丰富的农业大国图景。历史虽不能假设，但经验可以借鉴。

在世界经济相互依存发展的进程中，中国经济得到了快速的发展。但是，在人们不断追求舒适生活方式的驱使下，也没有避免西方国家经典发展模式的弊端。以中国为代表的发展中国家和西方发达国家，其现状都是将要面对环境污染、资源不足、发展不平衡、局部战争冲突及核威胁的恐惧等人类存在的共同问题。我认为中国传统文化的优秀特质可以为解决当今世界发展存在的问题，贡献出文化的力量。

“天下观”是春秋战国时期，中国古代先贤卓越的文化创造。主张“天下是天下人的天下”，倡导“大道之行，天下为公”。希望为消弭人类纷争，构建出一个社会生活和平有秩序的大同世界。当今世界，若都是从各自国家利益的角度治理世界，而不是着眼世界的和平与发展，则全球的治理必将会矛盾不断、问题迭出。如何与天下共处？古人的观念是“四海之内皆兄弟”，把全人类看成一个家庭。如梁漱溟先生所讲的：中国人是富于世界观念的，狭隘国家主义和民族主义在中国都没有，中国人对于世界向来一视同仁。中国人的天下观念是从逻辑上排除了精神领域的敌对，显然是超越国家利益的原则准则。中华民族文化的视野、境界与气象海阔天空，自非寻常可比，在历史和现实中决定我们解决国际问题的思维方式，着眼的都不是战胜征服，而是和平发展、合作共赢。天下主义主旨是：“天下是天下人的天下”，只有我们的愿望符合所有其他人的愿望，我们的愿望才是“天下的”。

西方文化的核心是以个人为本，追求物质利益，是一个物质支配人的社会。中国文化是注重人与人之间的关系，注重现实社会问题。它的伦理道德观强调人伦至上主义，就是互以对方为重，要求每个人都能认清并承担对社会的义务。它与西方个人本位、自我中心的传统完全不同。从历史发展来看，中国传统道德中互以对方为重的思想是未来世界的前途，必将取代个人本位、自我中心思想。西方社会是物支配人的社会，它最终必将被人支配物的社会所取代。所以中国文化尊重自然、推崇伦理和实践，应该为西方社会效法。中国历史传承的“义务本位、中庸之道、天人合一、厚德载物”的文化精髓告诉世人：世界经济要均衡发展、包容共赢，人与人之间、国与国之间、人与自然之间应和谐相处。这是一种更高境界的领悟，一种更为智慧的进取。

在当今文明的十字路口，人类追求美好生活，也拥有强大的和平力量，但同时面临巨大的挑战。今天这个世界，要想在“现代战国”中立于不败之地，这取决于我们在多大程度上达到了“富国强兵”的目标。国家的尊严来源于实力，有了实力才谈得上“天下观”的道德理想，因为西方主导的国际秩序其实就是丛林法则，没有纯粹的道德标准，实力才是决定性的因素。只有以恶对恶，才能抑恶扬善，彻底看透社会达尔文主义，才可能改变它。因此，在中国的经济崛起之后，必须要有一个伟大的文化复兴，历史本来就赋予我们这个民族一个伟大的道德目标：“为天地立心，为生民立命，为往圣继绝学，为万世开太平。”全人类共同价值顺应历史发展规律，呼应人类对幸福生活和美好世界的向往，为构建人类命运共同体提供了指南。它是中华民族 5000 年文明史应为人类文明的进步做出的时代贡献。

我们只有不断地总结研究历史经验，才能科学有效地预测人类发展的未来；只有具备文化学的理论思辨，才能超越民族国家的框架局限，不断增强我们对现实选择的准确性；这是时代赋予中华民族，应该为人类和平发展承担的责任和义务。以史为鉴可以知兴亡，这些就是自己对民族兴衰与文明出路的思考。

后记　探寻破解“文明冲突”的济世良药

20世纪80年代初，我于首都师范大学历史系毕业留校任教，两年后调入国务院农村发展研究中心发展研究所。在参与中国农村改革的社会实践活动中，开始对传统文化与中国现代化的关系进行理论思考。在《发现》杂志担任主编及后来从事会展经济，创办北京国际金融博览会、北京四季房展会及金融街论坛的工作中，始终坚持写作。现已完稿的《民族兴衰与文明出路》一书，面对文明冲突和社会发展困境，力图以历史的眼光和全球的视野，对中华民族伟大复兴与人类文明的出路，再度进行有益的探索。

韶光易逝，回忆往事说明青春的美好时光已成过去。耳顺之年撰写的《民族兴衰与文明出路》一书，将由经济日报出版社出版。它同《在民族灵魂的深处》《文化精神》《智者同行》共四部文化学专著，记录了我对传统文化与现代化、民族兴衰与文明出路思考的心路历程。

中国传统知识分子追求立功、立德、立言的人生理想，信奉并享受功德圆满、立言传承的精神归宿。立言传承，就是以忧患救世之心著书立说，它给予中国知识分子以生命前进的动力；它成为中华民族自强不息的思想底气和世代传承的文化精神。

亨廷顿的《文明的冲突》曾预言：未来世界冲突的基本根源是各

文明之间的差异。在文明多元化的世界里，任何国家之间的关系都没有美国与中国之间关系那样至关重要，它们是两种异质文明的突出代表。当今世界正处于百年未有之大变局，其核心是中国的和平崛起与世界头号强国美国衰落的凸现。在文明冲突的进程中，历史已反复证明，发展落后的民族超越发展先进的民族曾是人类社会发展的一般规律。

《民族兴衰与文明出路》从文化学的角度对人类文明的演化进行了研究。西方航海文明形成的个人主义普世价值观，同大量耗费自然界不可再生资源的经典式发展道路相结合的辉煌战绩背后，已降下极限的危机。因为少数已经完成现代化的西方国家，与多数正在进行现代化的发展中国家围绕着全球资源的分配和管控已经出现了无法调和的矛盾。如果多数国家的现代化，也走西方经典式的发展道路，地下贮藏的资源根本无法支撑人类的生存和发展，现有资源消耗殆尽，国家之间争夺资源的战争将会把地球彻底毁灭。

美国在治理世界的过程中，逐渐霸气豪横，将美国的价值观强加于世界各国。原因何在？美国依靠强大的科技手段、军事能力、金融优势、国际话语权独霸天下，不能客观、平等地对待各国的发展和进步，固执、霸道地认为中国的和平崛起及发展中国家的经济社会发展，绝对不能触犯美国占有人类不可再生资源、维持优越生活方式的所谓国家利益。不断扩张的单边霸权主义，仍旧是美国为管控世界资源维护现存国际秩序的有效手段。

从传统地缘政治的角度看，谁控制了欧亚大陆这一板块，谁就真正控制了世界。美国全球霸权的战略布局是通过大西洋进入欧洲，再通过太平洋进入亚洲。在实现称霸世界的进程中，遇到了俄罗斯和中国两个具有文明底蕴且独立自主大国的屏障，双方矛盾的核心是文明的冲突。美国要用普世价值一统人类社会文明发展的进程，通过弱肉强食的丛林手段肢解俄罗斯、中国，使原有的民族国家支离破碎，从而完成其控制欧亚大陆称霸世界的企图。

美国学者福山曾认为：最后的历史是自由民主的历史，在自由民主阶段，人类获得了平等的认可，历史也就终结了。西方文化的核心是以个人为本，追求物质利益，是一个物质支配人的社会。中国文化注重人与人之间的关系，强调个人对社会的价值，承担对社会的义务。西方物支配人的社会，最终必将被人支配物的社会所取代。

中国的和平崛起告诉世界，历史不会终结在西方普世价值的文明中。中国传统文化天下观的主旨是："天下是天下人的天下"，我们的文化具有超越国家民族的框架思维，只有我们的愿望符合所有其他人的愿望，我们的愿望才是"天下的"。这是时代赋予中华民族应该为人类和平发展承担的责任和义务。

民族意识是一个民族在历史发展中形成的区别于其他民族的、全民族共同的价值体系。它是每一个民族独特的思维方法和行为准则。如果一个民族没有自己强烈的民族意识，就有可能在重大灾难面前招致灭亡。为此，应该对民族兴衰与文明出路的时代课题进行文化学的思考。

读书、思考、写作是件辛苦的事，如果能有共鸣也很愉悦。20 世纪 80 年代，我和温铁军同在国务院农村发展研究中心下设的全国农村改革试验区办公室工作。我们共同参与了如火如荼的、伟大的中国农村改革的社会实践。温铁军始终如一地坚持经济学理论与中国社会、经济，特别是农村改革与发展的实践相结合，走出了自己丰富多彩的人生轨迹。作为中国人民大学著名教授，他以"知行合一""经世致用"的社会实践及国际化水准的时政性研究成果，成为这一代知识分子的优秀代表。他应邀为本书撰写了"百年未有之大变局下的文明冲突"的书评。国家发改委城市和小城镇中心原主任李铁，长期在政府政策制定部门工作，是国内城镇化问题专家、享受国务院特殊津贴，也是我的好友。他非常关心我的写作，他从历史学、地理学的学科出发，从人类文明起源的地理环境及地缘政治下大国间文明冲突问题研究的思路上，提出了许多指导性的意见。希望本书能对青年一代强化国家民族意识、树立民族精神给予正确导向。著名企业家、万通新发展集团董事长王忆会阅读书稿后，曾有过这样的评价："对民族问题和人类文明出路的思考，许多观点均在真理门前徘徊。"在学术界享有盛誉的经济学家"眉山剑客"陈平先生，了解了我在国务院农村发展研究中心杜润生主任门下的工作经历，颇感亲切，远在美国寓所拨冗润笔为本书撰写评论。他认为：中国传统的小农经济只有和新的生物科学结合，才能跨越美国规模经济破坏生态的高收入国家的困境。祝贺吴丹毛的新作打开中外思想对话的新视野，欲穷千里目，更上一层楼！温铁军教授评价：西方则推崇个人主义的普世价值，在美国则直接表现为以单极霸权确保美国优先。中国和大多数发展中国家避之唯恐不及。有待于美国虚拟资本危机进一步深化，西方愿意"放眼世界"的时候，中国传统文化倡导的天下主义、人与自然和谐共生的人类命运共同体思想、互惠互利的和平发展观，才可能为文明发展提供出路。中国传统文化推崇"天人合一"，倡导人与自然相互依存、和谐共生；"天下主义"主张大道之行、天下为公，我认为：超越国家民族的思维框架，缔造互惠互利人类命运共同体的和平发展观，这一文化贡献是破解"文明冲突"的济世良药。良师益友的真知灼见将鼓励我继续提升读书、思考、写作的能力。

高亚彪是我的同事挚友，我们在文章写作上多有合作，许多学术观点心有灵犀，颇为契和。他建议本书用专著章节体裁的结构安排，统筹论文全集。这种写作方式可以使书的前后逻辑相互联系浑然一体，为读者阅读提供方便。大家在学术研究上的指导评价和建议，对本书质量的提升，帮助很大。

我儿吴天一，在本书即将出版之际，他已被北京印刷学院数字媒体艺术（外培计划）专业录取，他对国家及国际大事较为关注，具有强烈的爱国忧患意识。我在写作中的一些观点和思路常是在与他的交流中完善的。面对新冠肺炎疫情蔓延、人类面临困境的时下，他建议要以"经世致用"的写作文风关注民生及人类社会的发展，认真探寻中国传统文化中可供实操性解决文明冲突的方法。比如：俄乌冲突中，面对变化的国际秩序，中国的战略定律要为世界的和平发展贡献出文化的力量。出于对父亲书中观点的认同，他专门为图书设计了封面；爱人黄卓是中国东方演艺集团国家一级演员，她既是歌唱家又是著名摄影师，为提升图书的设计品质，她精选出一批摄影获奖作品为本书配图，以增强读者的阅读兴趣；本书也得到了经济日报出版社的大力支持。从内文版式到文字编辑、校对，他们认真负责的态度令人感动。在此对经济日报出版社和我的家人表示衷心的感谢！他们是本书出版前的第一批智者。

我希望对传统文化与文明出路文化学思考的成果能够传承社会。这也许就是一个知识分子在精神层面的真实写照。人生是短暂的，人的生命无法延长，却可以加宽，如果不断注入新的内容，就一定会丰富多彩，使生命充满青春的活力。以史为鉴、以文会友，希望有更多的智者能够同行，共同对中华民族的伟大复兴和人类文明的出路进行睿智的思考。

吴丹毛

2022 年 6 月于北京亚运新新家园寓所